丛书顾问

（以姓氏拼音字母为序）

顾明远　裴娣娜　史宁中　宋乃庆
田正平　叶　澜　钟秉林　朱小蔓

丛书编委会

主　任：张斌贤
委　员：（以姓氏拼音字母为序）
　　　　陈时见　程斯辉　褚宏启　杜成宪
　　　　范国睿　傅维利　高宝立　郭　戈
　　　　贺国庆　侯怀银　黄甫全　郝二军
　　　　靳玉乐　贾　娟　柳海民　刘贵华
　　　　刘海峰　刘立德　刘志军　楼世洲
　　　　马晓红　马云鹏　孟繁华　戚万学
　　　　司晓宏　石　鸥　石中英　孙杰远
　　　　田慧生　涂艳国　王建新　王嘉毅
　　　　王维平　吴康宁　肖　朗　徐小洲
　　　　徐　勇　余文森　翟　博　张民选
　　　　周洪宇　周作宇

教育薪火书系·第一辑

美国现代教育之父
托马斯·杰斐逊

冯月季 罗梅 周毅 ◎著

山西出版传媒集团
山西人民出版社

图书在版编目（CIP）数据

美国现代教育之父托马斯·杰斐逊 / 冯月季，罗梅，周毅著. — 太原：山西人民出版社，2018.6
（教育薪火书系 / 张斌贤主编）
ISBN 978-7-203-10177-2

Ⅰ. ①美… Ⅱ. ①冯… ②罗… ③周… Ⅲ. ①杰佛逊（Jefferson，Thomas 1743-1826）- 教育思想 - 研究 Ⅳ. ①G40-091.712

中国版本图书馆 CIP 数据核字（2017）第 280139 号

美国现代教育之父托马斯·杰斐逊

著　　者：冯月季　罗　梅　周　毅
责任编辑：周小龙
复　　审：贾　娟
终　　审：员荣亮
装帧设计：李尚斌　张国仁

出 版 者：山西出版传媒集团·山西人民出版社
地　　址：太原市建设南路 21 号
邮　　编：030012
发行营销：0351-4922220　4955996　4956039　4922127（传真）
天猫官网：http://sxrmcbs.tmall.com　电话：0351-4922159
E - mail：sxskcb@163.com　发行部
　　　　　sxskcb@126.com　总编室
网　　址：www.sxskcb.com

经 销 者：山西出版传媒集团·山西人民出版社
承 印 厂：山西出版传媒集团·山西人民印刷有限责任公司

开　　本：787mm×1092mm　1/16
印　　张：19.5
字　　数：290 千字
印　　数：1-3000 册
版　　次：2018 年 6 月　第 1 版
印　　次：2018 年 6 月　第 1 次印刷
书　　号：ISBN 978-7-203-10177-2
定　　价：85.00 元

如有印装质量问题请与本社联系调换

教育薪火　传承不息（总序）

钟秉林

在人类的历史长河中，教育一直伴随人类的文明进程在不断发展进步，那些弥足珍贵的教育著作、教育思想、教育人物和事迹，无时无刻不在拨动着教育工作者的心弦。我们永远无法忘记那些给我们留下宝贵思想财富的教育家，他们的思想、言论和实践，依然是激励我们教育工作者前进的动力。时至今日，教育的发展与变革更成为世界各国应对日趋激烈的国际竞争的重要战略。在科教兴国战略的指导下，党和国家对教育工作给予了高度的重视，深刻认识到教育家对教育事业的重要性。《国家中长期教育改革和发展规划纲要（2010—2020年）》就明确提出："创造有利条件，鼓励教师和校长在实践中大胆探索，创新教育模式和教育方法，形成教学特色和办学风格，造就一批教育家，倡导教育家办学。"

要想成长为教育家或者在教育实践中能够起到扛鼎作用并非易事，需要我们教育工作者吸收过往教育家留下来的丰富教育营养，清晰地认识什么是真正的教育家，教育家应该具备什么样的素质和条件，做到融会贯通，大胆实践，自成一家。与此同时，在教育改革的大背景下，普通教师同样迫切需要能够在教书育人过程中得到启迪和突破的催化剂，教育家的思想和实践是经过检验的真理，是教学启迪催化剂的最佳选择。

然而，在浩瀚的书海中，以教育家为主线、囊括中外、跨越古今、自成体系的书系并没有面世。山西的《新课程》杂志社和《现代职业教育》杂志社，在教育的广袤园地上深耕多年，熟知一线教师的需求，希望为普通教师策划一套教育理论普及读物,以使广大中小学教师能够"近距离"地接触中外历代教育家的教育思想、实践经验和办学理念,促进教育理论水平的提高,从而更好地开展教育教学实践。书系的策划人与张斌贤教授为理事长的中国教育学会教育史分会的夙愿不谋而合,合作编写一套大规模的、以教育家为主线的书系的想法随之形成。

策划团队把书系命名为"教育薪火",是希望教育家的教育思想能够薪火相传,不断推动人类文明的发展。"教育薪火"书系拟分为三辑出版,按照中国古代、中国近现代、外国古代和外国近现代分类。第一辑共选择了一百余位中外教育家,一位教育家一本书,规模宏大,应该说能够在中国教育出版史上留下浓墨重彩的一笔。所选教育家都是经过书系编委会认真研究、充分论证而定的,他们在教育史上有较大的影响,能够启迪或者感染教育工作者,推进教育和教学的发展。当然,其中有的教育家更为名声在外的不是在教育上,但是他们在教育上的贡献毫不逊色于其他方面的贡献,比如我们熟知的一些革命家;另外,还包括了一些具有地方特色的教育家以及还没有被人们真正认识的教育家。

必须提及的是,中国教育学会教育史分会非常荣幸地邀请到我国著名的教育学者顾明远教授、叶澜教授、史宁中教授、宋乃庆教授、田正平教授、裴娣娜教授和朱小蔓教授等担任书系的顾问,成立了由40位教育学界具有重要影响的学者组成的编委会,为书系的质量保驾护航。

还需提及的是,《新课程》杂志社和《现代职业教育》杂志社为物色学有专长的作者付出了巨大的辛劳。书系的作者地域和院校分布广泛,既有北京师范大学、华东师范大学、东北师范大学、华中师范大学、陕西师范大学、南京师范大学、首都师范大学等师范院校的学者,也包括武汉大学、四川大学、南京大学、南开大学、天津大学、河北大学、河南大学等综合大学的教师。作者以教育史专业的中青年教师为主力军,他们朝气蓬勃、时代感强,研究范围涉猎较广,能大胆地探索和怀疑,一些新的教育研究成果不断涌现,为书系注入了难得的新鲜气息;他们与一线中青年教师同处一个频道,其思维模式很容易被接受。

客观而言,现在每年出版的教育类图书很多很多。一类为实践性强和操作性强的教学类图书,教师拿来就可以在课堂上使用;另一类为理论性强和学术性强的图书,印数少,流通范围小,普通教师往往望而却步。然而,教育理论只有指导教育实践才有存在的价值。在我看来,书系最具特色的价值就是秉承了教育理论通俗化这一理念,在教育理论研究者和普通教师之间架起了一道桥梁。书系以教育家为主线,坚持学术性与普及性并重,用通俗化的语言,或阐述教育家的教育思想精华,或叙写教育家的精彩教育事迹和教育实践,力图"润物细无声",让教师喜欢读,在读中提高素养,深刻理解教育家,形成自己的理论,推进"教育家办学"。

当然,书系在真实性上也颇下功夫。以史料为依据,实事求是叙述,客观全面评价,不有意拔高教育家的贡献,注重教育家闪光点的挖掘和传播,是教育家历史画卷现代版的呈现。书系成规模、系统化,学术性和可读性强,具有较强的收藏价值,非常适合各中小学图书室和大学图书馆选择配置。

中国教育学会教育史分会为教育事业做了一件好事,张斌贤理事长请我作序,我觉得理应支持,欣然应允。

希望广大教育工作者能够认真阅读这套图书,为自己的教育职业生涯发展打下坚实基础,为成长为新时期的教育家而不懈努力。

丁酉年正月于北京
(作者系中国教育学会会长、北京师范大学原校长)

目 录

第一章 最博学的美国总统   1

  一、"新大陆"移民血统   2

  二、来自父亲的教诲   7

  三、求学之路   12

  四、一位博学的年轻人   16

第二章 教育塑造了美国式民主   23

  一、杰斐逊：美国精神的阐释者   25

  二、免于愚昧无知的自由   30

  三、教育催生了一个好政府   35

  四、寻求理性的力量   42

第三章 美国公共教育的先哲   47

  一、殖民地时期的教育   49

  二、基础教育改革法案   54

  三、杰斐逊的母校情结   58

  四、兴办教育国之有责   62

  五、美国公共教育的先哲   66

第四章　美国人该向欧洲学习什么　　73

一、美国教育的欧洲血统　　74

二、出使法国　　79

三、欧洲的教育　　83

四、欧洲的科学　　87

五、欧洲的艺术　　89

第五章　杰斐逊与他的孩子们　　93

一、家庭波折　　94

二、对女儿无尽的爱　　100

三、严格的家庭教育　　105

四、幸福的主要秘诀　　110

第六章　教育让人拥有美德　　115

一、北美大陆的道德教育谱系　　116

二、杰斐逊的仁爱　　121

三、自然的贵族　　125

四、有美德的公民　　129

五、审视信仰　　133

第七章　科学共和国　　137

一、农业理想国　　138

二、科学好奇心　　144

　　三、走遍弗吉尼亚　　147

　　四、科学共和国　　151

　　五、开启美国现代化之门　　156

第八章　新闻自由是国家的警钟　　161

　　一、印刷术与文明之光　　162

　　二、殖民地时期的出版业　　167

　　三、政党报刊之争　　172

　　四、杰斐逊式的新闻自由　　178

第九章　图书馆里蕴藏着一个国家的文明　　185

　　一、作为文明储藏室的图书馆　　187

　　二、书税备忘录　　190

　　三、流动图书馆　　195

　　四、心系国会图书馆　　198

第十章　政"教"分离　　205

　　一、北美大陆的清教主义　　206

　　二、宗教与古典文化教育　　212

　　三、大学教育中的宗教　　216

　　四、宗教自由法案　　220

第十一章 对印第安人和女子的教育关怀 227

一、购入路易斯安那 228

二、开化印第安人 233

三、对女子教育的关怀 241

四、杰斐逊的局限 244

第十二章 弗吉尼亚大学的缔造者 249

一、构想一所大学的蓝图 250

二、洛克费什山口报告 254

三、74岁高龄的设计师 259

四、不拘一格聘人才 262

五、荣誉制度 266

六、弗吉尼亚大学的光辉 268

第十三章 陨落蒙蒂塞洛 273

一、一生与书为伴 274

二、青年导师 278

三、穷困潦倒的总统 282

四、为自己撰写墓志铭 286

五、教育总统托马斯·杰斐逊 291

杰斐逊生平大事记 295

参考文献 297

第一章

最博学的美国总统

托马斯·杰斐逊

> 华盛顿是独立共和国的主要象征,林肯是维护联邦统一的主要象征,但是杰斐逊在他的丰富多彩的成就方面超越了这两个人。
>
> ——杜马·马隆

1760年的春天,在弗吉尼亚州威廉-玛丽学院旖旎的校园风景中,经常活跃着一个高个子的男生,他有着清瘦、狭长的脸颊,却有六英尺多的身高,一头棕红色的头发,使他更加引人注目。从此,人们经常可以看到,无论是在威廉-玛丽学院简陋的教室里,还是在初春明媚阳光照耀下的草坪上,这个有着一双灰蓝色眼睛、看起来求知欲极强的年轻人,操着夏德维尔与叶卡霍地方口音,与学院的教授们侃侃而谈。他经常就某个问题语出惊人,甚至学院的教授们也不时为他的深邃思想所折服。

他仅仅17岁,就已经熟读了霍布斯、洛克、孟德斯鸠、卢梭等人的大作。在之后的学习岁月中,他不仅通晓文学、艺术、哲学诸领域,他还成为政治家、作家、建筑家、科学家、外交家,当然,更是我们本书所谈及的主题——教育家。没有人会料到,41年之后,也就是1801年,他在美国大选中击败势力强大的联邦党人,入主"白宫",他就是美国历史上第三任总统托马斯·杰斐逊——毋庸讳言,他是美国历史上最博学的总统。传记作家杜马·马隆这样评价他:"华盛顿是独立共和国的主要象征,林肯是维护联邦统一的主要象征,但是杰斐逊在他的丰富多彩的成就方面超越了这两个人。"

一、"新大陆"移民血统

杰斐逊在他的自传中回忆说,他的祖辈来自遥远的威尔士,大不列颠最高的山脉——斯诺顿山附近的地方。关于这段"新大陆"移民的历史,杰斐逊并没有太多的记忆,他只知道他的祖父居住在切斯特菲尔德的一个叫作奥兹伯恩的地方,并且拥有土地,只是后来这些土地为教会所有。

尽管杰斐逊从未曾当面听祖辈讲起从欧洲移民的经历,但是从小在父亲的影响和熏陶下,杰斐逊仍然对那段历史充满了憧憬和向往。那段历史不仅仅改变了整个家族的命运,更重要的是,从遥远的欧洲不畏艰险跋涉万里来到北美"新大陆",他们在英格兰从事自耕农时,身上所带有的自由和独立的气质,渐次地渗入了殖民地后裔的血统之中。而且,初到殖民地时,险恶的自然生活条件培养了他们坚韧和勇敢的精神。这些勇于开拓、追求自由和民主的气质,在之后的杰斐逊身上体现得格外明显。

我们仍然要把目光回转到自16世纪开始的美洲移民潮。1492年哥伦布在寻找东方的航海途中,到达加勒比海附近的岛屿,从而认为美洲大陆一定也是个充满黄金与财富的东方帝国。此后不断有航海家、探险者和商人造访这个哥伦布所说的"东方帝国"。他们发现,哥伦布的想象并不准确,这里既不是东方帝国,也不是蛮荒之野,在这片土地上早就有着人类的足迹,当然他们是有着悠久历史和文化传统的印第安人。

印第安人被英格兰称为不信仰基督的"异教徒",当时的英国女王把美洲大陆说成是"遥远的,只有异教徒和野蛮人的,未被任何基督教君主所实际占有的、没有基督教人民居住的土地、国家和领地"[①]。那个时候的英格兰,封建色彩依然浓厚,在世界上只能算是落后于荷兰、西班牙和法国等国家的"二流国家"。从14世纪开始的"羊吃人"圈地运动,在16世纪末到17世纪初发展到顶峰,大批农民和自耕农失去土地,此外还包括那些受到排挤的清教徒、生活窘迫的劳工阶层。财富分配明显不公,据统计,在亨利八世执政时期,林肯郡的一个劳工收入是这样的水平:

> 在农村的学徒或佣人,16到24岁的劳工一年挣24先令,带酒肉;10到16岁的劳工挣10先令。割草的每天挣5格鲁特(4便士钱币),带酒肉;10格鲁特不带酒肉。割一公顷小麦或黑麦的价钱是14先令,或者论天算,每天3格鲁特,带酒肉;8格鲁特不带酒肉。割1/4公顷的小麦或黑麦挣12格鲁特;

---

① 李剑鸣:《美国通史:美国的奠基时代(1585—1775)》,北京:人民出版社,2002年版,第40页。

收割大麦、豌豆、大豆和燕麦挣5格鲁特;收一公顷的豌豆和大豆6格鲁特;收集干草论天算2格鲁特,带酒肉;5格鲁特不带酒肉。凡此种种。①

这样的收入水平,在当时仅仅够养家糊口,置办房产和土地是不太现实的事情。于是,从16世纪中期开始,大批下层生活拮据者开始登上冒险家、海盗或者殖民公司的帆船,历经海上的奔波与颠沛流离,穿过浩渺的大西洋,来到美洲"新大陆"寻找他们的光荣和梦想,为此,不少人在路途中丢掉了性命。

弗吉尼亚是英国开辟的最早、最大的殖民地,1607年12月,由伦敦集团控制的弗吉尼亚公司组织的移民大约120人(途中有16人死去)分乘三艘船向美洲驶去,经过5个多月的艰苦航行,终于达到弗吉尼亚港湾,在这批移民当中,包括各种职业的人。"值得注意的是,他们中农业劳动者较少,这表明弗吉尼亚公司起初并不想在北美建立一个农业社会。"②

移民们为了纪念英王詹姆士一世,把他们落脚的小岛称作"詹姆士敦"。他们登陆之后,发现这里是一个自然条件非常不错的地方,旅途的劳顿一扫而光,这里土地肥沃、树木成林,还有他们叫不上名字的各种野生的动物和植物,接下来,就可以大干一番,创造数不清的财富了,这一切似乎预示着这一趟总算没白来。然而,他们高兴得太早了,在航海的路途中,他们不止一次地听殖民者说,美洲是个土地肥沃、可遍地捞金的人间天堂,"黄金比英国的铜还要多"。在经历了最初的惊喜之后,麻烦接踵而至:

> 弗吉尼亚建立之初,粮食及生活必需品都依靠从英国救济,路途遥远,往往移民所需粮食不能及时运达,而弗吉尼亚气候炎热、瘟疫多发,食量不足且品质低劣,移民的生命受到极大的威胁。到1608年,120名移民中仅有53人幸免于死。1609年到1610年一年间(弗吉尼亚的"饥荒时代"),500移民中仅有60人保全住了性命。③

---

① 克里斯托弗·希尔顿:《一次改变世界的航行:五月花号》,王聪译,北京:华夏出版社,2006年版,第14页。
② 李剑鸣:《美国通史:美国的奠基时代(1585—1775)》,北京:人民出版社,2002年版,第97页。
③ 艾德尼:《杰斐逊:设计美国》,呼和浩特:内蒙古人民出版社,1998年版,第3页。

幸亏有当地的印第安人救济，不但提供给他们食物，还教给他们如何抵御那些可怕的疾病。尽管在随后的岁月生活困难重重，但这些移民们从未放弃当初的激情，他们努力劳作，开发一片又一片的土地，种植粮食作物，饲养家畜。1620年之后，大批从非洲贩卖来的黑奴逐渐成为体力劳动的主力军，土地开发和种植的面积越来越大。17 世纪中期以后，在弗吉尼亚到处都可以看到大小不一的种植园，杰斐逊的祖辈就是当时其中的种植园主之一。

英国人不仅从欧洲大陆带来了农耕技术，同样还有先进的政治制度和虔诚的宗教信仰，而且，在美洲大陆，这些移民大部分都是中产阶级和穷人，他们不必忍受欧洲本土那些富人的冷嘲热讽。这里是一个全新的世界，新的环境，新的法律，新的伙伴，新的生活方式。

从前，他们沮丧、失望、无奈至极。这一切都随着一个新环境的来临而统统抛弃掉了。他们迫不及待地想要把那些从欧洲大陆带来的新理念、新思想嫁接到这片广袤的土地上，一个关于未来新国家的蓝图在心中激荡。就像一个获得了新生的宠儿。

> 他开始感到生命在复苏；迄今为止他未曾活过，而只是像植物那样生长过。他现在感到自己是一个人，因为他被当作了一个人；他自己国家的法律因为他太渺小而忽略了他，而这个国家的法律则用斗篷把他保护起来。判断一下这个人的精神和思想会发生什么变化：他开始忘记以前的奴役和屈从，他的心灵本能地膨胀和发光；这第一次膨胀给他注入了新的思想，正是这些思想构成了美国人。……从无到开始存在，到成为一个拥有土地的自由人，而与此相连的还有每一种市政福利！多么深刻的一次变化呀！恰恰是由于这一次变化，他成了一个美国人。①

的确，自由自在、无拘无束地呼吸当然感觉美妙，开放的美洲大陆张开双臂，欢迎从欧洲远道而来的各种思想、各个阶层的移民。特别是来自宗主国的启蒙思

---

① 沃浓·路易·帕灵顿:《美国思想史:1620—1920》,陈永国译,长春:吉林人民出版社,2002 年版,第 129 页。

想家,如霍布斯、洛克等人的著作在这里受到极大欢迎。霍布斯曾经做过培根的秘书,思想受培根影响很大,他最重要的思想是提出"自然状态"和"国家起源"学说:在"自然状态"下,社会动荡不安,人们的基本生活条件都得不到保障,为了拥有稳定的社会秩序和良善的道德生活,人们就要达成契约,把一部分权利交给国家来管理,因此国家要承担捍卫民众权利和利益的责任。霍布斯的思想以及他的著作《利维坦》《论公民》很受殖民地人们的欢迎。

洛克的"三权分立"学说更容易得到北美殖民地人们的接纳,因为这里没有像欧洲大陆那样漫长的专制历史。洛克在他的名著《政府论》中驳斥"君权神授""王位世袭"的理论,为那些新兴资产阶级利益辩护,他说政府的职责应当保护私有财产,议会在整个政府中应当拥有最高权力,而公民的权利则是天赋的。洛克的天赋权利思想在美洲独立革命之前在社会中得到了极为广泛的传播,人们接受了他的观点,开始为争取自己的权利而奋起抗争。

同样来自欧洲大陆的法国思想家,比如卢梭、孟德斯鸠的作品也在美洲大陆广受欢迎。卢梭是 18 世纪法国思想大革命的先驱,启蒙主义的主要代表,提出"天赋人权"的学说,反对君主专制和强权暴政。《社会契约论》是卢梭最重要的作品,其"人人生而自由,但却无处不在枷锁之中"的观点深入人心。卢梭还在他的《论人类不平等的起源和基础》中认为,政府的职责不仅仅是保护少数人的财产和权利,而应当着眼于每一个人的平等。

孟德斯鸠是与卢梭同时代的法国启蒙思想家,他的《论法的精神》奠定了西方政治和法律理论的基础,他与洛克一样,提出"三权分立"学说,他认为法律和法治是一个国家走向理性的表现。上述这些思想家的政治与社会学说所体现出的启蒙精神,一在殖民地落地生根,便迅速与殖民地文化展开碰撞与交流。要知道,18 世纪的美洲大陆对那些在欧洲遭受排挤不得志的人来说,简直就是一个追逐梦想的天堂,各个国家、各色人等都可以在这里找到属于他们的安身之地。除了英国人之外,还有因战争受到迫害的德意志人,受宗教迫害流离失所的苏格兰人,一向表现出傲慢色彩的荷兰人,此外还有法国人、西班牙人等,这里聚集并催生出了多元的殖民地文化。

除了外来的文明,早些年已在美洲大陆扎根的种植园主,历经多年打拼并没有耗尽自己的理想和激情,弗吉尼亚的种植园主不像那些封建国家的土财主工于算计、目光短浅。他们不安于现状,积极参与当地的社交和政治辩论。他们喜欢读书,从欧洲大陆带来了大量的书籍,这些书籍成为美洲大陆诞生新的文明的火种。任何人,只要来到这片土地上,自由、独立、勤奋,都会获得人们的尊重和赞赏。

  弗吉尼亚为他们提供了一个实现自己理想的场所和施展自己抱负的机会,使自己在这块新土地上同样能创造出上层社会的辉煌。这种理想和追求一直成为他们积极进取、奋发图强的精神动力。在这里没有等级贵贱,大家天然平等,只要付出汗水和辛劳,终会得到丰盈的回报,成为乡绅。他们迟早会成为议员、骑士,跻身政界,成为上院的成员。这里,一切奇迹都可能发生,重要的是看自己对生命的把握……①

欧洲文明与殖民地本土文化嫁接成功,从而孕育出了此后改变整个美洲大陆历史的美洲精神。这种美洲精神的内核就是自由与独立的传统,要做自己命运的主宰,这种独立和自由的传统像血液一样渗透在一代又一代的移民思想中。美国著名作家房龙在描述这种美洲精神时说:

  在有意无意之中,我们可以发现这一古老的传统激励着杰斐逊的一生。这一传统主张一个人的家应该是他的堡垒,这一传统强调在一切美德中,自强和自尊高于一切。②

这种追求自由和独立的美洲精神,后来影响了杰斐逊的一生。无论是在国家蒙难、独立战争期间,还是在其执掌白宫之后,以及在他进行教育改革、创办弗吉尼亚大学的过程中,他都孜孜以求,从未懈怠,他毕生所追求和信奉的一句话就是:维持公正,哪怕天塌下来。

二、来自父亲的教诲

这个世界上,无论是大人物,还是小人物,在其成长经历中,来自家庭的教育

---

① 艾德尼:《杰斐逊:设计美国》,呼和浩特:内蒙古人民出版社,1998年版,第8—9页。
② 房龙:《美洲精神》,张文等译,北京:北京出版社,2000年版,第6页。

都无比重要。

像托马斯·杰斐逊这样的大人物,毫无疑问,在日后回忆起曾经的经历时,总是感恩于他的父亲给予他的教诲和忠告。他的父亲叫彼得·杰斐逊,我们在文中不妨称他为老杰斐逊,这样显得更亲切。

杰斐逊家族到老杰斐逊这一代的时候,家境并不是特别好,他也没有从父辈那里继承什么像样的遗产。但是他很勤奋,他心里也怀揣着一个小小的"美洲梦",他要想方设法让自己混得像模像样起来,他希望当他有了孩子之后,在孩子们的心目中,他是一位伟大的父亲。

老杰斐逊并不缺乏生活的阅历和经验,在早年的闯荡经历中,他早已深谙世事。唯一的遗憾是,他感到自己小时候没有受到什么正规的教育,而他的父辈们早就告诉过他,知识才是人生最重要的财富。老杰斐逊把这句话记在心里,因此,当他一边为事业打拼之时,一边阅读大量的书籍。后来,杰斐逊在其自传中回忆说:

> 我父亲的教育被大大地忽视了,然而由于意志坚强,有健全的判断力和求知欲,他读了很多书,知识大为增进,以致他与威廉-玛丽学院数学教授乔舒亚·弗莱伊一道,被挑选出来从事伯德上校所开始的弗吉尼亚与北卡罗来纳之间的疆界线的测量工作。后来他又与这位弗莱伊先生一同奉命绘制第一张弗吉尼亚地图。而过去史密斯上校绘制的弗吉尼亚地图不过是臆测出来的略图罢了。[1]

在当时,要想进入上流社会,首先得拥有土地和奴隶。最初的时候,老杰斐逊在弗吉尼亚沿海地区谋生,但是那里肥沃的田地早就被其他的种植园主开垦殆尽,他只拥有一小块贫瘠的土地,没什么发展前途。于是,1735年,他放弃了那里,来到弗吉尼亚中部的高地上继续寻找适合开垦种植园的地方。当老杰斐逊来到里瓦纳河畔的时候,他发现这里是一个不错的地方,依山傍水,风景宜人。

---

[1] 杰斐逊:《自传》,梅利尔·D.彼得森:《杰斐逊集》,刘祚昌、邓红风译,北京:生活·读书·新知三联书店,1993年版,第4页。

那时的弗吉尼亚中部，土地广袤，人烟稀少，任何人来到这里只要用篱笆把一块土地圈起来，就可以拥有它。老杰斐逊就这样获得了 1 000 英亩的土地，并且还有了 30 个奴隶。他在这块土地上种植小麦和烟草。老杰斐逊身强力壮，富有人格魅力，和周围的邻居关系融洽，并且结识了在当地富有声望的绅士威廉·伦道夫上校。伦道夫家族在弗吉尼亚算是名门望族。因为和伦道夫上校密切的交往关系，老杰斐逊认识了伦道夫家族中漂亮的姑娘简·伦道夫，后来这位姑娘就成了老杰斐逊的妻子，1739 年他们组成了幸福的家庭。

为了表达对妻子的爱慕之情，老杰斐逊把他们居住的地方叫作夏德威尔，那是简在伦敦出生的地方。四年之后，也就是 1743 年 4 月 13 日，他们的第一个儿子托马斯·杰斐逊降生了。夏德威尔风光旖旎，可是小杰斐逊在这里并没有度过太长时间，在他 3 岁的时候，老杰斐逊的挚友威廉·伦道夫上校来信说，最近感到身体每况愈下，恐在世上时日无多，于是恳求老杰斐逊一家能搬到叶卡霍镇，帮助照料几个年幼的孩子。

老杰斐逊心生感伤，一家人匆忙收拾了一下来到叶卡霍，可惜的是竟未能见到伦道夫上校最后一面。按照伦道夫上校的遗嘱，老杰斐逊负责打理他所遗留的种植园的各种事务。老杰斐逊对儿子疼爱有加，每天处理完种植园的事务，不管多累，他都要想方设法逗儿子开心。老杰斐逊富有涵养，即使有时候儿子做错了什么，他也从不发脾气，这让杰斐逊从小就很依恋他。

等到儿子 5 岁的时候，老杰斐逊觉得是让杰斐逊接受系统教育的时候了，他希望儿子将来能成为一个富有学识、充满魅力的人。于是老杰斐逊就在叶卡霍镇为儿子物色了一位家庭教师。他叫詹姆士，是一位个子瘦高、精神矍铄的老头，他负责教授杰斐逊以及伦道夫的三个孩子外语。詹姆士工作很认真，只是那时的杰斐逊年幼无知，童心未泯，根本不能集中精力学习，更不可能领会父亲的良苦用心，这段学习在一年之后因为詹姆士身体状况不佳就结束了。

在叶卡霍镇，老杰斐逊希望儿子能在课堂上学习书本知识，而且常常带着杰斐逊到田野中去认识和亲近大自然。在叶卡霍的丛林和溪流、山涧中，到处都留下了父子二人的身影。老杰斐逊教儿子狩猎、捕鱼,学习各种鸟兽和植物的基本知识,这也是为什么后来杰斐逊即使当上总统之后,也依然对农业和地理勘探非常重视的原因。老杰斐逊还让儿子学会骑马,他告诉儿子,只有会骑马,才算得上是一位真正英武的骑士。有时候,杰斐逊不小心从马上摔下来,老杰斐逊便鼓励他:"托马斯,不要害怕,要做一个勇敢的骑士,你只有征服它。你能行的。"就这样,在父亲的谆谆教诲下,杰斐逊把大自然当作是一本充满神奇的大书,里面的内容让他痴迷。

杰斐逊在当地有很多小伙伴,这些小伙伴大多是黑人奴隶的孩子。尽管老杰斐逊自己是一个奴隶主,但是他对奴隶们的态度很和蔼,从不打骂他们。他也告诉杰斐逊,奴隶们也有自己的尊严,永远不要恃强凌弱,更不要用鞭子抽打他们,富有同情心是一个人很重要的涵养。杰斐逊把这些话都记在心里,当他长大后成为种植园主,他谨记父亲的教诲,与印第安人和黑人奴隶相处得都很好。他后来回忆说:"在我的早年,与印第安人的关系非常融洽,我对他们的所怀有的感情和同情心是永远不会磨灭的。"

这种快乐的童年生活持续了六年,当杰斐逊9岁的时候,老杰斐逊觉得完成了伦道夫上校的托付,他想把家再迁回夏德威尔,可是夏德威尔地区的学校教育不如叶卡霍镇发达,为了让儿子有更好的学习环境,老杰斐逊决定把儿子留在这里,让伦道夫上校的大儿子托马斯·曼·伦道夫照顾。临行前的晚上,老杰斐逊跟儿子说了很多话。他告诉杰斐逊,要做一个独立的男子汉,不管往后的生活遇到什么坎坷,都需要自己去扛,永远把读书作为人生的一部分……

与家人分别后,杰斐逊在叶卡霍镇平静地度过了近六年的时光。1757年8月17日午后,他正在教室里读书,老家夏德威尔来了一名仆人告诉杰斐逊,老杰斐逊病危,盼儿速归,希望临终前能见上最后一面。杰斐逊来不及多想,立刻乘马车快速赶往夏德威尔。令他终生遗憾的是,等他跨进家门,发现父亲已经撒手人寰。

老杰斐逊的死让杰斐逊悲痛欲绝,他顿时感到失去了依托,心中的伤痛再也无法弥补了,再也听不到父亲的教诲了。他患了一场大病,后来杰斐逊回忆说,因为父亲的离去,从今往后什么事都要靠他自己了。作为一个只有14岁的少年来说,这一切来得的确有点早,有点残忍。可是杰斐逊没有因此消沉下去,老杰斐逊的遗言始终在他耳边回响,父亲希望杰斐逊能成为一个博学和有用的人。

杰斐逊非常崇敬他的父亲,在他看来,父亲是一个富有人格魅力的人。在夏德威尔,当地的民众都很拥护老杰斐逊,生前他曾当选弗吉尼亚下议院的议员。老杰斐逊推崇自由和独立的人生价值观,对弱者总是抱有一丝同情。他从不向富贵阶层低头,他认为一个人只有保持自尊才能拥有完美的人格。所有这些优秀的品格使得老杰斐逊在当地口碑极佳,人们认为他具有非凡的领袖气质。这些优秀品质对杰斐逊早年的教育以及之后的奋斗经历都产生了极大影响。

老杰斐逊的这种今天我们称之为民主人生观的思想极大地影响了他的儿子,但这只是杰斐逊从父亲那里继承来的一种品质。老杰斐逊一生都在教育儿子,自己能做的事情绝不要别人代劳。这一教导便成了托马斯·杰斐逊至死奉行的原则。甚至在他80岁高龄,同朋友兼政敌约翰·亚当斯住在一起的时候,他仍然坚持每天早起,自己生火,如有可能,他亲自照料自己的马,因为对他来说,他的马是他的挚友,必须给予特别的关爱。

在两个世纪前的教育方式中,确实有一些东西值得我们学习和借鉴。有很多事情那时的男孩子们确实不知道,但是,有一点他们很小就学会了——自己照顾自己。他们对自己、对家庭的责任感是我们今天的人所缺乏的。当你感到生活对你太苛刻时,就想想这些吧。

> 在托马斯年仅14岁时,父亲的去世使他成为一家之主。他要管理一大片产业,要保护母亲、弟弟妹妹的利益,要差使六十多个奴隶。这种事情在1757年司空见惯,所以当他把这些意外降临到他头上的事情处理得井井有条时,没有人对此表示惊讶。①

再看看我们今天的独生子女,平时衣来伸手、饭来张口习惯了,生活尚不能

---

① 房龙:《美洲精神》,张文等译,北京:北京出版社,2000年版,第32—33页。

自理，更不用说管理这么多家庭事务了。而杰斐逊对这一切似乎并没有表现出任何不适应，这要归功于他年幼时父亲对他的教诲，使他过早地就懂得了生活的磨难和艰辛，一定要独立自主，不依赖别人是父亲留给他宝贵的思想遗产。

三、求学之路

父亲的突然离世，让杰斐逊过早地承担起了照顾弟弟妹妹和管理庄园的责任。更重要的一点是，杰斐逊没有忘记父亲临终的遗言。老杰斐逊在遗嘱中除了让杰斐逊继承他的遗产外，更重要的是让杰斐逊别忘了继续读书，将来在学问上取得大成就。就这样，带着父亲的期许，杰斐逊走上了他的求学之路。

在杰斐逊的整个学习生涯中，先后遇到过五位老师。在叶卡霍，杰斐逊曾经跟随两位老师学习，除了我们前面介绍的家庭教师詹姆士之外，另外一位是威廉·道格拉斯，他是叶卡霍附近多佛教会学校的教授语言的老师。那时，一家人刚刚从叶卡霍迁回夏德威尔地区，老杰斐逊为了让儿子受到更好的教育，把杰斐逊留在了叶卡霍。道格拉斯是一位来自苏格兰的牧师，他与老杰斐逊是好朋友，于是老杰斐逊一家人离开叶卡霍之后，就把杰斐逊送到了道格拉斯家里，让杰斐逊跟随道格拉斯学习拉丁语、希腊语和法语。每年的学费、食宿费用共16英镑，由老杰斐逊支付给道格拉斯。

但是杰斐逊在这里过得并不开心，他年少轻狂，颇为自负，他认为道格拉斯语言知识很差，根本没有教授语言的能力。后来杰斐逊在其自传中回忆说："道格拉斯是一个只懂得一些皮毛的拉丁语学家，希腊语知之甚少，他只是用语言的基本原理来讲授法语。"另一方面，亲人都不在身边，对一个还不到10岁的孩子来说，思念亲人的孤独和烦恼让杰斐逊不能全身心地投入到读书中去。更何况，和他在一起学习的孩子大都出身富贵阶层，他们看不惯杰斐逊内向和稍显懦弱的性格。杰斐逊在这里没有很合得来的小伙伴，他们有意疏远他，很多时候，当其他的孩子放学回家，依偎在父母身旁的时候，只剩下杰斐逊孤单和落寞的身影，徘徊在学校的篱笆墙边，或者隔着教室的窗子，望着夏德威尔的方向，眼里暗含着泪水。

好在老家的人每隔一段时间都会来看望他,给他带来很多好吃的东西,只有这时候,杰斐逊才能暂时忘记心头的烦恼。就这样,杰斐逊在多佛教会学校度过了近六年并不快乐的时光。

父亲离世后,杰斐逊再没有返回叶卡霍,他要留在夏德威尔,继续寻找读书的机会,同时照顾自家的庄园。不久,杰斐逊就到离夏德威尔不远的莫里小学读书了,这所小学由一位来自英国的牧师詹姆斯·莫里负责。

杰斐逊对莫里先生很钦佩,他把莫里先生称作是"一名精通古典的学者"。让杰斐逊大开眼界的是,莫里先生不仅在古典文化方面造诣颇深,还是一位非常博学的学者。莫里不仅教授杰斐逊希腊文、拉丁文,还教授英国文学、地理、历史以及数学知识。莫里先生的家距离杰斐逊的庄园有12英里,杰斐逊每天回家并不方便,于是就寄宿在莫里先生家里,然后由监护人支付所需的各项费用。

杰斐逊从莫里那里学到很多东西,他的希腊文就是从他那里学到的,莫里也传授他阅读方法和技巧:"我希望你去深思熟虑,评论和消化你读的书。进入作者精神和构思中去,观察他为了他的目标而采取的每一个步骤,仔细推敲任何措辞的显著的美、情趣的宗旨,推敲你在阅读过程中碰见的机智巧妙的笔调。"莫里的教诲,对杰斐逊以后的读书学习启迪很大。莫里家的藏书非常丰富,由于周末他就住在莫里家里,就有充足的时间徜徉在书籍的海洋中。莫里也向他推荐了大量希腊和罗马作家的原版书籍。杰斐逊在1800年致约瑟夫·普利斯特里的信中写道:"我欣赏荷马史诗,读的是自己的文字(即希腊文),其兴趣大大超过读波普的英译本。……我要跪着感谢早期教我希腊文的人,因为他们赋予我丰富的喜悦之泉。"他还接触了一些英国文学及其他领域的书籍,内容极为广泛,在莫里小学的两年里,他浏览了莫里的400余卷藏本。杰斐逊开始找到了读书的乐趣,并且第一次窥见学问的世界。杰斐逊一生酷爱读书也即始于此。①

在莫里家,杰斐逊过得很快乐,他不仅学到了丰富的知识,还在这里结识了几位好朋友。在莫里家里,除了杰斐逊之外,还有几名学生,其中包括莫里的儿子小

---

① 艾德尼:《杰斐逊:设计美国》,呼和浩特:内蒙古人民出版社,1998年版,第17—18页。

詹姆斯·莫里，后来曾做过美国驻利物浦领事很多年；还有达布尼·卡尔，他与杰斐逊的关系好得像亲兄弟一样，后来他娶了杰斐逊的妹妹玛莎为妻；还有一位是约翰·沃克，也是杰斐逊曾经最好的朋友之一；另外一个同学是詹姆斯·麦迪逊，他是杰斐逊的后继者麦迪逊总统的表弟，后来当上了威廉–玛丽学院的院长。

杰斐逊与这几位伙伴关系非常要好，之前在叶卡霍所遭遇的阴霾一扫而光。他们在莫里老师的循循善诱之下，饱读诗书，常常就书中的某一个问题争辩得面红耳赤；有时候，他们又展现出童真未泯的野趣，在山涧之中玩耍、狩猎、游戏，拥抱纯真的大自然。

那时的弗吉尼亚，大部分移民都成为当地有名分的绅士，他们骨子里依然保留着英国上层社会的生活习俗，每到周末或节日的时候，会举行各种各样的舞会。老杰斐逊生前的名望，使得杰斐逊有资格融入当地上层社会的生活圈子中。杰斐逊的一位监护人聘请一位舞蹈老师教他学习舞蹈和小提琴。杰斐逊对音乐有着一份独特的热爱，认为音乐是最美妙的艺术。他的小提琴演奏得很好，常常在舞会上受到大家的赞赏。

虽然生活条件比较优越，但是杰斐逊从来不会玩物丧志，他表现得相当勤奋，每天有一大堆的事情需要他去打理，除了学习和读书之外，庄园的很多事情都需要他亲自去打理，他是逻辑思维很强的人，把所有的事情都安排得井井有条。

转眼两年的快乐时光过去了，这时候的杰斐逊已经17岁了，小伙子目光中闪烁着青春的光芒。在夏德威尔，杰斐逊真正开阔了知识的眼界，然而他并不满足。他认为这些还不够，雄鹰之所以飞得更高，是因为它们有一双丰满的羽翼。对年轻的杰斐逊来说，外面一定还有更精彩的世界等着他去遨游。于是，他给他的监护执行人约翰·哈维写信说："两周之前我和彼得·伦道夫（另一位监护人）谈了一次，我想准备继续到大学深造……因为我的学习马上要进入学术论文的阶段了，伦道夫建议我应当到学院进一步学习发挥我的特长，我也非常期盼这一天，确实我有一些这样的理由……"

1760年3月25日,杰斐逊永远不能忘记这一天,他如愿以偿地进入威廉斯堡的威廉-玛丽学院继续深造。对于这段求学经历,杰斐逊后来回忆说,这大概是他一生中最重要,甚至是决定命运的转折。17岁的杰斐逊,青春的热血澎湃,他睁大好奇的眼睛准备汲取接触到的所有知识。而那时的威廉斯堡,对年轻的杰斐逊来说,是一道完全新奇的风景。它是当时的弗吉尼亚首府,毫无疑问是弗吉尼亚的政治、社会和文化中心。

威廉-玛丽学院并不像杰斐逊想象的那么美好,教学基础设施很差,但是人们追求知识的热情高涨,有个学生在一次演讲时说:"我以为我们已经看见了一个快乐的时代,在这个时代,我们在礼仪上超过了亚细亚人,在宗教上超过了犹太人,在哲学上超过了希腊人,在几何学上超过了埃及人,在算数上超过了腓尼基人,在占星术上超过了迦太基人。啊,快乐的弗吉尼亚!"杰斐逊刚进入玛丽学院时,整个学院的教职人员加上校长只有7个人,学生不超过100人,杰斐逊被安排到了哲学系。

尽管威廉-玛丽学院的教学条件一般,但是杰斐逊在这里遇到了一位好老师,他就是来自苏格兰的威廉·斯莫尔博士。杰斐逊对斯莫尔推崇备至,在其自传中他这样评价斯莫尔:

> 他是一位在大多数有用的科学部门中都有很深造诣的人,有可喜的表达能力,有端正的绅士风度和宽广的胸襟。对我来说最幸运的是,他不久就对我有好感,在没有功课时每天都和我在一起,从他的谈话中我获得了对于科学的发展以及我们置身于其中的世界的最初的看法。幸亏在我到校后不久哲学讲座教授的职位出现空缺,于是他便被暂时指定填补这个空缺,他是该校正式讲授伦理、修辞学以及纯文学的第一人。①

斯莫尔教授是一位风度翩翩的学者,他思想开明,富有涵养,虽然年近六旬,但看起来气色不错,精神矍铄。他穿着得体,举手投足都流露出一股绅士范儿。

---

① 杰斐逊:《自传》,梅利尔·D.彼得森:《杰斐逊集》,刘祚昌、邓红风译,北京:生活·读书·新知三联书店,1993年版,第4—5页。

在威廉-玛丽学院，斯莫尔是一位响当当的人物，无人不晓，他的授课旁征博引，极有趣味，很受学生的欢迎。而且斯莫尔是一位自由主义者，他把欧洲许多自由主义思想家，譬如伏尔泰、弥尔顿、卢梭等人的思想介绍给学生，他总是把这些大思想家的主张讲解得深入浅出、通俗易懂，富有理性和科学意味，而少宗教和说教色彩，因而学生总是能从他的讲座或课堂上受到启发。

每到斯莫尔先生举办讲座的时候，杰斐逊总是早早赶到，坐在第一排聚精会神地听。到了提问环节，杰斐逊积极发言，有不同的观点就大声表达出来与斯莫尔论辩。渐渐地，斯莫尔喜欢上了这位瘦高的男孩子，他发现杰斐逊具有极强的求知欲和领悟知识的能力，二人常常就某个哲学问题讨论得兴致勃勃。尽管年龄相差悬殊，两人却因为对学术共同的孜孜以求的态度，竟然成为忘年之交。可惜的是，两年后，也就是1762年，斯莫尔先生就返回了英国。从此杰斐逊就再也没有见过他，不过二人仍然保持着书信联系。1775年5月7日，杰斐逊写信给斯莫尔先生说，他请人给斯莫尔带去一些上好的马德拉白葡萄酒。

> 亲爱的先生，我很高兴地从一位在伯明翰见到你的绅士那里听说你很幸福。我托属于布里斯托的法瑞尔和琼斯先生所有的"真正爱国者"商号阿塞尔比船长，给你捎去3打马德拉岛出产的白葡萄酒，这是我为你储藏的赠品的一半。这位船长担心在船上携带更多的酒会招来关税人员而造成麻烦。因此剩下的3打我想托属于同一个商号的德鲁船长（他刚刚到达这里）给你捎去。由阿塞尔比随身带去的货将由他递交给你，剩下的货由德鲁还是由法瑞尔及琼斯递交给你，我尚不得而知。我希望你将发现它是美酒，因为它是运到我这里来的产自该岛的真正名牌酒，而且在我自己的酒窖里已经保存八年了……①

四、一位博学的年轻人

在威廉-玛丽学院度过的时光，对杰斐逊来说的确是一生中最重要的日子。在这里，他开启了吸收各种知识的闸门，遇到了他崇敬的老师，读到了影响他一生的各种书籍，结识了很多志趣相投的朋友，养成了良好的学习习惯，即使在毕业

---

① 杰斐逊：《自传》，梅利尔·D.彼得森：《杰斐逊集》，刘祚昌、邓红风译，北京：生活·读书·新知三联书店，1993年版，第820页。

后他仍然没有懈怠,这些都使杰斐逊成为那个时代同龄人中的佼佼者。总的来看,有这么几个因素让杰斐逊足以成为一个学识渊博、出类拔萃的年轻人。

首先是杰斐逊善于与别人交流。在威廉-玛丽学院与斯莫尔成为朋友之后,斯莫尔越来越觉得眼前的这个年轻人前途不可限量,有时候他甚至认为自己的知识储备不再有资格指导杰斐逊。于是经斯莫尔引荐,杰斐逊认识了另外两位好朋友——乔治·维斯和弗朗西斯·福基尔。前者后来成为杰斐逊的法律老师,而后者则是英国驻弗吉尼亚的总督。杰斐逊在其自传中是这样写的:

> 他(指的是斯莫尔)在1762年返回欧洲,在这以前他对我的爱护达到无微不至的地步,因为他促使他最亲密的朋友维斯接纳我,当他指导下的法律学生。并且介绍我与总督福基尔相识和参加他的非正式宴会,而福基尔是一位有能力的总督。在他的餐桌上,他、斯莫尔博士、维斯先生——他的莫逆之交,和我形成了一个四人集团,而我从这些人惯常的谈话中获得很多的教益。维斯先生是我在青年时代的忠实而为我所爱的导师,也是我终生最挚爱的朋友。①

那时的斯莫尔和维斯对杰斐逊赏识有加,他们常常带着他到福基尔总督的官邸参加音乐会。福基尔总督是一位音乐发烧友,当他听斯莫尔和维斯谈起杰斐逊是一名不错的小提琴手时,喜出望外,因为有时候演出一些比较大型的剧目,人手往往不够。这给了杰斐逊表现自己音乐才能的机会,一曲下来,福基尔总督感到非常满意。于是他向杰斐逊发出邀请,希望有机会他能常来总督官邸进行一些音乐和学术上的切磋,杰斐逊欣然应允。

从此之后,在福基尔官邸的宴会上,就常常看到杰斐逊、斯莫尔、维斯以及福基尔四人坐在一起高谈阔论。四人之中,只有杰斐逊一位是毛头小伙子,而另外三人则是各自领域出类拔萃的人。像斯莫尔博士,他对数学、自然科学、现代哲学颇有研究;维斯不仅是弗吉尼亚最出色的律师,而且古典文化造诣深厚;福基尔总督则是一位阅历丰富、思想开明的政治家。这样的聚会,让杰斐逊开阔了眼

---

① 杰斐逊:《自传》,梅利尔·D.彼得森:《杰斐逊集》,刘祚昌、邓红风译,北京:生活·读书·新知三联书店,1993年版,第5页。

界。四人经常高谈阔论，从政治到经济到社会文化，杰斐逊后来回忆这段往事的时候说："这是最美妙的、充满哲学意味和趣味的聚会，比我一生中所听到的还要多。"杰斐逊尽管在四人在当中资历最浅，只能算是一个毛头小伙子，然而凭着自己深厚的知识积累和巧妙地与人交流的技巧，竟然表现得游刃有余，十分老练。

除了爱结交朋友，与那些学识丰富的人交谈之外，杰斐逊在大学学习期间养成了良好的学习习惯，他给自己制订了严格的读书计划。杰斐逊珍惜在威廉-玛丽学院学习的每一分钟。他从小就养成了勤奋的习惯，他最痛恨那些游手好闲、好吃懒做的纨绔子弟。的确，在当时的威廉斯堡，社会风气奢靡浮华，尤其是上层社会的富贵公子哥们，整天生活在花天酒地、声色犬马之中，毫无追求，年轻的富家子弟们整天沉浸在各种寻欢作乐的交际场上，从而丧失了追求和独立。

杰斐逊是一个自制力很强的人，他主动远离那些来自物质和感官的诱惑，他心中装着父亲的遗言和斯莫尔、维斯以及福基尔等人给他的忠告，他时常扪心自问，如果有一天自我沉沦了，该如何面对那些厚爱他的人，他甚至不敢想象这样的画面。他把每天要做的事情安排得满满的，以至于不让自己有闲暇的时间去想象那些诱惑。每天凌晨五点，当别人还在睡梦中的时候，杰斐逊就起床开始锻炼身体了，无论刮风下雨，他从不偷懒或者为自己找个理由而懈怠，他梦想做一个正直、博学和对社会有用的人，为此他告诫自己，必须要比常人付出更多的努力。

简单地用完早餐后，杰斐逊就开始了一天的读书计划。令人吃惊的是，他每天花费在读书上面的时间超过15小时。下面是杰斐逊按照读书计划每天的阅读内容：

> 他清晨起床，先读有关科学的书籍，至八时为止，读书的内容有农学、解剖学、植物学、动物学、化学、伦理学以及自然宗教。……他读书极度认真，纵然有些书目苦涩难懂，如同嚼蜡，但若是很有价值，他就一定得拿下来，他从不知难而退，这是他学习的风格。

> 从八时至十二时，他就全心全意地读法律。……他习惯于把读书中凡是

值得摘记的内容都记录下来,以加强自己记忆的效果。从十二时到一时,他安排自己读政治方面的书籍,他推崇洛克,所以对洛克的著作颇有偏爱。此外,他还研读了西德尼、普鲁斯特里等人的著作。下午至晚餐前,他又主攻历史,在这段时间,他学习了希腊、罗马许多历史学家的著作。晚餐后至日落前,他主要研究文学。

他的读书计划如此缜密,后人看来无不咂舌称道,对于每天的读书计划,他都严格履行当天的任务必须在当天完成,从不无故地把它放到第二天,有时即使什么事情延误了读书计划,也必须在晚上用功,将所有的损失弥补回来。①

当然,杰斐逊并不是一个一头扎进书堆死读书的书呆子,同那时的年轻人一样,他也喜欢丰富多彩的娱乐活动。在他很小的时候,父亲就常常带着他去田野里骑马和狩猎。他熟悉森林里的很多种植物和动物,他喜欢在空旷的田野里歌唱,抒发内心炽热的情感。他的内心偶尔也会有莫名的青春的忧伤,这时候他最喜爱的小提琴是他忠诚的伴侣,悠扬的琴声诉说着一个懵懂少年的离愁。他还经常参加校园里的社交活动,每次都把自己打扮得干净利落,完全是一个时髦的青年才俊。

杰斐逊知道,仅仅凭借在学校里学到的知识是不够的,要增加社会知识,掌握更实用的技能,必须走出校园,走向社会。为此,他独自一人离开弗吉尼亚,到安纳波利斯、费城和纽约做了一次旅行。他首先来到安纳波利斯,并且把沿途的见闻写信告诉他大学最好的朋友佩奇。他在信中说,在前往安纳波利斯的路上,遇到了一些麻烦,甚至"普通的勇士所经历的惊险也没有我在这次旅行的头两三天所经历的那么大"。到了安纳波利斯之后,杰斐逊发现这是一座很漂亮的城市,交通便利,贸易发达。正好遇到议会正在开会,但是杰斐逊发现议员们开会的秩序很糟糕,缺乏修养,"彼此闲谈自娱,我惊讶地看到他们也不站起来就向议长提出质问,而且三个、四个或五个人同时质问也不被制止"。

---

① 艾德尼:《杰斐逊:设计美国》,呼和浩特:内蒙古人民出版社,1998年版,第58页。

通过这次旅行，杰斐逊对北美社会的风土人情有了更加详细的了解，也使他坚定了要为自己的理想奋斗终生的目标。

1762年从威廉-玛丽学院毕业后，杰斐逊并没有急于在社会上谋求一份不错的工作，他想要实现自己的抱负，知道目前的自己仍然有许多东西还需要进一步学习。那个时候的北美大陆模仿宗主国初步建立起了一套政治制度，而要进入政治仕途，有所作为，学习法律在当时是一个合理的选择。

有人做过统计，在美国建国先驱的55人当中，有半数以上的人分别在普林斯顿大学、耶鲁大学、宾夕法尼亚大学、威廉-玛丽学院等大学学习过。特别是对于政治决策人物来说，进行良好的法律方面的训练是个很重要的传统。这55名先驱中有十数名在1787年仍是律师团的成员，其中有接近40人接受过法律的专门训练。同样，在美国政治界，律师向来是总统的热门人选。据统计（截至2016年），在美国历史上44位总统中，有一半以上的人是律师或从事过与法律相关的工作。

不过那时要想在弗吉尼亚或者北美大陆任何一个地方接受好的法律教育都是困难的事情，整个北美大陆还没有正式的法律学校，也没有什么法律方面的专业教材。一直到美国独立战争爆发时，还没有一本像样的法令汇编手册，很多律师都是自学出身，法官大多是非专业性的。那时候人们自学法律主要是研读英国人布莱克斯通的《英国法律评注集》，此书比较全面地介绍了英国法律制度，在北美大陆算是最早流行的法律手册之一。直到1778年，北美大陆本土的律师内森·戴恩编著的《美国法律摘要汇编》出版，才算是填补了美国法律书籍方面的空白。

在这种情况下，杰斐逊在维斯先生的私人指导下学习法律。维斯先生在当时整个北美大陆都是法律界的翘楚，他对杰斐逊要求严格，尽最大的努力帮助杰斐逊阅读法律方面的专业书籍。他让杰斐逊读的第一本法律书籍是英国法学家爱德华·科克爵士的《英国法律学基础》。爱德华·科克爵士所讨论的法律与霍布斯、洛克等人有所差别，他主要研究的是适用于王室的普通法。科克爵士曾起草《权利请愿书》反对詹姆士一世和查理一世，并提出议会应当具有立法职能的权力，此举意在限制国王的权力，为人民争得自由。

科克爵士的书晦涩难懂,杰斐逊为此感到很烦恼,但是我们前面说了,杰斐逊从来不给自己找任何借口回避困难,他总是会想方设法攻克这些难关。开始领悟科克爵士的意思之后,他就发现在科克爵士的文字中竟然蕴含着很深奥和有用的学问。

一般人学习法律只需要一年的时间就够了,可杰斐逊竟然跟随维斯先生学习了五年。在这五年中,他阅读了大量的法学方面的书籍,不仅如此,杰斐逊还认识到,法律并不是孤立的学问,要成为一名出色的律师,甚至走上政治生涯,各个学科的知识都需要学习。这段时间,他阅读了洛克、孟德斯鸠、弥尔顿、马基雅维利、荷马、伏尔泰、莎士比亚等大思想家的著作,涉及政治、经济、文化、教育等各个方面,可以说为他之后形成的民主教育思想,起草《独立宣言》《弗吉尼亚宗教自由法令》打下了深厚的理论基础。

杰斐逊不仅热衷于读书,还喜欢收藏各种有价值的书籍。他在夏德威尔的老家专门腾出一间屋子作为书房,不幸的是1770年的一场大火烧掉了他收藏的书,只有那把伴随他多年的小提琴被仆人朱比抢救了出来。杰斐逊闻听此讯后悲痛异常。他在写给好友佩奇的信中说,多年以来收藏的书全部被烧掉了,这些书按照当时的价格估算,值大约200英镑。假如损失的只是金钱,杰斐逊毫不吝惜,但是当他收藏的图书在大火中毁于一旦,他觉得那是他的全部生命。

火灾过后,杰斐逊又重新开始藏书。两年后,他的藏书又超过了1 250册。据他回忆说,那时他的庄园加上他做律师的收入,每年接近5 000美金,他会拿出其中的三成用来买书,有时候甚至从欧洲订阅图书。有些平时也喜爱读书的绅士们来向杰斐逊请教,他都非常热情地帮助他们选择一些阅读的书目,比如1771年8月,一位叫罗伯特·斯基普威思的绅士想要购置一批图书,写信给杰斐逊,杰斐逊立刻就给他回信并帮助他选择了政治、贸易、艺术、宗教、历史等方面的大约50英镑的图书。

在威廉斯堡学习法律的时候,杰斐逊还认识了著名的演说家帕特里克·亨利,也是一名律师。他称赞亨利是一位非常了不起的天才演说家,他的漂亮的演讲,简直像荷马的作品一样好。亨利是一位有着远大理想的律师和演说家,后来在1775年3月23日的大陆会议上,正是他的一篇慷慨激昂的陈词——《不自由,毋宁死》,激发了北美殖民地人民抗争压迫的激情和决心。

从1760年到1765年,杰斐逊在这五年的时间中,进行了大量的阅读和社会观察,对整个北美大陆的发展趋势有了深刻的认识,后来他又结识了像斯莫尔、维斯、福基尔、帕特里克·亨利等有学识有抱负的人士。从他们身上杰斐逊学到了不少优秀品质,他觉得应当肩负起缔造人民福祉的使命,用知识启迪民智、开启民心,一个独立、自由的国家蓝图开始在这群充满理想的人心中激荡,正如在他后来起草的《独立宣言》中所宣称的那样:

> 在人类历史事件的进程中,当一个民族必须解除其与另一个民族的政治联系,并且在世界各国中取得自然的法则和自然的上帝所规定给他们的独立与平等的地位时,一种尊重人类公意的心理,要求他们一定要把迫使他们宣布独立的理由宣布出来……[①]

正是靠着良好的家庭教育、几位名师的指导以及自身不懈的努力和年轻时代博览群书的才华,杰斐逊逐渐在北美殖民地的政治生涯中崭露头角,他先后起草了《独立宣言》《弗吉尼亚宗教自由法令》,并进而登上了政治权力的顶峰。当然,我们说杰斐逊是最博学的美国总统,并不意味着他仅仅在政治领域中所取得的成就。他通晓英语、希腊语、拉丁语、法语、意大利语五国语言,先后撰写了《英属美利坚权利概观》《弗吉尼亚纪事》等一系列政治、文学著作,据统计,后人为纪念他而出版的文集合计有二十卷之多。他的研究兴趣涵盖了政治、历史、文学、建筑、科学、文字、音乐、考古等诸多领域,因此,是一个不折不扣的"杂家",被人们称为最博学和多才多艺的总统毫不为过。

深厚的文化素养和教育背景让杰斐逊越来越清楚地意识到,只有广泛普及知识和教育才是拯救美利坚民族,进而建立一个伟大国家的基石。因此,从他开始进入政治生涯的那天起,他就把这项使命牢记在心,在多个方面努力实践之,被后人尊奉为"美国民众教育的真正守护神"。

[①] 杰斐逊:《独立宣言》,梅利尔·D.彼得森:《杰斐逊集》,刘祚昌、邓红风译,北京:生活·读书·新知三联书店,1993年版,第22页。

第二章

教育塑造了美国式民主

独立大厅,1776年7月4日,北美十三州的代表在这里签署了由托马斯·杰斐逊撰稿的美国《独立宣言》

教育的目的是塑造公民,而不是塑造"人"。

——杜　威

回望美国式民主的历程,不难发现它深深印着杰斐逊思想的痕迹。作为美国历史上最卓越的民主主义者之一,杰斐逊的民主观念的伟大之处在于:民主不是来自毛瑟枪、火炮和刺刀,更不是来自国家层面武力的强大,而是植根于个人追求平等和自由的精神气质,并且在长期的民主实践中沉淀为一种悠久的历史传统。显然,这种民主的传统与良好的教育体系有着莫大干系。当有人问起教育的目的为何时,或许对这个问题最好的回答方式是:教育不是教会人们思考什么,而是要让人们学会如何思考。

换言之,如果教育的目的仅仅在于传授固定的知识系统,或者仅仅在于将社会中的个体塑造成统一的模式,从而丧失了追求独立和自主的精神,毫无疑问,这样的教育是失败的。教育的首要目的是应当让国民拥有每一个独立的个性化的自我,并且在一种公平正义的社会环境下积极参与到民主生活的建构当中。在这方面,一直致力于追求民主主义与教育的杜威给出了很好的解释:

> 民主的社会既然否定外部权威的原则,就必须用自愿的倾向和兴趣来代替它,而自愿的倾向和兴趣只有通过教育才能形成。但是,还有一种更为深刻的解释:民主主义不仅是一种政府的形式,它首先是一种联合生活的方式,是一种共同交流经验的方式。①

杰斐逊在其早年争取殖民地独立的过程中,最初的目的是想建构一套完善的政治制度和司法体系来保障民主的实践,后来他发现,假若不开启民智、启迪民心,国民不懂得捍卫自身的权利和利益,再好的制度也会沦为一副躯壳。杰斐逊从此开始笃信,教育才是实现民主理想的根本手段:

杰斐逊重视教育,是因为他从民主的思考中抓住了问题的要害,自古至

---

① 约翰·杜威:《民主主义与教育》,王承绪译,北京:人民教育出版社,1990年版,第92页。

今,野心家之所以可以建立独裁,主要还是利用人民的愚昧,而有知识、有民主意识的人就不会容许独裁统治的建立。那么,如何让人民有知识、有民主意识呢?只有通过教育才能达到这个目的。①

一、杰斐逊:美国精神的阐释者

说起来,人的命运在这世上真是奇特,一旦被上帝抛向凡间,我们的命运便不能完全由自己主宰。

比如杰斐逊,这个生性腼腆的小伙子,饱读诗书,学富五车,按照中国人的观念,当学而优则仕——进入仕途,进而衣锦还乡。然而在杰斐逊的观念里,他看透了官场上的尔虞我诈,因此对于追名逐利也就没什么太大兴趣,他只想好好在弗吉尼亚做他的律师。然而,人的命运有时候真的是充满戏剧性,在弗吉尼亚做律师的几年生涯中,杰斐逊赢得了良好的口碑。在1768年弗吉尼亚新一轮议员的选举中,这个25岁的年轻人被老乡们推举为竞选议员的候选人,并且顺利当选弗吉尼亚州下议院的议员,从而开始政治生涯。

实际上,杰斐逊是一个追求完美的人,尽管他对政治一度不感冒,然而当他到了那个位置上,他也没有特别的排斥。杰斐逊怀揣着自己的理想,只不过之前并无用武之地。在威廉-玛丽学院求学的几年中,杰斐逊大量阅读了欧洲思想家们有关自由、平等以及人的自然权利的著作。当他从这些思想大师的盛宴中游离出来,反观北美殖民地的现实,一种羞辱感不断冲击他的心灵,并且在无数个辗转难眠的夜晚挥之不去。

这种痛苦即便在他当选州议员之后也未能幸免,在英国总督面前,他照样说过一些效忠英王和总督的违心话。当然,在那种局面下,杰斐逊也是情非得已。表面上的阿谀奉承掩盖不了杰斐逊内心对殖民统治的憎恶。在逐渐兴起的移民潮中,那些历经风浪的移民们把北美大陆看成是充满自由和富足的乐土,然而与

---

①刘祚昌:《杰斐逊全传》(上),济南:齐鲁书社,2005年版,序言第10页。

美国现代教育之父托马斯·杰斐逊

之相伴的是奴隶贸易的兴起：

> 年复一年，数千名移民就这样被运到美国，把他们的血统与先来者相融合。他们作为社会弃儿来到这里，等待着他们的是"黑奴贩子"，找到主人后便不停地工作，要么就希望破灭，逃到具有诱惑力的边陲，那里是无数落魄之人的避难场所。他们都是平民百姓，承受着被奴役的命运。他们非常可能把对贵族生活方式的刻骨仇恨传给后代，过去遗留下来的旧痛和逐渐积累起来的新恨最终将对殖民地的下层社会构成难以忍耐的重负，促使他们走向新世界的民主秩序。①

1769年，杰斐逊曾经就解放奴隶向英国总督提过议案，但遭到了拒绝。不止这件事情，在殖民者统治期间，任何争得自由的事业都不可能获得成功。长此以往，奴隶的儿子也将变成奴隶。杰斐逊开始认识到，只要人们的思维不开化，在坚持自由和独立的事业上没有信念和主见，美洲大陆要想脱离殖民者的统治简直比登天还难。

事实上，英国殖民者在美洲大陆的统治并不仅仅是依靠武力，早在16世纪末，英国传教士哈克鲁特就向当时的英王伊丽莎白呈递了一部叫作《论西部殖民》的小册子。在这部小册子中，哈克鲁特劝说伊丽莎白派人向美洲大陆实施殖民计划。作为殖民计划的重要部分，殖民地教育被哈克鲁特提到了特别重要的位置。哈克鲁特建议：要向殖民地派遣牧师，传经布道，教育人们遵守秩序，避免反叛。在早期的武力扩张殖民失败之后，哈克鲁特的殖民理论被英国人大规模地应用到殖民实践中，他们开始注重在殖民地建立社区、教会和学校来驯化当地的土著人，甚至在弗吉尼亚成立州议会（如我们上文所提到的，杰斐逊被选为弗吉尼亚州议员）。然而，殖民者推行教育的举措主要在于维系他们的殖民统治：

> 它的诞生主要是为了吸引更多的移民前往弗吉尼亚，而非完全出于民主的考虑。无论如何，公司确实致力于增加人口并使殖民地能长久地站稳脚跟。②

---

① 沃浓·路易·帕灵顿：《美国思想史：1620—1920》，陈永国译，长春：吉林人民出版社，2002年版，第122页。
② 劳伦斯·A.克雷明：《美国教育史：殖民地时期的历程》，周玉军等译，北京：北京师范大学出版社，2003年版，第8页。

的确,在16—17世纪美洲移民潮中,相当多的人受到来自殖民者宣传的鼓动,把美洲大陆看作是自由和富足的天堂,他们甚至携家带口,给这里带来了各种各样的技术和知识,想把美洲大陆当作他们安身立命的场所和归宿。不得不说的是,大多数的移民都来自中下层贫民,富人们没有必要风餐露宿,冒着丢掉性命的危险开拓另外的家园,在富庶的欧洲庄园里,他们更喜欢在暖日的下午,躺在长椅上悠闲地喝着咖啡高谈阔论。

但是另外一方面,殖民地推行的所谓"驯化教育"并不存在政治高压现象,同时来自世界的各色人等构成了多元的文化语境,在这里不存在欧洲大陆那么浓厚的阶级和地位歧视。总体上,在1763年英法七年战争之前,殖民地的社会文化环境还算是比较自由和多元化的:

> 相对的开放和多元化就成为英国统治头三十年的文化主流。……他们似乎愿意在信念、信仰和教育方面存在相当程度的多元化。其结果是形成了这样一种殖民理念:殖民地成了一个有多种不同教育模式的社区,无论是正规的还是非正规的,每种都寻求在塑造未来中发挥重要作用。[①]

不过这一局面在七年战争之后开始发生转变,缺少了竞争者,英国在美洲大陆唯我独尊,开始显得傲慢和霸道起来,他们开始对殖民地征收各种各样引起殖民地人民反感的赋税,并且不允许殖民地与除了英国之外的其他国家进行贸易。本来,13个殖民地在经济和地方自治上都具备了很强的自治性和良性循环,现在英国殖民者竟然撕破脸皮,怎能不引起殖民地人民的反抗?约翰·亚当斯1818年写给友人的信件中回顾独立运动时说:革命在战争爆发前就已经开始了,这是人民精神和心灵中的一场革命。

人民心灵和精神中的革命,实际上指的是长久以来在殖民地人民中酝酿而成的一种自由精神,它成为日后美国精神的主要标杆和旗帜。"大规模的经济自由促成了一种美国自由主义,并具有公开和强烈的个人主义性质。"[②]英国与

[①] 劳伦斯·A.克雷明:《美国教育史:殖民地时期的历程》,周玉军等译,北京:北京师范大学出版社,2003年版,第16页。

[②] 沃浓·路易·帕灵顿:《美国思想史:1620—1920》,陈永国译,长春:吉林人民出版社,2002年版,第161页。

美国现代教育之父托马斯·杰斐逊

殖民地之间的矛盾逐渐加剧,这给了不善言辞的杰斐逊机会,使得他能够利用手中的鹅毛笔撰写出一篇篇犀利的"讨英檄文"。1775年,杰斐逊写出了《英属美利坚权利概观》。在这本小册子中,杰斐逊驳斥了英国对殖民地施加的不公正策略以及对殖民地人民自然权利的侵犯,他呼吁各州议会的代表们向英王请愿:

> 必须使他知道我们的祖先,在他们移民来美之前,是欧洲英国领土上的自由居民,并且享有自然赋予一切人的离开自己的国家(他之生活在这个国家不是出于自己的选择,而是由于偶然的机会)和寻求新的住处并且在那里建立新社会(其法律和规章在他们看来最能促进公众幸福)的权利。①

但若以我们今天的眼光来看,杰斐逊在《英属美利坚权利概观》中仍然对英王抱有一丝幻想,他在文中仍然毕恭毕敬地尊称英王为陛下,而称呼自己为臣民,"恳请许可在作为不列颠帝国的元首面前申述陛下在美利坚的臣民一致的怨情。"杰斐逊此刻的保守思想当然与他的社会身份有某种牵连。1774年9月在华盛顿召开的大陆会议的55名代表中,既有像杰斐逊这样身份显赫,在当地算是名流的显贵绅士,也有像帕特里克·亨利这样穷困落魄的书生,自然在反英的问题上就会出现意见的分歧。

我们今天也无须因杰斐逊当时的犹豫和踯躅祭出"道德杀威棒",任何处在历史或时代关节点的人物,其内心必定遭受多重痛苦的煎熬。好在,杰斐逊在他所拥有的精美庄园、顺从的奴仆以及腾达的仕途面前坚守住了他的信仰和良知,他不想猥琐地蜷在安乐窝里虚度一生。在弗吉尼亚,青年杰斐逊已经从那些纨绔子弟身上见证了这种富足生活的无聊和虚妄。当那些纨绔子弟们沉浸在声色犬马与花天酒地之时,杰斐逊的思绪则一直周游在霍布斯、洛克等思想大师的精神世界中,经常与大师或伟人们谈心,自然使得他的目光显得"与众不同"。

历史远远不是充满戏剧性的偶然,当1775年莱克星顿的枪声打响之后,大陆会议的代表们明白,此刻该是放弃与殖民者谈判或媾和的幻想的时候了,必须联合起所有人同仇敌忾才能完全脱离英国的殖民统治,为此他们成立了一个委员会来起草一份脱离英殖民统治的独立宣言,而富有文采能够担此重任的非杰斐逊

---

①梅利尔·D.彼得森编:《杰斐逊集》,刘祚昌、邓红风译,北京:生活·读书·新知三联书店,1993年版,第111—112页。

莫属。在费城一个德国砖瓦匠的家中,杰斐逊文思泉涌,霍布斯、洛克、孟德斯鸠、卢梭等人的天赋人权的思想不断在头脑中闪过,它们在杰斐逊的笔端凝聚成为足可以标榜美国精神的惊世之作——《独立宣言》。他慷慨激昂地陈词:

> 我们认为这些真理是不证自明的:人人生而平等,他们被造物主赋予他们所固有的某些不可转让的权利,其中有生命权、自由权以及追求幸福的权利;为了保障这些权利,才在人们中间成立政府,而政府的正当权力,则得自被统治者的同意。如果遇有任何形式的政府损害这些目的的情况时,人民就有权利改变或废除它,以成立新的政府,而新成立的政府,要奠基于这样的原则上,以这样的形式组织其权力,以其唯有这样才能保障人民的安全与幸福。①

在《独立宣言》中,平等和自由这两个最能表征美国精神的字眼被杰斐逊阐释得淋漓尽致。美国精神的雏形可以追溯至移民早期的清教主义和英格兰自治制度,并且在落户美洲大陆后形成的个人主义、自由主义以及自耕农气质,它追求一种宣扬个人自由和平等的价值观念,崇尚多元和包容的文化氛围,并渐次地渗透在殖民地的土壤中。这种表征平等和自由的精神气质逐渐沉淀下来,成为美国民主制度建构的基石。1831年,法国历史学家托克维尔在美国考察9个多月后,写出了传世名著《论美国的民主》。在书中,托克维尔把美国民主的来源归结为三点:自然环境、法制和民情。三点中民情最具代表性,而民情中身份平等的观念植入人心,对美国民主制度的维护起到了很好的保障作用。至于美国人热爱自由的传统,埃德蒙·柏克评价说:

> 在美利坚人的这种性格中,热爱自由乃是一个突出的特征,它是他们全体的标志,使他们卓尔不群;由于热情总是一种唯恐失去的情感,因此,你们的殖民地居民认为自由是使他们感到最值得为之生活的唯一好处,一旦他们觉察到任何用武力夺走或用诡计骗取的微小企图,他们就会变得忧心忡忡、桀骜不驯和难以驾驭。这种狂热的自由精神,在英属殖民地居民中最为强烈,地球上其他任何人民均难出其右……②

---

① 梅利尔·D.彼得森编:《杰斐逊集》,刘祚昌、邓红风译,北京:生活·读书·新知三联书店,1993年版,第22页。
② 埃德蒙·柏克:《关于与北美和解的演讲》,李剑鸣:《美国通史:美国的奠基时代(1585—1775)》,北京:人民出版社,2001年版,第518页。

二、免于愚昧无知的自由

美国另外一位总统罗斯福,在二战前夕曾经提出过人类的四项基本自由:言论表达的自由、崇拜上帝的自由、不虞匮乏的自由、免除恐惧的自由。之后中国著名平民教育家晏阳初先生在考察了中国农村教育落后的现状之后,提出人类的第五项自由:免于愚昧无知的自由。

与罗斯福总统和晏阳初先生相比,两百多年前的杰斐逊同样提出了三大自由,并将之作为进入仕途之后毕生为之奋斗的事业,这三大自由是:政治自由、宗教自由以及知识自由。而在杰斐逊看来,若实现政治自由和宗教自由必得以知识自由作为根基,实现知识自由的途径非教育莫属,而"良好的教育,其所产生的道德、政治和经济利益的好处,是无法估量的"。

英国在北美大陆建立殖民地伊始,就注重加强在殖民地普及教育,一方面是为了开化当地的土著人,当然更主要的目的是维系其在殖民地的统治权威。一般来说,在殖民地建立的学校掌握在教会手里,而牧师则是学校教师的骨干。大约在18世纪中期以后,随着殖民地经济的繁荣和政治制度的不断完善,殖民地的教育变得越来越普及,甚至一度在识字率上超过了英国本土。克雷明在他编著的《美国教育史》中做过统计:当殖民地的居民识字率达到70%~100%的时候,同一时期英国本土居民的识字率只有48%~70%。

教育在殖民地普及的一个显著的作用是促进了殖民地的"大觉醒"运动。在《弗吉尼亚纪事》中,杰斐逊写到,对于当政者来说,通过教育来提高人民的素质是最有效的手段,同样,一个受过良好教育的当政者懂得如何建立一套防止独裁的制度,并且捍卫人民的利益和民主成果。世界上任何一个政府都不是完善的,总在某些方面表现出腐化和堕落的可能性,这时候就需要有受过良好教育的公民站出来指出政府的错误并敦促他们改进。

面对殖民地教育事业的欣欣向荣,杰斐逊表现得颇为乐观。当法国牧师雷诺讽刺美洲大陆文化教育落后,以至于还没有培养出"一名好诗人,一名出色的数学家,一名艺术天才和一名某一学科的天才"时,杰斐逊对此回答说,在战争方

面我们已经造就了华盛顿,在物理学方面我们已经造就了富兰克林,此外在其他的领域,北美大陆都有不俗的人才涌现:

> 正如在哲学方面和在战争方面,也正如在政府方面、在演讲方面、在油画方面和在雕塑艺术方面,我们可以展示出美国优势,虽然昨天还是一个未成熟的孩子,但现已给予天才以有希望的支持,同时也给予杰出的人才以支持,以此来唤醒人们的良知,来督促美国行动起来,来证明美国的自由,来导致美国走向幸福。①

不过这种教育的繁荣只是表面的现象,毕竟到独立战争爆发前,仅仅成立了七所学院作为高等教育的基地。并且存在着教育的极大不平等,只有那些中产以上的家庭才能支付高昂的教育费用,一般大学的费用每年达 100 英镑左右,能够接受高等教育的家庭不到一成,更何况黑人和印第安人,他们根本没有接受教育的机会。因此杰斐逊对北美大陆的教育现状也存在一丝担忧,如果教育的不平等状况继续拉大,必将有一部分人被排斥在民主进程之外,因为他们本身缺乏对自我的认知和对民主的关怀,当自身权利受到侵犯的时候不懂得如何去捍卫。而如果人人受到良好的公民教育,在整个国家范围内塑造公民意识与民主精神,自由就会永远掌握在人民手中,因为"知识就是力量,知识就是安全,知识就是幸福"②。

为了在更广泛的基础上普及教育和知识,消除教育不平等的现状,杰斐逊在 1778 年提出《关于进一步普及知识的法案》,该法案系统地提出了公共教育的组织原则和目标模式,这部法案被认为是美国近代教育发展史上的重要文献。

> 杰斐逊认为整套教育计划是建立在这样一些观念之上的:人的天性并非天生一成不变,人可以不断完善发展自我,而教育恰恰是实现这一目的的首要手段。杰斐逊宣称:教育将一个全新的人嫁接于天然坯料之上,将人性中之邪恶卑污、桀骜顽劣转变为美德与社会认可的品性。每一代人继承先人的知

---

① 劳伦斯·A.克雷明:《美国教育史:殖民地时期的历程》,周玉军等译,北京:北京师范大学出版社,2003年版,第552页。
② 小诺布尔·坎宁安:《杰斐逊传》,朱士清、高雨洁译,北京:世界知识出版社,1991年版,第3页。

识,增添已知所获与发现,代代相传,日积月累,必将难以估量,而非如某些人所谓之"无限地"增益人类之知识与福祉至无人能确定于预见之程度。①

在该法案中,杰斐逊开宗明义地提道:即便是最好形式的政府,也有可能在时间的推移中变得妄自尊大,从而忘记了自身的职责,有可能偏离民主的正常轨道。而最有效的预防措施不是制定多么合理的制度,而在于通过教育启迪人民的心智,把历史上的经验明白无误地告诉他们,使他们懂得他们有资格、有能力去保卫他们的神圣权利不可侵犯。而他们受教育的权利并不因为他们的出身、财富或社会声望有所差别,每一位在北美大陆为了梦想和希望奋斗的公民都平等地接受来自学校的教育机会。很显然,杰斐逊是把教育与人民的幸福与社会民主正义联系在一起,他认为通过进一步地普及知识,能够为人民和这个即将独立的国家带来更多的利益和好处。

杰斐逊是一个思维缜密的人,他在法案中详细地规划了如何普及教育的措施。比如在弗吉尼亚州,每个县每年都应当由人民选举最有能力和正直的三位代表举行会议,划定各县的分区,在所辖分区内,根据受教育儿童的数目建立学校,以保证每一位适龄儿童都能够接受学校教育。在学校课堂的教授内容中,应该涵盖阅读、算数、写作、历史。所有的儿童,无论男女,在所辖分区内都可以接受三年免费义务教育。

在学校管理上,在每年召开的县参事会议上选举一位德才兼备的人担当学校的学监。"他的职责和任务是:随时为每一所学校任命一位教师(这位教师要保证忠于本州)或在他认为有理由时解雇一位教师;至少每半年巡视每一所学校一次,对学生进行测试;保证威廉-玛丽学院的巡视员所推荐的阅读和教学大纲得到遵守,监督教师在与学校有关的每一个方面的行为。"选择建立学校的校址也是有讲究的,学监觉得某一块土地适合建立一所学校,他应当首先向该县的书记员递交报告,书记员得到报告后便向该县行政司法长官发一张土地征用补偿性质

---

① 劳伦斯·A.克雷明:《美国教育史:建国初期的历程》,洪成文等译,北京:北京师范大学出版社,2002年版,第116页。

的令状,并下令由行政司法长官召集12人作为陪审团对建设学校项目进行评估。主要应当考虑如下问题:

> 在这里应主要关心上述学校的利益和方便,但也应在某种程度上尊重上述土地所有人的方便,并且从多方面的各自的利益去估价这个校址。在确定地址和估价完成之后……上述学监应随即着手在上述土地上为上述文法学校及其必要的办公室建筑一所砖或石结构的校舍,此文法学校校舍应有一间教室、一个餐厅,供一名教师和助理教师用的房屋4间,10至12间学生宿舍。①

在杰斐逊的设想中,除了对学生的受教育状况进行严格的考试和评估,最重要的一点是他主张任何人受教育不应当与家庭的贫富相关。每一所学校的学监都应当在每年的九月份对他监管下的学校通过严格和公正的考试,从中选拔出已学习满两年因家庭贫困而无法继续接受教育的儿童到该区的文法学校继续学习。

杰斐逊特别注重教育的公平与当时弗吉尼亚的教育现状,尽管当时整个北美大陆的教育水平与过去不可同日而语,不过之前大多数的学校都属于私人性质,收费高昂,经济贫困的家庭一般不敢问津,且存在严重的等级差异,学生在学校中的名次以其父亲在社会上的地位和声望而定。这对于一个即将迈入自由民主门槛的新国家而言,无论如何也不能对号入座,并且就实际的意义上而言,相当多的人才将会因为经济贫困而被埋没。

因为社会的不平等,"逆淘汰"这种悲剧不断在历史中上演,它所遵循的丛林弱肉强食的法则,以及由此遵循的社会达尔文主义的逻辑若镌刻在一个新生社会的肌理之中,不啻于这个社会的灾难。因此,杰斐逊在制定教育法案中特别注重教育的公平问题。

十分令人惋惜的是,杰斐逊的法案先后三次遭到议会的否决,最终未能通过,这使他痛心至极。从时代与个人来说,杰斐逊制定该法案之时,恰逢独立战争刚

---

① 梅利尔·D.彼得森编:《杰斐逊集》,刘祚昌、邓红风译,北京:三联书店出版社,1993年版,第397页。

美国现代教育之父托马斯·杰斐逊

刚胜利不久,美国虽然建立起了比较民主的政治制度,然而他的做法显然与之相比有些激进,不可避免地触动了统治阶层的某些利益。首先遭到了教会的反对。殖民地时期的教育体系原来一直掌握在教会手中,即便建国之初,宗教仍然在美国政治和日常生活中扮演着重要角色,总统华盛顿不止一次地谈到过宗教在维持国家方面的作用,因而突然剥夺掉教会的权力他们必定不会善罢甘休。其次是来自地方政府的反对。新法案由于扩大了教育的对象,因而财政上必然要加大投入,这使得地方政府的财政负担加重。

退一步来说,即便该法案获得通过,它仍然在贯彻教育平等的某些方面做得不够彻底。这其中自然也包括杰斐逊思想方面的某些局限:杰斐逊虽然在多个场合提出反对奴隶制度,然而他自己的庄园却一直蓄奴;在他的法案中,他提及的资助教育儿童主要针对男孩儿,一些边缘少数群体根本未能纳入教育对象当中,尽管建国初期的领导人们在普及知识和教育方面达成了不小的共识。比如华盛顿在其总统离职演讲中强调"应把知识普及机构作为一项首要的事情来推动。当政府机构赋予民意以更大的影响力时,启蒙民意相应地成为一项根本之举"。开展全国性的国民教育在无数个政治演讲和辩论的场合被提及,然而在教育自治的对象上,却不能做到一视同仁。

> 富人与穷人,德国人与法国人,新教徒与天主教徒,但并不包括黑人与印第安人。在一切有关避难与庇护的言论中,美国的公民观念在想方设法地超越阶级、民族、宗教甚至性别(尽管时时带有含糊性)的差异与障碍,但不包括种族的障碍。黑人与印第安人被剥夺了公民权,也因此与自治教育无缘。相反,在白人统治的社会下,他们屈从于一种低下卑微的教育,被禁止参与公共事务。①

前面说过,我们无法用当代的眼光和标准来苛求杰斐逊成为一个完美的人,尽管他骨子里是一个完美主义者。我们也无意将杰斐逊塑造为一个完美的道德标杆,正如我一直所强调的,历史和政治的瑕疵可能来自制度或时代的缺陷,不过它们往往在具体的人身上表现出来。我们评判某个历史人物的得失也仅仅在

---

① 劳伦斯·A.克雷明:《美国教育史:建国初期的历程》,洪成文等译,北京:北京师范大学出版社,2002年版,第110页。

于"述往事,思来者",或者"鉴前人之兴衰,写当今之得失",若还原到过去的历史语境中,与同时代的人相比,杰斐逊在普及知识法案中所体现出来的教育民主和平等思想,依然值得我们为之鼓掌喝彩。1785年,当他作为大使出使法国听闻该法案又一次被拒绝,杰斐逊懊恼不已,他明白在新生的共和国土壤中,仍然生长着阻碍自由、平等以及人权的杂草。杰斐逊给他在威廉-玛丽学院求学时结识的法律导师乔治·维斯先生写信:

> 我认为,在我们整个法典中最重要的法案便是关于在人民中间传播知识的法案。为了保存自由和幸福,不可能设计出任何其他可靠的基础,如果任何人认为国王、贵族或教士是公众幸福的良好的保存者,那就把他们送到这里来吧,他们将在这里用自己的眼睛看到这一类人是反对人民群众幸福的无耻的联盟。他们的作用的无限威力没有比在这个国家得到更好的证明的了,因为在这个国家虽然有最肥沃的土壤,有天底下最美好的气候,并且有使人感动的最慈善、最快活和最可爱的人民,而且这样的人民享受那么多大自然的恩惠,但是他们却处在国王、贵族和教士的压迫之下,而且只是由于他们的压迫,饱尝人间苦难。我亲爱的先生,请鼓吹一场反对愚昧的改革运动吧,制定和改进教育人民的法律吧。让我们国家的人知道,只有人民才能保卫自己以防止邪恶的侵犯。①

三、教育催生了一个好政府

克雷明说:美国独立革命,既是一场政治革命,也是一场教育革命。本杰明·拉什更是直言不讳:我们已经从大英帝国的殖民统治中解放出来了,但我们仍然需要在思想中进行一次革命,并且创造一个伟大的政府。可见,在美国独立运动和建国的历史上,教育与政治和民主从来就没有分开过。

美国建国初期的开国元勋们有相当数量的人像杰斐逊一样受过系统的教育,因此在他们的建国理想中自然包含建立起真正的美国教育,而这种教育体系

---

① 梅利尔·D.彼得森编:《杰斐逊集》,刘祚昌、邓红风译,北京:生活·读书·新知三联书店,1993年版,第954—955页。

不仅仅指的是学校建设、课程设置等一些具体的问题。在他们看来,摆脱了殖民统治的教育不应当仅仅是传授知识,更主要的功能在于帮助人们树立公民意识、民主理念,教育的机构和范围应当包含除学校之外的家庭、教堂、新闻出版以及其他的公共服务机构。每个人都能为瑰丽的美国梦增砖添瓦,参与到绘制新帝国蓝图的设计中。为此,人们不仅要有学识,还须成为一个虔诚、有道德和正义感、优雅的美国公民。

而在美国民间社会,构筑自由新帝国的热情更为高涨,无论在街头巷尾,还是咖啡馆、酒吧,无论是土生土长的北美人,还是移民而来的英国人、荷兰人、法国人,教育普及的话题得到热烈的阐述。尽管各种观点之间存在争论,甚至分歧,但人们在培养自治的公共教育方面达成了基本的共识:

> 这种教育应以三种基本要素为核心:旨在传授读写能力和部分共有核心知识,培养德行和爱国主义情操的国民教育;自由的新闻出版,能让有关重大公共问题的各种观点得到发展并借此启蒙民意;各类民间自愿社团,从市民组织到政党以至到政府机构本身。通过学校教育获得读写技能,通过报刊了解最新信息,自由的美国公民就可以通过管理,通过亲身体验公共政策的制定、辩论、立法,实施这一全部过程,从而学会自治的艺术。这是一幅令人陶醉的景象,一个全新的世界正在孕育,各个社会阶层的男人(也包括女人,尽管略有差异),无论贫富,不管是法国人还是德国人,是新教徒还是天主教徒,都将参加一项宏大实验,看一个民族到底能否治理好自己。①

但是当所有人沉浸在缔造美国梦的时候,他们不得不正视另外一个事实:即独立战争虽然胜利了,然而战后的北美大陆经济状况堪忧,摆在领导人面前的是一个百废待兴的烂摊子。更为不妙的是,国家缺乏一个强有力的政权,外能御侮,内能安邦。独立战争时期松散的邦联制在战后的弊端日益突出,因此一个棘手的问题摆在领导人的面前:美国到底是建立一个强大的中央集权制政府,还

---

① 劳伦斯·A.克雷明:《美国教育史:建国初期的历程》,洪成文等译,北京:北京师范大学出版社,2002年版,第110页。

是维持原来的老样子。在这种政治和社会风云激荡中，美国的学校教育仍然取得了缓慢的发展，主要体现在私人兴办的教育机构，中学教育和高等教育均有不同程度的发展。然而在共和国政权风雨飘摇中，谁能知道人们兴办教育的热情哪天被突然浇灭了呢？一种未来的不确定性困扰着年轻共和国的命运。

邦联制的缺陷使得大家不得不暂时放下各自在政治上的分歧，1786年在安纳波利斯召开的各州会议通过了汉密尔顿起草的《致邦联国会的报告》。报告中分析了当下的政治制度存在缺陷，呼吁与会代表们寻找有效的解决办法。有了这次会议做基础，1787年5月，除罗德岛之外的12个州在费城召开了制宪会议。在所有与会的代表们之中，以汉密尔顿和约翰·亚当斯为代表的旨在加强中央集权的国家主义者们占了大多数，而主张各州有较大自由权力的塞缪尔·亚当斯、帕特里克·亨利等人没有参会。此时的杰斐逊正担任驻法国公使，不过在大洋彼岸他仍旧关注着这次决定美国未来命运的会议。

从1787年5月到9月，经过四个多月的辩论与协商，代表们制定出了延续200多年的联邦宪法，其显著特征在于立法、司法与行政三权分立、相互制衡。而美国宪法的这一特征在杰斐逊1776年起草的《弗吉尼亚宪法草案》中已经有过明确的表述。杰斐逊强调说，该宪法草案的目的是"旨在为未来重新确定政府模式及建立政府的基本原则"。而在人民主权模式下的基本法和政府原则应当是"立法、行政和司法三个机构将永远分立"[①]。新制定的联邦宪法尽管具备了民主的内核，不过在杰斐逊看来，联邦宪法中存在着反民主的倾向，因为在新宪法中并没有对人民的权利进行明确的界定，对实施公共教育的问题也涉及不多。在杰斐逊的眼里，这是一个危险的信号，教育在创建民主共和制的进程中发挥了重要的作用，而在新宪法中，竟然缺乏一部保障受教育权的基本法案，这既是对民主的伤害，也是对美国未来公共教育的漠视。

1787年1月，当制宪会议还没有召开的时候，杰斐逊就在写给友人爱德华·卡林顿的信中强调："人民才是政府的唯一监督者。"杰斐逊深信，有学识和思想，受过良好教育的人民具有最强大的力量，因此必须给予他们获得知识的自

[①] 梅利尔·D.彼得森编：《杰斐逊集》，刘祚昌、邓红风译，北京：生活·读书·新知三联书店，1993年版，第360页。

由和信仰。当杰斐逊收到威廉·史密斯寄给他的新宪法样本,他回信给史密斯说,新宪法未能保障人民获取信息和知识的自由,政府不能仅仅因为马萨诸塞州的叛乱因噎废食,就想方设法压制人们的自由。在1787年11月3日写给约翰·亚当斯的信中,杰斐逊再次就新宪法的问题与亚当斯讨论。12月,杰斐逊致信詹姆斯·麦迪逊,明确表达了反对新宪法中忽视人权的条款:

> 第一,缺少一个明确(而不是借助于诡辩)规定宗教自由、出版自由、防止常备军,限制垄断,永久而不间断生效的人身保护法……一个权利法案是授予人民享受的权利,借以防范世界上一切政府(全国政府或地方政府)的侵略行为,以及任何主持正义的政府所应该拒绝的事情。我所不喜欢的,而且很不喜欢的,第二个特点,便是在一切事例中放弃官职轮换制,特别是总统轮换制。

谈到新宪法对教育的忽略,杰斐逊说:

> 首先我希望对于普通人民的教育应该受到注意,因为我相信为了保存适当程度的自由,我们最有把握依靠的就是人民的良好的判断力。①

还未回国之前,杰斐逊就已经为完善宪法而积极思索。在1788年2月7日与另外一位友人亚历山大·唐纳德的通信中,杰斐逊表达了他对人权法案的构想。其中包括宗教自由、出版自由、商业自由以及与人的自然权利相关的其他制度。杰斐逊担忧政府过度的中央集权,因彼时他在担任驻法国公使期间,正好赶上了1789年法国大革命。大革命对自由、民主的热烈追求让杰斐逊为之神往,他真切地感受到了在其青年时期从卢梭、孟德斯鸠那里习得的民主精神在现实中得以展现。大革命的力量对封建势力的涤荡如摧枯拉朽,然而深藏在民族性中的封建残余又使得雅各宾派的专制统治回光返照,联想起联邦政府新制定的宪法,杰斐逊不无担忧。为了防止法国大革命的悲剧在美国上演,杰斐逊认为除了行使彻底的政治和教育民主之外别无他途。

---

① 梅利尔·D.彼得森编:《杰斐逊集》,刘祚昌、邓红风译,北京:生活·读书·新知三联书店,1993年版,第1025—1029页。

他比同时代的其他美国人更全面地体现了大革命的理想——其对人性的信任、其经济个人主义、其坚定的信念——在美国,通过行使政治民主的工具,普通人的命运应该更好些。①

法国大革命前夕,杰斐逊越来越深切感受到酝酿在法国社会中民主力量的激增。怀着激动的心情,杰斐逊写信给他政治上的密友——后来的第四任总统詹姆斯·麦迪逊,详细陈述了接受民主主义教育的人民在监督政府权力中的重要性,并且再次重申要对联邦宪法进行修正,增加保障人民自主权利的条款,唯有如此,美国社会才能摆脱滑向君主专制的危险,这对于接受民主共和教育的新一代美国人是极其重要的:

我们所受的教育都是忠君主义,如果我们中间仍有人保留那种偶像崇拜,是不奇怪的。我们的年轻人都受到共和主义教育,背弃共和主义而走向忠君主义是没有前例的,也是不可能的。我对于把权利宣言加到宪法中去的前景很为高兴,希望以不危及政府的整个结构或它的任何重要部分的方式得到实现。②

1789年底从法国回国之后,杰斐逊首先回到蒙蒂塞洛,那里有他的家园和亲人,五年的别离让他在异国他乡时刻对蒙蒂塞洛魂牵梦绕,尽管在法国杰斐逊就收到了总统华盛顿发给他的出任国务卿的邀请函。回到故园之后的杰斐逊感慨万千,他觉得在巴黎的岁月与美国相比简直没有可比性,巴黎是一个洋溢着革命和人权的国际大都市,而独立战争后的弗吉尼亚仍然停留在落后和愚昧的状态。杰斐逊在蒙蒂塞洛享受了几个月的天伦之乐后开始奔赴国会任职。担任国务卿之后的杰斐逊继续奔走相告,呼吁在联邦宪法中增加人权法案。

杰斐逊的努力没有白费。联邦宪法获批后的第一次国会,杰斐逊的提案获得了大多数议员的支持,起草《权利法案》的任务落在了副总统詹姆斯·麦迪逊身上,而该法案的底本,则是1775年杰斐逊制定的《弗吉尼亚宪法草案》,它明确规定了人民的新闻出版、言论自由、宗教信仰自由等的人身权利,并且在相当大的

---

① 沃浓·路易·帕灵顿:《美国思想史:1620—1920》,陈永国译,长春:吉林人民出版社,2002年版,第299页。
② 梅利尔·D.彼得森编:《杰斐逊集》,刘祚昌、邓红风译,北京:生活·读书·新知三联书店,1993年版,第1063页。

程度上限制了政府的公权。①

杰斐逊对新宪法另外一个层面的不满,来自新宪法对公共教育的忽视。"合众国宪法,对于教育范围内的事情,完全没有涉及,此可见当时的立法者,不知或不欲政府经营教育与发展教育,据1791年第十条条例,教育与其他许多治权一样,不由联邦政府管理,而归各州办理。"②并且联邦政府在这一时期并没有出台一部像样的教育法令,仅仅在1785年颁布的《土地勘定法令》中规定:每镇将第十六区留作开办公立学校教育之用。以及1787年颁布的《西北法令》——此法令是沿袭杰斐逊1784年制定的《关于西部准州政府的报告》——其中第三条涉及与教育相关的条款:宗教、道德及学识,皆仁政及人类幸福不可或缺者,因此学校及教育措施应永远受到鼓励。

联邦政府在教育上的"无为而治"政策也不能说一无是处,至少它将兴办教育的大权下放给各地方政府,在鼓舞地方办学的积极性方面发挥了作用,同样也延续了美国一直以来的地方自治传统。不过其弊端亦同样明显,地方势力之间的相互倾轧、明争暗斗,教育管理委员会和学校的教师们常常敷衍了事,教育创新和改革难有本质突破。这与杰斐逊打算构建一种统一的国民教育制度的理想背

---

① 1789年宪法修正案共有十二条,1791年12月15日,《权利法案》中的前十条获得通过,成为现在所称的《权利法案》。十条分别为:1.国会不得制定关于下列事项的法律:确立国教或禁止信教自由;剥夺言论自由或出版自由;或剥夺人民和平集会和向政府请愿申冤的权利。2.纪律严明的民兵是保障自由州的安全所必需的,人民持有和携带武器的权利不可侵犯。3.未经房主同意,士兵和平时期不得驻扎在任何住宅;除依法律规定的方式,战时也不得驻扎。4.人民的人身、住宅、文件和财产不受无理搜查和扣押的权利,不得侵犯。除依据可能成立的理由,以宣誓或代誓宣言保证,并详细说明搜查地点和扣押的人或物,否则不得发出搜查和扣押状。5.除非根据大陪审团的报告或起诉书,任何人不受死罪或其他重罪的审判,但发生在陆、海军中或发生在战时或出现公共危险时服役的民兵中的案件除外;任何人不得因同一犯罪行为而两次遭受生命或身体的危害;不得在任何刑事案件中被迫自证其罪;不经正当法律程序,不得被剥夺生命、自由或财产。不给予公平赔偿,私有财产不得充作公用。6.在一切刑事诉讼中,被告有权由犯罪行为发生地的州和地区的公正陪审团予以迅速和公开的审判,该地区应事先已由法律确定;得知控告的性质和理由;同原告证人对质;以强制程序取得对其有利的证人;并取得律师帮助为其辩护。7.在普通法的诉讼中,其争执价额超过二十美元,由陪审团审判的权利应受到保护。由陪审团裁决的事实,合众国的任何法院除非按照习惯法规则,不得重新审查。8.不得要求过多的保释金,不得处以过重的罚金,不得施加残酷和非寻常的惩罚。9.本宪法对某些权利的列举,不得被解释为否定或轻视由人民保留的其他权利。10.宪法未授予合众国,同时也未禁止各州行使的权力,将由各州或人民保留。(资料来源:维基百科)

② E.H.雷森纳:《法德英美教育与建国》,崔载阳编译,上海:民智书局,1930年版,第266页。

道而驰。当时热衷于教育改革并且与杰斐逊私交甚好的本杰明·拉什也在公开场合宣称：

> 通过缔造一种普遍的、统一的教育体制，我们的学校教育能使广大国民更具相同特征，从而使他们更容易地适应一个统一的、和平的政府。①

当然，合众国政府将教育的管理权下放给各州是为了缔造一种多元的教育观念，但在杰斐逊眼里，共和国目前迫切需要的乃是一种能把人民凝聚在一起的核心和共有价值观。在他的《弗吉尼亚纪事》中，杰斐逊同样表明了这样一种观点：在论及移民问题上，移民者的文化多样性是否会将逐渐成形的美国精神带入一个松散无序的轨道。而若真如此，是否有利于增进人民权利和公共福祉的塑造？因此，在全国范围内建立起一种系统的公共教育体制是杰斐逊孜孜以求的教育梦想，进而向国民传递一种核心的共同价值观念：培养一种现代民主社会的公民理念。杰斐逊的追随者，毕业于宾夕法尼亚大学的塞缪尔·H.史密斯描绘了这种现代民主社会公民的特征：

> 这种公民经过了启蒙，将成为真正意义上的自由人。他熟知自己享有的权利，也理解他人的权利；他洞察明了自身利益与保障这些权利间的关系，从而坚定地捍卫他人的权利，而毫不亚于捍卫自身的权利；他见多识广而不至于被误导，他正直善良而不至于被腐蚀。我们所目睹的人是始终如一、矢志不渝的，他既不会忽而如孩童般幼稚地盲从地追随爱国主义，也不会忽而像奴隶般地愚忠于专制，我们所看到的他基本上是始终如一的。他的品行纯洁无瑕，他始终不渝地为人诚实，他感受到自身天性之尊严，并欣然顺从天职之驱从。②

为此理想，就必须"修改宪法以便有助于公共教育的发展，必须让全体人民参与对于政府的影响。如果组成群众的每一个个人都分享终极的权威，政府就会安全"。这正是杰斐逊式民主的核心，他相信人民的理性精神，只有人民广泛地

---

① 劳伦斯·A.克雷明：《美国教育史：建国初期的历程》，洪成文等译，北京：北京师范大学出版社，2002年版，第121页。

② 劳伦斯·A.克雷明：《美国教育史：建国初期的历程》，洪成文等译，北京：北京师范大学出版社，2002年版，第129页。

参与到政府的制度建构中,才能保证政府忠诚地行使人民所赋予的权力。这一切前提都建立在良好的国民教育基础之上。埃里克·方纳在评价杰斐逊对美国民主的贡献时认为:在所有的开国元勋中,就对美国民主的贡献来说,没有人比杰斐逊的作用更大。在1800年关键性的选举中,杰斐逊击败实力强大的联邦党人,入主白宫,从此开始他将多年以来思索的教育理想逐步付诸实践,并且有了一大批追随者,使得之后的美国教育体系和民主制度一直沿着他铺就的道路前行。教育催生了一个好政府,并且政府十分依赖教育叙写一个时代的民主理想。

> 他引导政府走向了一个非常重要的方向——鼓励教育。智慧的人民是民主所必需的;免费学校是自由社会的象征。暴政由于无知和迷信而兴旺,每一个剥削集团都害怕民众教育。……对坚信民主社会理想的人来说,杰斐逊是永久的精神鼓舞。他有一颗自由的灵魂,热爱自由胜过一切。他是个理想主义者,相信全体人民的福利而非任何团体的繁荣,才是政府的唯一目标。……在宪法时代的伟大思想家中,杰斐逊迄今仍然是最具生命力和启示力的,是后世各代寄予厚望之人。[①]

四、寻求理性的力量

在看待教育和民主的问题上,杰斐逊不仅是一位理想主义者,同时也是一位理性主义者,这与他早年所接受的教育以及他的阅读经验有很大关系。

威廉-玛丽学院求学的经历,改变了杰斐逊的一生。特别是他所遇到的三位导师和挚友,成为引导杰斐逊的思想走向崇尚民主共和与自由理性的关键人物。首先是来自苏格兰的威廉·斯莫尔博士。杰斐逊认为斯莫尔"是一位在大多数有用的科学部门中都有很深造诣的人"。他在学院讲授哲学和古典学问,正如杰斐逊自己所说的,斯莫尔先生的影响在于教会了他如何摆脱传统思想的束缚,并且"很可能决定了我(杰斐逊本人)命运的方向"。其次是杰斐逊的法律导师乔治·维斯先生,我们在上文中对此已有论及。维斯先生不但是当时弗吉尼亚法律界的翘楚,还是一个学识渊博、精通古典学问的人。常年浸润于法律界,使得维斯先生的思

---

① 沃浓·路易·帕灵顿:《美国思想史:1620—1920》,陈永国译,长春:吉林人民出版社,2002年版,第309—310页。

想更具理性与睿智,他常常教导杰斐逊,法律制度约束下的政府才能真正成为为人民服务的政府,而全体公民自觉遵守法律,才能营造一个公平正义的社会环境。对维斯先生颇具冷静、平和的思维方式,杰斐逊推崇备至:

> 他对自己的理念坚定不移,对于看似与他持相同信条者,他既不加干扰,也似乎不轻信,他只是将他的结论直截了当地告诉世人,那就是:如果一种信仰能培养出具备模范美德的生命,那肯定是好的信仰。①

在他的自传中,杰斐逊把维斯先生称为"青年时代的忠实而为我所爱的导师,也是我终生最挚爱的朋友"。另外一位对杰斐逊理性思维产生影响的人就是当时的弗吉尼亚总督弗朗西斯·福基尔先生。他是一个见多识广、社会经验极其丰富的人,通晓历史和政治,在他以及杰斐逊、斯莫尔、维斯组成的"四人餐桌"上,福基尔总能对某个社会现象和事件进行有条理的分析,这让杰斐逊十分折服。与上述三位学问和人生导师的交流,让青年杰斐逊显得少年老成,不盲从于某个人或时下流行的意见,而是首先站在中立的立场上对其进行分析和自由讨论,如此得到的结论更具有公正客观的立场。

杰斐逊早年时期阅读了大量的启蒙理性主义的读物。16、17世纪欧洲大陆兴起的文艺复兴运动和理性主义,挟裹着科学知识的迅猛增长,迅速在欧洲大陆掀起一股反对经院哲学和宗教神学的启蒙运动。在精神思想领域,反对权威专制,要求自由独立的呼声日益高涨,在启蒙思想家们的努力下,人们开始认识到自由和独立不是来自教皇的敕令,而是来自心灵对自由的追求。人们普遍相信人类的理性能力,对探索自然事物抱有极大的兴趣,对科学进步和文明普及跃跃欲试。当然,欧洲大陆的思想启蒙和文艺复兴运动与那时的教育水平的普遍提高有不可分割的关系,特别是自中世纪以来大学的兴起:

> 西方大学的产生是人类教育史上具有划时代意义的里程碑,标志着教育的繁盛,是中世纪全盛时期精神文明发展的辉煌篇章。城市的发展使新兴

---

① Padover, Saul K, *The Complete Jefferson: Containing His major Writings, Published and Unpublished, Except His Letters*, 转引自艾兹摩尔:《美国宪法的基督教背景:开国先父的信仰和选择》,李婉玲等译,北京:中央编译出版社,2010年版,第201页。

市民阶层在社会政治经济生活中的地位日益重要。他们急迫要求掌握知识，提高文化水平，直接推动了修道院学校和城市主教学校规模的不断扩大，加速了基督教教育世俗化的进程。与此同时，教会发动的十字军东侵拓宽了欧洲人的眼界，接触到埃及、西亚等东方文学、印度数学，拜占庭保存下来的希腊哲学、艺术和科学宝藏。随着阿拉伯人对世界的征服，伊斯兰文明带来了世界一流的文学、艺术、科学。……中世纪的欧洲正是由于同伊斯兰国家接触，才从早期的观点过渡到一个比较富于理性主义的习惯。①

在不断涌现的启蒙主义和理性主义的大师中，有三个人对杰斐逊的理性主义信仰影响最大，他们是弗朗西斯·培根、艾萨克·牛顿以及约翰·洛克。培根爵士被誉为"英国唯物主义和整个现代实验科学的真正始祖"，作为近代科学之父，他的一句"知识就是力量"烛照了现代人的理性精神，在科学研究和知识探索上焕发了永定之光。而牛顿作为近代自然哲学和物理学的大家，对自然、宇宙和科学知识的探索都让后人难以望其项背。面对矗立在剑桥三一学院的牛顿塑像，诗人华兹华斯赞美道：

> 一个永远
> 茕然航行在思想的奇特海洋上的
> 精神的大理石标志

而约翰·洛克在政治领域的建树直接启迪了从政之后的杰斐逊。洛克反对君权神授，而且主张三权分立。这三位启蒙理性主义大师对杰斐逊的思想形成各自发挥了作用。

> 他接受了培根的经验主义，强调理性在推动社会进步中的作用；同时也采纳了牛顿的宇宙观，认为宇宙是和谐的，按照规律运转，经得起人类验证；而洛克明确表明了前二者的观点在政治领域的意义。对杰斐逊而言，他无疑是一位卓越的哲学领导。②

---

① 刘明翰、陈明莉：《欧洲文艺复兴史（教育卷）》，北京：人民出版社，2008年版，第16页。
② 参见凯特切姆《哲学百科全书》"托马斯·杰斐逊"词条，转引自艾兹摩尔《美国宪法的基督教背景：开国先父的信仰和选择》，李婉玲等译，北京：中央编译出版社，2010年版，第202页。

理性的光辉不是无中生有,在一个蛮荒和愚昧的民族中无法产生理性主义的思维。只有实施普遍的教育,知识能够自由地在社会中被传播,各种意见得到公开的表达,才是一条通往理性主义的坦途。杰斐逊赞颂教育体系给欧洲大陆所带来的理性光芒,但是他及其追随者认为欧洲的教育并不见得就适合新生的美国。

他们呼吁建立真正的美国教育,涤除旧的君主制的一切残余,创造出富有凝聚力的、独立的国民。对于模仿欧洲之风的流行,他们给予诋毁,并呼吁创造一种崭新的共和性格,这种性格将植根于美国的土壤,奠基于美国的语言和文学,浸透着美国式的艺术、历史和法律,致力于美国文化的形成。当然,这意味着要与欧洲分道扬镳,与人们广泛接受的上千年的封建、专制和腐败决裂。[①]

共和国的教育理念是塑造和培养具有理性精神和道德意识的公民,建国之初,百废待兴,因此杰斐逊的教育改革方案把新科学作为核心,一种务实和有用的教育理念被从上到下地贯彻。人们相信,通过科学启蒙,能够了解"自然界和人类的永恒法则,建立起一个富有理性、合乎道德真理的社会"。

通过教育而形成民主社会中的理性启蒙精神在杰斐逊的教育理念中表现为:其一,公民的独立和自由。一种合乎理性的教育体系应当教会人民如何拥有一个与众不同的自我观念,这种鲜明的自我观念在社会公共生活和事务中不盲从某个观点,不会对权威和专制低头,也不会被固定的思维方式所束缚,而是在一种多元的社会文化环境中具有极强的自主性。他常常告诫自己:要做自己命运的主宰。其二,具备批判和反思意识。这种批判和反思意识既针对个人,也针对政府。就个人而言,杰斐逊认为人并非绝对理性,也有犯错误和非理性的一面;就政府来说,更是如此。杰斐逊也不是一个唯制度论者,制度再健全的政府难免百密一疏,因此个人和政府都需要一种理性的批判和反思意识,才不至于陷入道德和政治的迷狂之中。其三,反对任何形式的暴力斗争。他认为,缺乏科学教育的民族在面对争端的时候不懂得约束自己,而只会诉诸暴力,他们不相信理智的

[①] 劳伦斯·A.克雷明:《美国教育史:建国初期的历程》,洪成文等译,北京:北京师范大学出版社,2002年版,第4页。

精神和方法能解决现实中的问题。而在具备民主气质的社会中,则谴责暴力的非正义性,充满理性的解决问题的方法在于公开的讨论和自由的表达,人民具有极强的法制和道德自律性。

对于理性在推动美国社会进步中的功用,杰斐逊持有高度乐观的态度,他说:"只有理性和自由探究才是对抗错误的原动力。"他认为,只要人人都能坚持理性的处事原则,自由和繁荣便得以继续。1790年2月12日,在《对阿尔贝马尔县公民的答词》中,杰斐逊说:

> 现在在和平与和谐中享受这个人类长时间与之无缘的自治政府的好处,只取决于我们自己了:它用实例表明,人类理性是有能力照料人类事物的,而且大多数人的意志以及每个社会的自然法则是人权的唯一可靠的卫士。也许甚至这个有时候会犯错误,但是它的错误是诚实的、孤立的、短暂的——因此,我亲爱的朋友们,让我们永远卑恭地遵从社会的普遍理性。①

在担任总统后的第一次就职演讲中,杰斐逊再次重申知识和理性的力量:

> 传播知识并诉诸公众理性,谴责一切弊端,保障宗教自由,保障新闻出版自由,并以人身保护法和以公平选出的陪审团的审判来保障人身自由。这些原则构成了那一直走在我们前面并指引我们走过革命和改革的年代的灿烂的星座。②

---

① 梅利尔·D.彼得森编:《杰斐逊集》,刘祚昌、邓红风译,北京:生活·读书·新知三联书店,1993年版,第525页。
② 梅利尔·D.彼得森编:《杰斐逊集》,刘祚昌、邓红风译,北京:生活·读书·新知三联书店,1993年版,第530页。

第三章

美国公共教育的先哲

威廉-玛丽学院内的托马斯·杰斐逊雕像

美国现代教育之父托马斯·杰斐逊

> 这项法律的总的目的便是提供适应于每个人的年龄、才能及状况的教育,以实现他们的自由和幸福。
>
> ——杰斐逊《弗吉尼亚纪事》

18—19世纪启蒙思想在美国社会广范围地传播,特别是受法国大革命的深层影响,这些有关民主和自由的社会政治理论在美国思想界掀起一股浪漫主义和自由主义思潮。逐步走上权力巅峰的杰斐逊,看似是在一种极为平静的政治氛围中完成了权力交接。但是很多情况下,平静的表面下遮掩的是莫可名状的明争暗斗,正如杰斐逊的内心世界,刚刚经历了与联邦党人在治国方略上唇枪舌剑的辩论,联邦党人便污蔑从法国归来的杰斐逊有可能成为"美国的雅各宾派",甚至声称杰斐逊的共和主义有可能葬送拥有前途一片灿烂的新帝国。

面对外界的质疑和争议,这个身材高大、面部平和的新总统显得虚怀若谷,他没有时间也无须因旁人的责难而锱铢必较。他满脑子都在思索一个问题:国家未来的理想和文明。对杰斐逊而言,他所设想的国家不在乎中央集权的强大,而在于每一个个体的美国公民都具有良善的道德、自由的意志以及尊贵的信仰。倘若美国公民有幸获得了上述资质,不是因为别的——天赋或者某种优越感。杰斐逊将获得上述资质的唯一途径瞄向了国家公共教育体制的确立。深感于教育不公平的现状,在任期间,杰斐逊与其幕僚不遗余力地推进美国公共教育体制的建构,并且在其追随者和同僚的努力下,逐渐形成了美国教育的共和主义风格。

> 由四种基本信念聚合而成:教育乃共和国活力的关键所在;良好的共和主义教育乃由知识的普及、品德的培育(包括爱国主义情操)和学识的培养组成;学校与高等院校乃是以一定之规模提供良好的共和主义教育的最佳机构;获得数量与种类均符合基本要求的学校与高等院校的最佳途径在于通过某种与政体密切相关的制度。[①]

[①] 劳伦斯·A.克雷明:《美国教育史:建国初期的历程》,洪成文等译,北京:北京师范大学出版社,2002年版,第158页。

一、殖民地时期的教育

早期殖民者来到北美大陆是因为他们依据哥伦布的探险报告把北美大陆想象成充满黄金和象牙的丰饶地域。不过这些梦想随着殖民者在马萨诸塞以及弗吉尼亚等遭遇荒蛮的原野开始逐渐破灭。英国人最初的发财梦成为南柯一梦，他们不像西班牙人那么走运。英国人在北美大陆遭遇了原始的"野蛮"人，他们不得不从哈克鲁特以及吉尔伯特等人的早期殖民理论中获取良方。为此就必须有耐心去"探察新大陆的面貌，驯化当地人，使他们驯服、文明、努力劳作，并且教给他们手艺"。因此，在殖民地建立社区和学校，推广教育，以教义、美德和信仰教化那些人。

在殖民地建立学校推广教育最初来自英国国王詹姆士一世的提议，他在"1617年写给大主教们的一封信中，请求境内所有的教区居民捐资在弗吉尼亚建立一些教堂和学校来教育那些野蛮人的孩子"[①]。不过这项计划未能得以实现。要说起殖民地教育的开端，清教徒的到来为殖民地注入了新生的文化力量，在此之前，北美印第安人的文明尽管有着悠久的历史，不过其缺乏交流和创新的痼疾使得自身的缺陷日益明显。1620年，来自英国本土的首批清教徒乘坐"五月花号"到达普利茅斯，开始再次建立定居点。

清教徒们在英国本土是受到圣公会迫害的群体，他们倡导严格而纯洁的生活，注重个人和信仰自由。他们来到美洲大陆是为了寻求纯正的宗教和文化生活，在普利茅斯殖民地，他们制定了《普利茅斯联合协议》，也就是后来著名的《五月花号公约》，他们在这片新开拓的疆土上建立社区、教堂和学校。从普利茅斯到之后的"山巅之城"马萨诸塞、罗德岛、康涅狄格等，清教徒在殖民地的社会影响日益扩大，并且从根本上影响和决定了其后殖民地教育的发展状况。这种影响正如帕灵顿所说的："很久以前就有人把清教的新英格兰当作传统上被视为美国人的那些理想和制度的故土和发祥地，因此，任何关于美国思想的批评研究都

[①] 劳伦斯·A.克雷明：《美国教育史：殖民地时期的经历》，周玉军等译，北京：北京师范大学出版社，2003年版，第9页。

必然在环绕马萨诸塞海湾的各个殖民地寻找端倪。"①

在清教徒刚刚踏上这片土地的时候,殖民地还没有正式的学校教育,清教徒们的教育主要来自家庭和教堂。为了过一种纯正的文化和宗教生活,清教徒们必须摆脱这种松散无依的孤独个体状态,需要一种共有价值观和信仰把他们紧紧团结起来,从而开辟一片新的乐土。

> 为履行上帝赋予的特殊使命,清教徒们试图在荒野里建立一个天国,一个由信奉基督友爱精神和行为规范的"活生生的圣人"构成的社区。在这样一个社会里,教育至关重要,不只是作为知识遗产系统传承的工具,还作为主动追求文化理想的动力,家庭、学校、大学和社区本身都将投入到塑造人的工作中去。②

清教徒所倡导的自由主义为殖民地的教育注入了一种多元化的模式,各殖民地先后出台法令对辖区内的教育进行规范。譬如1642年4月12日,马萨诸塞州颁布的州法令中明确规定:

> 本届议会考虑到许多家长和老师严重忽视在学习、劳动和履行有益于社会的义务等方面培养他们的孩子,特制定此法令。要求在每个城镇挑选并委派一些人员去管理这样一件意义深远的事业,他们应勇于承担诊治这一弊病的重担。今后,他们如玩忽职守,将受到大陪审团的检举或本州管辖范围内任何法庭的控告或起诉,他们将被罚以重金。为达到整治这一弊端的目的,他们或他们中的大多数人将有权时时关注孩子们的阅读和理解宗教原则和本国刑法的能力。如果这些要求被家长或老师拒绝,他们将被处以罚款,并且在法庭和地方长官的同意下,工作人员有权把那些没有能力和不适于培养的孩子送去当学徒。他们将不允许男孩们和女孩们在一起相互交谈,以免引起其他放荡的、不正当的和不正派的行为。③

---

① 沃浓·路易·帕灵顿:《美国思想史:1620—1920》,陈永国译,长春:吉林人民出版社,2002年版,第7页。
② 劳伦斯·A.克雷明:《美国教育史:殖民地时期的经历》,周玉军等译,北京:北京师范大学出版社,2003年版,第12页。
③ 《新英格兰马萨诸塞海湾公司和州长的档案材料》,参见E·P·克伯雷选编:《外国教育史料》,任宝祥、任钟印译,武汉:华中师范大学出版社,1991年版,第331页。

康涅狄格州在颁布教育法令方面仿效马萨诸塞州,它在 1650 年颁布了专门针对儿童教育的法令。该法令认为,儿童教育在其成长过程中有着重要的作用,将在很大程度上影响着其人生的道路,而当前许多父母或教师却在这方面不够尽责。因此当局特命令,每个镇的事务委员会应当监督辖区内的家庭:观察是否存在不文明的行为,或者在教育儿童的问题上,做父母的如果有能力却不履行教育孩子的责任将被处以 20 先令的罚金。

而朴利茅斯在 1658 年和 1663 年的议会上先后颁布有关教育和学校的法规。在这些法令中,特别提到要在殖民地建立初等学校的建议,并且规定每个镇都应当选派一名具有学识和涵养的教师教授孩子们学习,学校办学的经费则从捕鱼收益中每年拨出一笔专款支付。为了促进儿童们的语文修养,该州甚至规定由 50 户左右的居民组成的片区,应推举一位教师在当地的文法学校任教,各区每年出资 12 英镑,与捕鱼收益中的教育专款一起用作文法学校的各项开支。

值得一提的是,殖民地初期所建立的学校并不都是英国人所为。此前的西班牙人、荷兰人在美洲大陆盘踞日久,在学校教育的开展上自然早于英国,不过当英国在美洲大陆取得霸主地位之后,并没有宣布此前西班牙、荷兰的学校教育是非法的,而是继续允许它们存在,并且继续使用西班牙语或者荷兰语授课,这在当时算是非常开明和包容的教育策略,与清教徒们倡导的"卡罗莱纳自由主义"具有相当大的吻合度,为形成中的殖民地学校教育带来了自由和多元的特征。

> 相对的开放和多元化就成为英国统治头 30 年的文化主流。同时,随着政府稳步推行英国的政治、法律和商贸制度,他们似乎允许在信念、信仰和教育方面存在相当程度的多元化。其结果是形成了这样一种殖民理念:殖民地成了一个有多种不同教育模式的社区,无论是正规的还是非正规的,每种都寻求在塑造未来中发挥重要作用。①

殖民地的教育不仅仅在初等教育方面,清教徒们还创立了北美大陆第一所高等院校——哈佛学院。创立哈佛学院的清教徒大都在英国本土的牛津或者剑桥

---

① 劳伦斯·A.克雷明:《美国教育史:殖民地时期的经历》,周玉军等译,北京:北京师范大学出版社,2003 年版,第 16 页。

大学接受过高等教育。有数字统计表明，1646年之前移民美洲的人当中，至少有130人受过高等教育，大约100人毕业于剑桥大学，30余人毕业于牛津大学，87人具有学士学位，63人具有硕士学位，而那时的殖民地人口才25 000人，看来这个比例并不低。[①]到了北美大陆之后，他们想让他们的子孙也能接受高水平的高等教育。但是把孩子送回英国本土，显然那时的交通条件没有这么便利，因此宗主国的意思很明显，殖民地需要建立高水平的大学，并且将之看作是一个文明社会起码应当具备的条件。1643年在伦敦出版的《新英格兰的早期成就》单行本中记录了1636年哈佛学院创建者们的宣言：

> 上帝已经把我们安全地带到新英格兰，我们已经修建住房，为我们的生活准备必需品，就近建立礼拜堂，设置民事管理机构。我们渴望和关切的即将要办的事情之一是推动学习，传之后世，永远地传下去，当我们现在的牧师与世长辞时，不给教会留下一批无知的牧师。

> 正当我们考虑和磋商如何去完成这一伟大任务的时候，感谢上帝，他激动了一个人的心，这就是生活在我们中间的哈佛先生（一个虔诚的绅士，学问的爱好者），他捐赠了他的财产的一半（共约1 700磅）和他的全部图书以建立一所学院，后来另一个人捐赠了300磅，在他们之后，投入的捐助日益增多，其余的部分来自本州公众之手。这所学院的校址经大家一致同意，选定在剑桥，一个非常像样非常方便的地方，按照第一个捐赠者的名字，命名为哈佛学院。[②]

哈佛学院创立之初，在课程的设置上特别注重培养学生的雄辩力和条理性，各种讲座、演说和辩论成为哈佛早期教育的核心内容。同样，能够进入哈佛学习的学生从一开始就设定了较高的门槛，入学考试时要求学生能够当场读懂西塞罗或者其他拉丁文作品，还得会希腊语的语法，对古典学问和宗教信仰也有很高的要求，除了人文教育之外，逻辑学、天文学、自然哲学、算数都是必修的课程。

---

① 劳伦斯·A.克雷明：《美国教育史：殖民地时期的经历》，周玉军等译，北京：北京师范大学出版社，2003年版，第161页。
② 《新英格的早期成就》，参见E·P·克伯雷选编：《外国教育史料》，任宝祥、任钟印译，武汉：华中师范大学出版社，1991年版，第322页。

而获得学位的条件,除了自身学习能力出色外,还需具有良好的社交能力、虔诚的宗教信仰以及可贵的品德,并且受到学监和院长的赞许。

1745年之后,殖民地兴起了学院热,除哈佛学院外,还包括耶鲁学院、威廉-玛丽学院、达特茅斯学院、罗德岛学院(后改名布朗大学)、英王学院(哥伦比亚大学前身)、女王学院(后改名拉各斯学院)等。殖民地的这些学院办学模式比英国本土的大学更为自由,在英国本土,只有牛津和剑桥具有颁发学位证书的资格,而在北美大陆,这些学院都能颁发学位证书。一般而言,认为成立学院的热潮来自这样几个因素:"殖民地思想界理性主义思潮高涨,要求建立超越宗派的教育机构;'大觉醒运动'掀起了新的宗教热情,使教会的办学兴趣更趋浓厚;1748年之后出现的经济繁荣,提供了经费的保障。"①

总体上来说,殖民地所取得的教育成果在那个时代是有目共睹的,大众化教育和正规学校教育让殖民地的文化水平大幅度提升,民众的学习热情普遍高涨,参与政治和社会生活的意向逐渐明显,这对于殖民地精神的形成和传播具有至关重要的作用,从一度蒙昧的状态迈向文明社会的进路,使得北美大陆上空开始凝聚宣扬自由、独立和民主的力量,事实证明,在《独立宣言》上签名的56人当中,有22人来自地方学院培养出来的人才;而在美国宪法上签字的33人中,有14人来自地方学院培养的人才。可见,教育开始延伸至美国国家事务生活当中,并且扮演了促使殖民地人民思想觉醒的重要媒介。不过上述所取得的成就并不能掩盖殖民地教育中存在的身份差异以及由此引起的教育不平等问题——并不是每个人都有机会接受公平的教育。

居住地点、经济状况、性别和种族因素,均对受教育机会产生影响。贫困者不能为子女提供学费,边疆地区普遍缺少教育设施,女子上学的机会低于男子,黑人则完全没有接受教育的可能。能够接受中等教育的人,大多来自中等偏上的家庭。大学的费用更为昂贵,有个哈佛学生说他为学费花费了114英镑3先令1.25便士,有人估计培养一个律师需要花费200~300英镑。到欧洲留学,每年至少需要100英镑。历史学家梅因估计,革命时期约有十分之一的人有能力送子弟上大学。②

---

① 李剑鸣:《美国通史:美国的奠基时代(1585—1775)》,北京:人民出版社,2002年版,第467页。
② 李剑鸣:《美国通史:美国的奠基时代(1585—1775)》,北京:人民出版社,2002年版,第469页。

二、基础教育改革法案

有学者指出,独立战争之后美国社会的鲜明特征是:建国先驱们大都重视教育,从华盛顿到杰斐逊,无一例外的都在强调这样一种声音——摆脱了英帝国统治的美洲大陆,必须创办一种全新的、美国式的教育。尽管从源流上来说,美国教育源于欧洲文艺复兴思想,而且杰斐逊是一位欧洲文化的高度崇拜者。但是在杰斐逊看来,欧洲大陆尽管缔造了伟大的文明,但是它们并不能完完全全地复制到美洲大陆,特别是殖民地时期的学校教育,它所取得的成绩路人皆知,不过其鲜明的教会风格或古典特征使它们浸染着欧洲中世纪君主制的种种腐朽和积弊。

为了张扬一种标榜美国精神的教育体制,必须对固有的学校教育进行改革,以使其能够植根于美国的现实生活和社会文化之需要,并且在一种更高的要求上使美国人民在这种新的教育体系下变得更具理性、公正。全国上上下下几乎都在教育问题上达成了这样一个共识:"一个自治民族需要一种全民教育已成为美国政治长篇大论中人们耳熟能详的一部分了。"

还在弗吉尼亚担任议员之时,杰斐逊就观察到了基础教育之于民主生活的重要性,启迪民心、开启民智乃是获得自由的根本途径,然而现实存在的教育体系却极大地妨碍了民众获取教育的公平性。

> 因此,为了促进公众幸福,应该使那些被自然赋予天才和道德的人们通过自由教育成为有资格去接受、有能力去保卫他们同辈公民们的神圣权利和自由的人,他们应当被委以这一责任,而不论他们的财富、出身或其他偶然的条件或环境如何。然而更多的人因为贫困无法自费让他们子女中那些有合适的天赋足以成为公众有用之才的人受到这样的教育,所以,发现这样的人,并且由全体公民共同承担费用去教育他们,要比把全体人民的幸福托付给无能或品德败坏的人更好。[1]

公共教育的普及不仅启迪民智,建构民主,而且能让人民提高自身的判断力

---

[1] 托马斯·杰斐逊:《自传》,梅利尔·D·彼得森:《杰斐逊集》,朱曾汶译,北京:商务印书馆,1999年版,第72页。

和甄别力。杰斐逊把知识看作是改善生活、获取幸福的源泉。他认为,每一代人都会在学习的生涯中增进新的知识,这些新的知识不会随着时间的流逝而消失,相反,它们会成为人类知识宝库中的一分子,并且世代相传,因而人民的幸福会无限递增下去。

特别是担任驻法公使期间,欧洲启蒙思想对杰斐逊的影响进一步深化,可以认为,杰斐逊的基础教育思想是奠基在18世纪欧洲启蒙哲学的基础之上的。儿童作为一个国家的希望,对其实施良好、公正的基础教育关系着一个国家的未来。因此一个致力于人民幸福的好政府应当承担起发展公共教育的责任,针对儿童的天性和习惯,制定适合儿童发展的教育法案,否则,就会如卢梭所说的,儿童本来是造物主赐给人间的福祉,若经历坏的、不自然、不自由的教育,就是对生命的摧残。

在杰斐逊从政之后起草的多项法案中,他都关注公共基础教育的问题。在《独立宣言》中,杰斐逊把政府实施公共教育的措施与民主宪政和人民幸福的观念联系在一起,认为只有系统的公共教育才能让人民将公众利益置于私立之上,若政府怠于承担公共教育的职责,则政治民主与人民幸福将流于空谈。《独立宣言》中杰斐逊阐述的公共教育思想成为其后公共教育改革的基石。在《宗教自由法案》中,杰斐逊直接将矛头对准教会对学校教育的操控,并且分析成为教会附庸的学校在课程设置和学校管理上缺乏启蒙精神的理性色彩。因此,在杰斐逊的构想中,教会应当与公共教育相分离,牧师和神职人员不能参与学校的管理。

在其自传中,杰斐逊认为国家承担的公共教育应当包含三个层次:"为了启迪人民,国家创办的公立教育应该是涉及一切阶级的普及化教育。这种普及化教育由三个不同程度的教育所构成:(1)不分贫富,一切儿童都接受教育的初级学校;(2)对一般生活有用,为一切处于小康状态的人们所向往的中等教育;(3)一般的教授科学及高级科学的学府。"

在《关于进一步普及知识的法案》中,杰斐逊更是有针对性地提出了发展公共教育体制的具体措施。他认为,整个国家的公共教育体系应当是包含有初等教育、中等教育和高等教育的完整体系,弗吉尼亚州每个县都应当划分为若干个区,各区都须设立一所初级学校,并且选派优秀的教师教授孩子们读书、写字和算数能力,凡是辖区内的儿童,皆可接受三年的免费义务教育。

杰斐逊的基础教育改革最鲜明的两个特征:其一是公立,其二是免费。在具体的教学理念、课程设置上,杰斐逊亦是费尽心思,他针对儿童的智力发育状况提出了很多因材施教的教育策略。在他撰写的《弗吉尼亚纪事》中,杰斐逊详尽阐述了他的基础教育改革蓝图。具体而言,杰斐逊在法案中提出应当把弗吉尼亚的每个县划分为若干方圆5~6英里的小区,每一个区内设立一所教授读写能力和算数能力的初级学校。教师的薪水由各区负责支付,辖区内的任何人都可以将他们的子女送到学校去读书,可以接受三年的免费教育,超出三年的要另行支付学费。

初级学校应当设立监视员,以保障学校日常教学活动的正常进行。监视员还有一个义不容辞的责任,就是负责从上学的儿童中挑选出天资聪慧,但因其家庭经济条件贫困无力接受进一步教育的儿童,监视员应当把他们送到文法学校。在整个弗吉尼亚州,杰斐逊建议设立大约二十所文法学校,学习能力突出的儿童将有机会在那里接受包括希腊文、拉丁文、地理和算数等课程的教育。

不过这种"免费的午餐"不会一直持续下去,杰斐逊同样考虑到了效益与公平的原则。因此,在文法学校接受教育的儿童每隔1~2年就会进行选拔考试,通过此种方法考试成绩最优秀的20人将会继续接受六年的免费教育,一直到从文法学校毕业。毕业之后,将从毕业生的一半当中选择一部分担任文法学校的教师,而另一半则被送到威廉–玛丽学院继续接受大学教育。

在学校课程的设置上,杰斐逊针对儿童的智力发展状况,还有针对性地提出了应当如何把儿童培养成一个有用之才的理念。在各区初级学校教育阶段,任何儿童都有接受免费教育的权利,但是不应当效法殖民地时期的初等学校——向他们灌输宗教知识。"不是把《圣经》和圣约书放到儿童手中,他们年龄小,他们的判断力还不够成熟到探究宗教问题的程度,他们的记忆中可以装进来自罗

---

① 托马斯·杰斐逊:《弗吉尼亚纪事》,梅利尔·D·彼得森编:《杰斐逊集》,刘祚昌、邓红风译,北京:生活·读书·新知三联书店,1993年版,第393页。

马、希腊、欧洲和美国历史中最有用的事实。"①但是在初级学校,教给儿童什么是美德应当被重视起来,有一个正确的是非善恶观念将对他们成人之后的为人处世起到良好的引导作用。当他们具备了起码的道德判断力的时候,就可以告诉他们怎样才能获得幸福——不是依靠偶然的机遇——幸福来自一颗良善的内心、忠贞的信仰以及珍贵的自由,如此才能在获取幸福的道路上秉承一种正确的价值观。

进入文法学校之后,儿童主要进行系统的语言学习。杰斐逊把语言看作是一种获得知识和科学的工具,并认为儿童时期的记忆力最好,他们在这个时期正是适合学习语言的时候,因此勤奋是必不可少的因素。从文法学校顺利毕业之后,他们到了大学就可以自由选择他们喜欢的学科。

从杰斐逊基础教育改革法案中所构想的蓝图中,我们可以窥见这种公立教育体系的一般特征。杰斐逊尊重人的自由发展,无论是在儿童的生理还是智力水平上,都提出了针对不同阶段实施具体教育策略的方法。教育职责的主要承担者开始从殖民地时期的教会或私人转向州政府,这种教育体制的确立被认为具有一种鲜明的"共和主义风格",它的崭新之处在于"强调体制对单个的学校与高等院校进行功能化组织,使之相互之间及与政体之间经常发生联系,这种思想的新颖独到之处证实了策略的多样性"①。继弗吉尼亚州之后,美国各州政府在创立公立学校方面都不同程度地进行了立法。譬如1803年俄亥俄州宪法的教育条文,对在本州设立公立学校的规定:

> 为使自由、民主政府普遍的、重要的基本原则得到承认,并永远不变地确立,我们宣布:一切人都有按照自己的良心信奉上帝这一天赋的和不可取消的权利;无论何种情况,任何人的权力也不能压制和干涉人们的本心;没有人会违反自己的意愿而被迫参加礼拜、建立或资助教堂,供养牧师。法律永远不为任何宗教团体和新教方式提供特权;信教无须像取得任何可靠而又有好处的公职资格那样考试。然而,良好的政府和人类的幸福却不可能没有宗教、道德和知识,因此,学校和教育手段将永远受到法律保护,这和人们的自愿权利是不矛盾的。

---

① 劳伦斯·A.克雷明:《美国教育史:建国初期的历程》,洪成文等译,北京:北京师范大学出版社,2002年版,第158页。

本州的学校基金,全部或部分来自美国联邦政府为支持学校和学院的捐款总额中的拨款。本州的法律从未规定阻止某些县、区内的穷人享受本州内的小学、中学、学院和大学的教育。这些学校的大门为接纳各种程度的学者、教师和学生而敞开着,无论对任何人都一视同仁,不得违反上述捐款规定的意图。①

杰斐逊的基础教育改革宣扬"人人平等"的个体权利观念,在教育的目的上奉行一种国家主义的策略,即把公民的教育自治与民主政治生活联系在一起,意图打造与殖民地时期教育完全不同的美国教育模式。杰斐逊相信,在这种教育模式下,人们将会变得具有美德、学识,彰显与独立和自由相称的美国精神。

三、杰斐逊的母校情结

威廉-玛丽学院,这所于1693年成立的高等学府,坐落在美国历史名城——威廉斯堡。学院不大,却风光旖旎,至今许多去那里求学的年轻人都为美国历史上这所优秀学府的校园风光、深厚历史以及从那些古建筑中显露出来的皇家底蕴而流连忘返。

没错,威廉-玛丽学院受到人们一直以来的青睐,自然有它值得炫耀的资本。细数一下,这里诞生了美国历史上的三位总统,他们是托马斯·杰斐逊、詹姆士·门罗以及约翰·泰勒。在《独立宣言》上签字的56位建国先驱中,有4人来自威廉-玛丽学院,此外,这里还走出过许多在美国历史上值得书写的名人。

1688年,在英国进行的光荣革命以非暴力的形式推翻了詹姆士二世的专制统治。詹姆士二世的女儿玛丽公主与来自荷兰的威廉王子的婚姻结合虽然不太幸福,但是他们却联手把詹姆士二世的君主专制赶下台,从而使得君主立宪在英国变为现实,并由此诞生了以法律权利代替君主权利的重要法典——《权利法案》。

---

① 俄亥俄州1803年宪法,参见 E·P·克伯雷选编:《外国教育史料》,任宝祥、任钟印译,武汉:华中师范大学出版社,1991年版,第472页。

17世纪英国殖民者在弗吉尼亚建立据点之后,他们就希望在这片土地上建立一所高等院校来教育他们自己的孩子。有研究统计表明,到1646年"弗吉尼亚单就神职人员一项就吸引了至少28名受过大学教育的人"[①]。看来,弗吉尼亚是一个教育资源丰厚的地区,在威廉-玛丽学院创立之前,这些移民们只能把他们的孩子送回英国本土继续深造,但是要穿过浩渺的大西洋,路途遥远且风险重重。因此,光荣革命后弗吉尼亚的殖民者向英国王室报告,希望在弗吉尼亚建立一所高等学院。1691年,弗吉尼亚宗教界的领袖詹姆斯·布莱尔回到英国,向英王陈述在弗吉尼亚建立大学的重要意义。当时的大主教亨利·坎顿以及约翰·狄格森十分支持他,英国王室同意了这项请求,威廉王子与玛丽公主向布莱尔颁发了皇家宪章,即意味着在弗吉尼亚创办一所高等院校的呈辞得到了应允。

1693年2月8日,一所高等学院在威廉斯堡诞生了,为了纪念威廉王子和玛丽公主,学院定名为"威廉-玛丽学院"。布莱尔先生顺理成章地成为第一任院长,当时的英国王室拨给威廉-玛丽学院2000英亩的土地,而财政拨款则来自弗吉尼亚及马里兰出口的烟草税。杰斐逊在《弗吉尼亚纪事》中说,这笔税率大约为每英镑就从中拨给威廉-玛丽学院1便士。除此之外,弗吉尼亚议会还规定,从该州进口的酒以及出口的皮革中所征收的税也有一部分用于威廉-玛丽学院的财政支出,所有这些加起来每年学院可以得到大约3000里拉的财政拨款。

1760年春天,杰斐逊进入威廉-玛丽学院哲学系读书,在那里,他度过了人生最重要的时光,领略了欧洲启蒙主义大师们思想的堂奥,洛克、霍布斯、卢梭等人的大作就如精神的圣餐让杰斐逊心怀敬畏。他还在这里遇见了最重要的人生导师,斯莫尔、维斯以及福基尔先生。他们的学识和涵养让青年杰斐逊的懵懂之心变得比同龄人更加老练和成熟。校园里的风景十分漂亮,从学校的教室里就可以远眺波光粼粼的詹姆士河,而整个威廉斯堡幽静、古朴,曾经它是"新大陆"最富裕、最充满活力的城市。坐落其中的威廉-玛丽学院处处洋溢着书香之气,是最初的殖民者们把无数思想大师的精神食粮带到了这个曾经的世外桃源。

---

① 劳伦斯·A.克雷明:《美国教育史:建国初期的历程》,洪成文等译,北京:北京师范大学出版社,2002年版,第162页。

当知道自己被威廉—玛丽学院录取后，杰斐逊高兴得彻夜难眠，那是他寻求知识的圣地，他兴奋地写信告诉他的好友约翰·佩奇：

> 大约两个星期前，我在彼得·伦道夫上校家里，在谈到我的学校教育时，他说他认为我进入那个大学是有用的，并且愿意我去，他所提出的几个理由和我想的一样。第一，只要我留在山间家里，由于客人常来此而妨碍我学习，我损失四分之一的时间是不可避免的。而我不在家，就没有那么多的来客，因而减少家务管理中的花费。而在另一方面，由于我进入该大学将结识更多的人，今后对我有用，而且我认为我在那里和在这里一样能够继续学习希腊文和拉丁文，并且同样的学习一些数学。①

进入威廉—玛丽学院之后，17岁的杰斐逊就像获得新生的婴儿。在威廉—玛丽学院的课堂上或者林荫小径，他大口大口吮吸着知识的养料，张开双臂拥抱自由。在这里，杰斐逊每天都把时间安排得满满的，每天用在读书上的时间长达15小时，他相信知识可以改变人的命运并且能够为他人带来福祉。

杰斐逊就读期间，威廉—玛丽学院只有四个系：哲学系、神学系、文法系以及印第安人系。整个学院的校舍只能容纳大约100名学生，学校有1名院长、20名监察员以及6名教授。这6名教授分别是：1名希腊语和拉丁语教授，1名数学教授，1名道德哲学教授，2名神学教授以及1名布拉佛顿教授（其职责是为了教育印第安人并且让他们信仰基督）。独立战争之后，学院招收了更多的学习希腊文和拉丁文的学生，这让那些到学院学习实用科学的年轻绅士们不满，他们向监察员反映这种情况，但是根据英国王室的特许状，监察员们没有权力改变学院的这种人员配置结构，他们只能改变教授职位的现状，于是他们用法律教授和医学教授代替了原来的两个神学教授，而用近代语言教授代替了原来的希腊文和拉丁文教授。

从威廉—玛丽学院毕业后，杰斐逊就一直对母校念念不忘，从这里他不仅找到了人生前行的路线，结识了最好的朋友和导师，这里也曾经留下了他青涩的但

---

① 梅利尔·D.彼得森编：《杰斐逊集》，刘祚昌、邓红风译，北京：生活·读书·新知三联书店，1993年版，第797页。

并不成功的初恋。当杰斐逊着手进行教育改革的时候,他设想的是建立一个从初等教育到高等教育的全方位的教育体系。在写给外甥彼得·卡尔的信中,杰斐逊说弗吉尼亚州应当着手处理教育问题,在这里建立一所学院,或者与威廉-玛丽学院合并,在教授的职位设置上,"除了通常在欧洲大学里建立的教授职位以外,似乎还应该增加古代语言和北方文学教授职位,这是由于它们与我们自己的语言、法律、风俗和历史有关系"。

1779年,杰斐逊出任弗吉尼亚州州长。在任期间,杰斐逊被选为威廉-玛丽学院的监察员。在其自传中,杰斐逊回忆道:

> 在那一年我居住在威廉斯堡期间,我实行了该学院的改组:废除了文法学校及神学和东方语言学两个教授职位,而增添了法律和公安课的一名教授职位、解剖医学和化学的一名教授职位及近代语言学的一名教授职位,由于特许状只许我们有6个教授职位,我们又让讲道德学的教授兼讲自然和国家法及美术,讲数学和自然哲学的教授讲博物学。①

1796年2月7日召开的弗吉尼亚立法议会上关于威廉-玛丽学院的议会法令:因为威廉-玛丽学院在其章程、组织和学科方面的特许状,议会认为应当将改组威廉-玛丽学院纳入普通学校教育的计划。而杰斐逊自然当仁不让地成为修改法案的起草人。在修改威廉-玛丽学院章程法案中,杰斐逊建议应当扩大学院的学科领域,设置更多的实用科学的学科,并且在学院管理权上由州政府代替教会,使它真正地向现代大学的模式迈进。但是杰斐逊的法案没能获得通过,原因在于教会独揽学院管理权,他们拒绝剔除学院中的宗教色彩。杰斐逊写道:

> 威廉-玛丽学院是一所纯粹的教会学校,监察员必须都是教会的成员;教授必须签署它的39项条例,它的学生必须学习它的教义问答手册,而且宣称它的基本目的就是为英国教会培养牧师。因而所有持宗教异议人士都小心提防,以免造成英国国教教会独揽大权,因而拒绝按照那个法案办事。②

---

① 梅利尔·D.彼得森编:《杰斐逊集》,刘祚昌、邓红风译,北京:生活·读书·新知三联书店,1993年版,第50页。

② 托马斯·杰斐逊:《自传》,参见梅利尔·D.彼得森编:《杰斐逊集》,刘祚昌、邓红风译,北京:生活·读书·新知三联书店,1993年版,第48页。

直到1906年，威廉-玛丽学院才正式进入公立大学的行列，此时距杰斐逊逝世已逾80载。如今的威廉-玛丽学院已成为美国公立大学的典范，每年有来自世界各地的学生和游客来这里学习和参观，同时也为了缅怀从这里走出的一代又一代的伟人们，当如是，也算了却了杰斐逊生前一段夙愿。

四、兴办教育国之有责

将教育和国家事务紧密结合起来是美国建国领导人们的一致意见，这其中托马斯·杰斐逊付出了更多的努力，但是其他领导人在此方面的著述我们亦不能惘然不顾，这其中就包括乔治·华盛顿、本杰明·拉什以及詹姆斯·麦迪逊等人，他们的思想或启迪了杰斐逊，或承继了杰斐逊的思想，共同促成了建国初期美国政府关心教育事业的思潮。

由于殖民地时期的教育各自为政，建国之后在颁布宪法时，为了最大限度地保留美洲大陆的地方自治制度传统，宪法中并未明确规定联邦政府对教育的干涉权力，仍然由各州自行处理。宪法规定：凡未经宪法授权于联邦政府的事项以及对各州不加禁止的事项，都属于各州及其人民的保留权利。联邦政府只是在杰斐逊1785年制定的《西北准州政府的报告》基础上，在1787年出台了《西北法令》，该法令中明确了联邦政府在鼓励地方州政府兴办教育方面的条款。

联邦宪法通过后，各州政府着手制定自己的法律，其中都涉及教育问题，有些还特别具体。到1800年为止，已有七个州的州法中出现了明确的教育条款，包括宾夕法尼亚、北卡罗来纳、佐治亚、马萨诸塞、新罕布什尔、佛蒙特和特拉华。其他各州也在建立学校基金、捐赠土地、鼓励本州的教育机构方面，表示了他们对教育的关切。①

譬如佐治亚州1798年州立法规定：

应在一所或更多的学院促进社会科学和自然科学的教学与研究；对那些已经建立的又需要获得物资的学校，只要条件许可，立法机构就应给予更多的

---

① S.E.佛罗斯特：《西方教育的历史和哲学基础》，吴元训译，北京：华夏出版社，1987年版，第378页。

优惠和捐献。州议会有责任在下一届议会上提出有效的议案,以改善和保障这类学校有可靠的资金和捐助。①

在美国建国领导人中,对于政府应当承担更多教育职责的构想也屡见不鲜,本杰明·拉什于1786年写出了《关于宾夕法尼亚州公立学校的设立和知识普及的计划——论关于适合于共和国教育的某些方式》。拉什在文中指出:"由于我们国家的独立,教育工作呈现出新局面……我们必须采取与这种特殊的政治形态相适应的教育。"在杰斐逊之后担任总统的詹姆斯·麦迪逊认为,当一种伟大的民主制度在共和国新生的襁褓中呼之欲出之时,与之相对应的若不启迪国民心智,其结果将是危险的,民主共和胎死腹中也未尝不可能,特别是由政府主导的基础教育制度最为紧迫。

1796年华盛顿在他的离职演讲中谈道:"毋庸置疑,美德或者道德是民众政府的必要动力。这一法则也同样或多或少的适用于任何形式的自由政府。作为这一法则的忠诚朋友,又有谁能够漠视任何意欲动摇社会结构基础的企图呢?那么就应当把知识普及机构作为一项首要的事情来推动。当政府机构赋予民意以更大的影响力时,启蒙民意也就相应地成为一项根本之举。"在其遗嘱中,华盛顿还给后人留下一笔钱财用作创建一所国立大学。

如我们前面所反复强调的,杰斐逊始终把人民的教育与民主政治联系在一起,民众接受良好的教育是防止政府腐化的最好的防腐剂,如果民众不热心积极地参与国家事务的管理,不热衷于关心公共事务,那么政府机构将会大大加速腐败堕落的速度,从而葬送革命的成果。如杰斐逊所说:"你、我和国会议员以及州议会议员、法官乃至州长们将变为狼。"②针对殖民地时期私立教育或教会学校中存在的教育不平等现象,杰斐逊在《关于进一步普及知识的法案》中,为各州政府创立一种适合地方政府公立教育体系指明了具体方向和策略。

1805年3月4日发表的第二次总统就职演讲中,杰斐逊再次明确了国家在

---

①佐治亚州1798年宪法,参见 E·P·克伯雷选编:《外国教育史料》,任宝祥、任钟印译,武汉:华中师范大学出版社,1991年版,第472页。

②Hellenbrand, Harold, *The unfinished Revolution: Education and Politics in the Thought of Jefferson*, London: The Associated University Press, 1990, p50.

鼓励创办教育方面应当承担的职责。那时的美国财政收入因为需要偿还外债显得捉襟见肘，不过在杰斐逊上任之后，这种财政困境比以前要好得多。杰斐逊在演讲中说："一旦还清了债务，由此而节省出来的收入，通过公平地在各州之间进行分配和相应的修改宪法，在和平时期就可以用于各州的河流、运河、道路、艺术、制造业、教育和其他伟大的目标。"在其1806年12月2日向国会递交的第六个年度咨文中，杰斐逊建议把各项税收的余款用作公共教育等以促进公共福利。杰斐逊把公共教育与人民的公共利益相提并论：

> 在此，教育被列为与公共利益攸关的项目，而不是像有人建议的那样，把它的办事机构从私人企业手中拿出来，在同等条件下，它的管理要好得多。但是，只有公共教育机构才能够提供那些虽然很少为人们所提倡，然而却是完善整个体系所必需的科学，它们的一切部分都有利于国家的改善，而其中有些对国家的生存是必需的。这个问题现在提出来请国会考虑，是因为，如果这个建议在各州的立法机关讨论扩大联邦的责任，通过相应法律，并且为了执行这些法律做出其他安排之前得到批准的话，必要的费用就在手头，不必为此忙乱，我认为对宪法进行一次修改，由各州同意，是必要的，是因为现在建议的项目不包括在宪法列举的以及宪法允许使用公共款项的项目之内。

> 在当前形势下，现在考虑建立一所全国性教育机构也特别合适，如果批准这一建议的国会，仍认为用赠送土地的方式建立它更为合适的话，他们现在就有权把那些能最先产生必要的收入的土地授予它。①

杰斐逊建言，国会应当利用手中的权力或者各州批准的宪法修正案拨款用于改进教育、道路、运河以及其他一切可以促进联邦繁荣和发展的公共设施。在杰斐逊自己的构想中，他参考了出使法国和游历欧洲时见到过的教育制度，并且从其他人的建议中吸取了一些方案，然后设想出了一个包括从初等教育到职业教育在内的公立教育系统。

---

① 托马斯·杰斐逊：《第六个年度咨文》，参见梅利尔·D.彼得森编：《杰斐逊集》，刘祚昌、邓红风译，北京：生活·读书·新知三联书店，1993年版，第565—566页。

在初等学校阶段,每一位公民都应当接受与他生活状况和职业状况相适应的教育,杰斐逊把公民分为两种:劳动者和知识分子。劳动者接受初等教育是为了与他们的职业相适应,知识分子接受初等教育是为了深造打基础。在《弗吉尼亚纪事》中,杰斐逊曾经就初等学校的校舍选择、课程设置、学校管理等方面提出过非常详细的计划。

到了普通学校阶段,把学生分为两类:适合参加劳动的人将按照他们的职业兴趣参加农业生产或者学徒;适合参加科学研究的人将进入学院深造。这些参加科学研究的人再被分为两类:以学术研究作为谋生手段的人以及有独立财产的富人。这两部分人都将进入学院受到更高层次的科学教育。因此,普通学校的课程设置更需贴近科学研究的需要,可以设置三个系,分别是哲学、数学以及语言学。

在语言学系,开设的主要课程包括语言和历史、文法、纯文学、修辞学和演讲术以及聋哑盲教育。看来,那时的杰斐逊就已经注意到了为残疾人开设相应的教育课程。数学系需要学习的课程,包括纯数学、物理数学、物理、化学、博物学、植物学、动物学、解剖学以及医学理论。哲学系需要学习的课程是意识形态、伦理学、自然法学和国家理论以及政府经济学。

教育的第三个阶段是职业学校。职业学校的开设主要面向以某种职业为生的学生,讲授的内容比普通学校更详细、更细致。在职业学校,教师要把每一门科学的最高成就教授给学生,主要分为三个系:第一,美术系。主要学习课程包括建筑、园艺、绘画、雕刻以及音乐理论。第二,建筑系。主要学习课程包括乡村经济、工艺基本原理、医学和药学。第三,神学与法学系。主要学习各种宗教知识以及国内外法律知识。

来到职业学校学习的学生,包括那些在初等学校分流时分出的学生,依据他们的职业诉求,可以在进入职业学校之后选择他们喜欢从事的专业。"志愿当律师的进入法律系,志愿当教士的进入神学和基督教会史系,志愿当医生者进入医学、药物学、配药学和外科系,志愿当军人的进入陆军、海军系,志愿当农学家的进入乡村经济系,志愿当绅士、建筑家、园艺家、画家和音乐家的进入美术系。"

充分尊重学生的自愿选择自由,在职业学校中充满一种开放、包容和多元的学习氛围。

杰斐逊特别重视职业学校的教育,他把职业学校教育和初等学校教育都纳入公费教育的范畴。科学教育被杰斐逊放在至关重要的位置上,在师资配置上,杰斐逊认为应当设置四个教授职位:第一,主要讲授历史和语言学、纯文学、修辞术和演讲术;第二,主要讲授数学、物理学和医学;第三,主要讲授动物学、植物学和矿物学;第四,主要讲授哲学。

五、美国公共教育的先哲

大约从1778年,杰斐逊首次阐述他的公立教育方案以来,就一直在弗吉尼亚州为创建一个涵盖从初等教育到高等教育的公立教育体系而孜孜以求,并且多次在国会咨文中将他的公立教育思想阐述出来,希望能够在全国建立一种以政府为主导的公立教育制度。杰斐逊一直主张"教育是国家的事务"。在《关于进一步普及知识的法案》中,杰斐逊强调:只有当自由完全掌握在人民手中,并且让人民受良好的教育,这样的政府才是可靠的。为此政府就应当承担起教育民众、启迪民心的职责。杰斐逊多次向国会建言,制定法律设立公立学校,推行免费的初等教育和职业教育,他起草的有关公立教育的法案先后包括《关于进一步普及知识的法案》《关于改革威廉-玛丽学院宪章的法案》《宗教自由法案》《建立公立小学制度的法案》《弗吉尼亚大学章程》等。杰斐逊的提案尽管很多遭到了拒绝,但是仍有相当一部分实现了他的理想。"到1826年杰弗逊逝世时,他的教育计划的绝大部分均已付诸实践,成为现实。"①不过令人遗憾的是,杰斐逊一直倡导和呼吁的公立学校教育体制在其有生之年未能得到制度性的确立。

有些州在共和初年便接受了公民接受公共教育的基本原则,但没有哪个州真正建立起有效的免费教育体制。马萨诸塞州在1789年通过了一项

---

①劳伦斯·A.克雷明:《美国教育史:建国初期的历程》,洪成文等译,北京:北京师范大学出版社,2002年版,第116页。

法律，强调殖民时期要求每镇必须建立起一所学校的规定，只是法律并未得到实施。弗吉尼亚议会甚至完全忽视杰斐逊关于普及基础教育并为优秀生提供优质教育的号召。至1815年末，没有任何一个州建立了完善的公立学校系统。①

然而，这并不能抹杀杰斐逊为建立公立学校制度所付出的努力。作为一个铺路者和奠基人，杰斐逊在教育改革上具有宽广的视野，他把18世纪在欧洲兴起的国家主义教育运动移植到美国，并创造性地构想出一套完善的公立学校教育体系。在公立学校教育方面所遭遇的挫折，尽管某些方面也有杰斐逊本人的问题，但是杰斐逊为此所付出的努力，以及后人沿着杰斐逊的足迹继续前行，直到在整个社会范围内掀起一场普遍的公立学校运动，却是无论如何都不能不提到杰斐逊的贡献，正如克雷明所说的："杰斐逊的教育思想的影响在19世纪乃至20世纪都是重大而深远的。"杰斐逊身后的一大批致力于建立公立学校教育体制的追随者们继承了杰斐逊的遗志，并且以一系列的教育改革成果表达了向杰斐逊的敬意：

弗吉尼亚大学自建立之日起直至1862年《毛雷尔法案》通过前，一直都是美国州立大学的范式，菲利普·林斯利、奥古斯塔斯·B·伍德沃德和托马斯·库伯等杰斐逊的追随者们在整整一代人的时间里始终活跃于高等教育普及运动的前沿。同样，《宗教自由法》成为追求政教分离的其他各州的模范法案，而杰斐逊关于新闻自由之不可或缺的一番高论——新闻自由、民众知读，则河清海晏、万世太平——更是被各地编辑引为至理名言，广为使用，也更成为捍卫新闻自由的法官们的圭臬。更为重要的也许是，尽管他对初等教育的努力未能付诸实施，但它对民众教育的计划，对教育与自由二者间密不可分的联系的主张却在各地深入人心，被不同的改革者接受，如马萨诸塞州的贺拉斯·曼、亚拉巴马州的亨利·W.科利尔、纽约州的罗伯特·戴尔·欧文

---

① 布林克利·艾伦：《美国史：1492—1997（第一卷）》，邵旭东译，海口：海南出版社，2009年版，第182页。
② 劳伦斯·A.克雷明：《美国教育史：建国初期的历程》，洪成文等译，北京：北京师范大学出版社，2002年版，第118页。

等人。这位在弗吉尼亚被解除了武装的先知却在其他各地赢得了胜利,并成了美国民众教育真正的守护神。②

杰斐逊在生前为公立学校教育构想出了一套完备的方案体系,从一种更为宏大的国家主义观点来看,杰斐逊是想要独立后的美国必须建立起一套完全自主的美国教育模式,从而摆脱殖民地时期教育受教会控制的现象。从构建民主社会的层次来看,杰斐逊认为教育的根本作用在于让人民懂得捍卫自己的权利。教育的主要职能除了传授知识以外,还在于培养能发展国家生产力的更多的科学有用的人才;更主要的在于培养公民意识和理性精神,并从中产生高素质的国家公务人员,长此以往,就会在整个国家社会范围内奠定一种优良的民主传统。

也就在杰斐逊逝世后的几年时间,美国社会范围内掀起了一场普遍的公立学校运动。所谓公立学校运动,指的是"广泛建立由公共税收支持、公共行政机关监督、向所有儿童免费开放的学校制度的运动"①。这个时期的美国资本主义经济迅速扩张,与之伴随的是工商业资产阶级的实力进一步壮大,他们要求当局在政治上应当给予人民更多的民主权利,扩大受教育的对象,国内保守派的力量在民主潮流进程中进一步遭到削弱,杰斐逊式的民主精神在新的时代重新获得了巨大的增长空间,"受教育应当成为每个人的权利"成为流行一时的呼声。同时,杰斐逊的继任者麦迪逊、杰克逊等人亦是开明的民主派,他们也希望在这种趋势下鼓励公共教育机构的进一步发展,借此来引导人民扩大对民主的认知。总之,教育扩大化成为这一时期从政治上层到民间社会的共识,显然旧有的私人教育模式并不能满足这股汹涌的教育潮流,再加上教育改革者们的呼吁,公立学校运动的开展显得顺理成章。

从公立学校的主要模式和教学内容来看,几乎是杰斐逊在弗吉尼亚所构想的学校教育的翻版。公立学校仍然贯彻的是以各州为主的领导体制,在具体的学校管理上,层层分权,逐步建立起市、县、镇的教育管理机构,统一归州教育委员会管理,由各州立法在本州范围内建立起公立学校系统。19世纪30年代之后,很多州都设立了专门负责管理州教育的官员和教育委员会,它们在推动各州公立

---

①滕大春主编:《外国教育通史(第三卷)》,济南:山东教育出版社,1990年版,第366页。

学校运动方面发挥了不小的作用。如 1837 年乔治·多阿纳起草的《告新泽西州人民书》，把建立公立学校的问题放在与人民获得权利、国家获得进步同等的重要性上：

> 我们认为，获得知识是人的普遍权利，我们不需要进行更明白的论证，能够获得知识，渴求获得知识，并且凭借知识才得以发展和激发的智慧的天性就是上帝亲自给予每个生灵的最好的论据。我们认为，维护这种与生俱来的权利，充分利用每个人的机会和能力是人的普遍义务……所以，谁如果对他的同胞否定或抹掉这个权利，谁如果鼓励或由于缺乏适当的影响力而允许他们玩忽这个权利，谁就是挖掉政府的基础，削弱支撑社会的柱石，为全部人类社会的动荡不安和分崩离析开辟道路，这就必然造成无政府状态和毁灭，在这场毁灭中，谁下的赌注最大，谁就受害最烈……①

公立学校的教学内容相比之前范围更广，学科设置更丰富。早在担任威廉－玛丽学院监察员之时，杰斐逊就积极推动学院改革课程设置，剔除掉与神学、宗教学相关的教授职位，而代之以语言学、法律等更具有实用性的科学教授职位。19 世纪 30 年代之后的公立学校，除了传统的读写能力、算数、历史和艺术等科目外，欧洲大陆的文学作品开始出现在课本中。在师资选择和配备上，杰斐逊时期主要依靠从社区中推选有学识的人担任，或者从文法学校的毕业生中挑选。公立学校运动中，"小学教师的来源，主要是文实中学、导生制学校以及私立师范学校的毕业生"。不过从这些渠道得到的师资不能满足当时的教学需要，因此在很大程度上需要创办公立的师范学校。到南北战争爆发时，全国范围内已建立起 12 所公立师范学校，主要集中在北方，它们成为公立学校教师的主要来源。

在致力于推动建立国民教育体制和公立学校的运动中，涌现出了不少杰斐逊式的教育改革家，塞缪尔·诺克斯、塞缪尔·史密斯、贺拉斯·曼等人都是典型的杰斐逊主义者，他们支持并且赞成杰斐逊在公立教育方面提出的具体策略，并且沿着杰斐逊的路线进行了更完善的补充。塞缪尔·诺克斯"所关心的是建立一种

---

① 乔治·W.多阿纳：《告新泽西州人民书》，参见 E·P·克伯雷选编：《外国教育史料》，任宝祥、任钟印译，武汉：华中师范大学出版社，1991 年版，第 637—638 页。

美国现代教育之父托马斯·杰斐逊

统一的国民教育体系,将各地众多的教区学校、县立学院、州立学院与一所州立大学一起,组织成为在某个国民教育委员会下的一种综合统一的组织机构,由各州代表(由各县校长协助)组成的委员会将负责监督确保在全国范围内施行相同的课程,使用同样的教科书,采用相同的标准"①。史密斯也沿着杰斐逊的思路构想了一种统一的国民教育制度,这种制度把教育分成两个阶段,第一个阶段针对5~10岁的儿童开设的初等教育②,第二个阶段针对10~18岁的青少年开设的学院和大学教育。并且在全国成立一个文学与科学委员会,为各级学校选聘老师、修订教科书、监督教学事务,以此形成一个统一的国民教育制度。

不过诺克斯和史密斯的教育理论在杰斐逊的教育构想中已经论述过了,而且他们二人并没有付诸具体的实践行动,真正贯彻杰斐逊免费公立学校思想,且将之化为具体实践的乃是贺拉斯·曼。贺拉斯·曼被誉为"美国公立学校之父",在19世纪30年代的美国教育觉醒运动中,他接过了杰斐逊的薪火,而且曼本人具有开阔的思想视野,他曾到德国进行教育考察,以借鉴德国公立学校的经验。回国后曼就在他的家乡——马萨诸塞州进行创建公立学校运动。贺拉斯·曼早年时期便胸怀大志。像杰斐逊一样,少年时期的他便深知"知识是人生最重要的工具"。布朗大学毕业后,他从事了和杰斐逊一样的工作——律师,然后从政——进入马萨诸塞州议会——其人生经历与杰斐逊如此相像。

担任州议员期间,贺拉斯·曼希望在马萨诸塞推行公共教育改革,进而成立了州教育委员会,贺拉斯·曼投身教育事业的努力有了用武之地,1837年他被正式任命为教育委员会秘书,从此开始了长达11年的教育改革事业。贺拉斯·曼为了向人们宣扬他的教育理念,常常不辞劳苦到各地去宣传,扩大人们对公立学校的认知,并且每年撰写公共教育发展的年度报告。这些报告既是为了向当局建言,同时也向民众普及公共教育知识,在国内外都产生了很大影响,它们是贺拉斯·

---

① 劳伦斯·A.克雷明:《美国教育史:建国初期的历程》,洪成文等译,北京:北京师范大学出版社,2002年版,第127页。
② 劳伦斯·A.克雷明:《美国教育史:建国初期的历程》,洪成文等译,北京:北京师范大学出版社,2002年版,第127页。

曼在公共教育思想方面心血的结晶,渗透着贺拉斯·曼为教育事业挥洒的激情和理想。1846年的第10次年度报告中,贺拉斯·曼饱含深情地阐述了建立免费学校制度的理由:

  用建立免费学校的办法实现普及教育,想出一个这样大胆的措施,这是我们力不胜任的。事实上,它在世界史上没有先例。理论上,它可能遭到较之人类所创立的任何制度所遭受的更可怕的一系列论据和经验的反对而被驳回、被压制下去。然而,时间肯定了这个想法的正确性。经过两个世界的成功的施行,现在可以看出这个想法既是大胆的,又是明智的;既是无私的,又是有益的。文明世界的全体公众都给它以应得的赞扬;国内各州和海外各国遵照它的明智的指示,都在仿效这个光辉的榜样。我们称之为基督教世界的光明国度的国家正在缓缓地向着我们的祖先一跃而就的道德顶峰靠近。①

贺拉斯·曼致力于推动公立学校运动,他试图在这样一种公共教育体制下造就具有美德和民主意识的现代公民,"与杰斐逊一样,他坚信无知和自由不可能长期在一个国家中并存"②。贺拉斯·曼赞许杰斐逊、亚当斯等人构想的美国教育的共和主义风格,他特别认同杰斐逊的如下主张:共和国民主光辉的延续必须得益于教育薪火始终如一的传递,帝国公民的美国梦和美国理想必须依靠教育大业的励精图治。"与杰斐逊的观点一样,曼认为,学校教育将为人们在一个自由社会中负责任地行使公民权奠定基础。"③这种教育应当是一种免费的公立学校教育,在各州政府的主导下发展起来学校教育体制,依赖于政府政策和制度的支持,以及民众的热烈关切。当这些元素具备且完善之后,贺拉斯·曼不止一次在他一系列有关公共教育的鸿篇大论中憧憬由此公立教育体制而带来的光明未来,"它所展露的千年太平盛世景象是曼重新诠释杰斐逊理想的关键所在"④。

---

① 贺拉斯·曼:《第10次年度报告》,参见 E·P·克伯雷选编《外国教育史料》,任宝祥、任钟印译,武汉:华中师范大学出版社,1991年版,第628页。
② 劳伦斯·A.克雷明:《美国教育史:建国初期的历程》,洪成文等译,北京:北京师范大学出版社,2002年版,第141页。
③ 劳伦斯·A.克雷明:《美国教育史:建国初期的历程》,洪成文等译,北京:北京师范大学出版社,2002年版,第141页。
④ 劳伦斯·A.克雷明:《美国教育史:建国初期的历程》,洪成文等译,北京:北京师范大学出版社,2002年版,第141页。

杰斐逊作为美国公共教育思想的薪火传递人，他的激情、理想和实干精神在美国公共教育领域树立了一个标杆。其后继者在19世纪美国社会风波云起的变幻中紧紧拥抱这个标杆，且始终仰视之、珍惜之，以披荆斩棘之勇气与开拓进取之精神，将杰斐逊公共教育思想之火种播种在北美大陆各州，烛照了一代人投身公共教育事业之情怀，杰斐逊当仁不让地成为"美国公共教育的先哲"。

第四章

美国人该向欧洲学习什么

美国拉什莫尔山总统雕像,左二为托马斯·杰斐逊

> 各种各样的欧洲思想体系，一代一代地引进美国，经过与本土氛围和地方发展交互作用，已经形成了被明确定义为美国的理想体系。
>
> ——沃农·路易·帕灵顿

威廉-玛丽学院求学的经历让杰斐逊接触了大量来自欧洲的自由主义和浪漫主义思想，这使得杰斐逊在潜意识中对诞生伟大文明的欧洲大陆充满神往，自始至终，杰斐逊都对欧洲文明抱有某种温热而亲密的情感。当他被派往法国接替富兰克林担任驻法公使之后，杰斐逊以一种探奇的目光意欲揭开欧洲文明的面纱，他游历了大半个欧洲，找寻北美大陆与欧洲之间的文化相似性和差异性。在此期间，欧洲的教育、科学、艺术和文化逐渐显现在杰斐逊的视野中，为他回国之后致力于创建学校教育制度的努力提供了丰厚的思想源泉。

一、美国教育的欧洲血统

如果没有1492年哥伦布发现美洲的那次航海远行，甚至1620年"五月花号"那一次改变世界版图的航行，美洲大陆注定是另外一番景象，印第安人将继续过着他们习惯的部落生活，创造和享用着独属于他们的土著文化。并非像很多人想象的那样，被殖民之前的印第安人是一个完全蛮荒的地域。有学者早就研究指出，印第安人的文化具有鲜明的多样性和自足性，他们衣食无忧，属于典型的母系社会系统，具有明确的伦理价值和社会规范。他们懂得如何教育自己的子女，使用口头语言来进行文化的传承。不过印第安人文化固有的缺乏交流和创新机制的缺陷，使得它不大可能产生专门的教育机构。

这种状况从16世纪初伴随着西班牙、荷兰等海上强国到美洲大陆进行殖民活动开始发生改变，他们开始逐步在美洲大陆建立起一些专门的教育机构开化印第安人，直到17世纪英国殖民者在美洲大陆的兴办学校风潮。因此，从美洲大陆产生专门的教育机构伊始,它就沾染着浓厚的欧洲色彩。哪怕在独立战争胜利后,美国教育界所发生的一系列教育改革运动,仍旧保持与欧洲教育藕断丝连的关系,这从杰斐逊、贺拉斯·曼等人游历欧洲后所借鉴某些教育改革经验或措施中便可窥见一斑。因此,如有的学者在谈论美国教育的论著中,明显地将美国教育史隔离为一个单独的体系,未免有些牵强甚至与历史不符。如佛罗斯特所分析的:"如果把美洲同欧洲分离开来,或像许多人曾试图把美洲教育史写成独特的教育史,那就歪曲了事实,对读者了解真实情况毫无教义。自从15世纪以来,美洲的发展就从未与欧洲发生的事件完全分开过。"①

从16世纪上半叶开始的向美洲大陆探险的活动中,西班牙占得了先机,他们到达美洲大陆后,自诩为具有高贵的欧洲贵族血统,而把落后的印第安人看作是奴隶,对其任意屠杀和凌辱。不过这种野蛮和粗暴的殖民方式遭到了卡萨斯的反对,卡萨斯具有在大学任教的经历,成为牧师后他跟随西班牙殖民者到美洲大陆探险,他强烈反对西班牙人暴力对待印第安人的方式,并且向殖民首领建议应在印第安人中间推行以开化和教育的殖民方式,建立教堂和学校。卡萨斯的建议得到教会的支持,此后教会开始利用传教机构向印第安人传授西班牙语、基督教知识以及欧洲的文明艺术。

教会在美洲大陆的传教活动也得到西班牙王室的支持。1512年,西班牙国王就曾颁布印第安法令,要求将对印第安人的传教活动作为殖民者的首要任务,并且试图将印第安人集中到西班牙人的居留地,这样就能把印第安人集中起来向他们传授宗教知识。到了1551年,国王查理五世颁布在美洲大陆开办大学的法令,这可以算是北美大陆正式学校教育的开始。

从此,天主教文化和宗教就在从格朗德河向南到合恩角,从格朗德河的北部一直到现在美国的西南地区广泛传播开来。牧师们建立了教堂、学校和小旅馆等慈善机构。他们一般提供一天的交通工具和旅行者的食宿,并对旅行者进行安慰和指导。牧师给当地人指导基本课程、宗教和文明道德——以及保持和平。随着较大团体的发展,出现了教育和学校,产生了各式各样的教育。西班牙人首先进行了探讨,由于卡萨斯和其他人的虔诚,使得这些西

---

① S.E.佛罗斯特:《西方教育的历史和哲学基础》,吴元训译,北京:华夏出版社,1987年版,第283页。

班牙人皈依了宗教,并继续进行教育。

  当西班牙的天主教徒正使中美、南美、美国西南地区开化并信仰基督教时,其他的西班牙人则在开发现在的美国北部地区,他们在圣·奥古斯丁、佛罗里达、新奥尔良、路易斯安那、科罗拉多、德克萨斯和其他许多当地人不太敌对、军队可以给予最低限度保护的地区,建立了慈善机构和学校。[1]

  继西班牙之后,荷兰人开始觊觎北美大陆,他们在16世纪末借助"尼德兰革命"摆脱了西班牙的统治,从此"海上马车夫"荷兰开始崛起在世界版图上。由于国内经济环境的宽松,阿姆斯特丹迅速膨胀成为一个超过10万人口的城市,荷兰急需向海外拓展贸易市场。1622年荷兰人哈德逊船长在北美的曼哈顿建立了殖民地,并把它命名为新阿姆斯特丹。17世纪是属于荷兰的,在那段被后人描述为"黄金世纪"的历史中,荷兰人创造了令人叹为观止的文化艺术。正如法国历史学家布罗代尔在其撰写的《荷兰史》中所说的:一个国家的伟大程度是用它所产生的伟人来衡量的。如果这话确实,那么使17世纪的荷兰显得光辉灿烂的,那就不是政治事件,也不是经济活动,而是那些人才济济的学者和艺术家,他们的数量和质量都是惊人的。

  的确,17世纪的荷兰在文化艺术和实践科学上都取得了不俗的成就,伦勃朗的绘画艺术、斯宾诺莎的哲学成就、斯台文的精密科学研究等都属于当时各自领域的佼佼者。这一时期的荷兰在思想文化领域的长足发展得益于尼德兰地区教育事业的高度发达。作为较早接触文艺复兴的地区,尼德兰地区曾经是欧洲教育事业最普及的地区,当时曾经流传说莱登城宁要一所大学也不稀罕免除捐税,并且作为新教一支的加尔文教倡导独立自主的纯正生活方式,对尼德兰地区的资本主义发展起到了很好的推动作用。

  17世纪荷兰充满朝气的学校教育也渗透在其殖民地新阿姆斯特丹。1621年荷兰政府批准成立西印度公司,专门用于在美洲大陆与西班牙、葡萄牙争夺殖民地。西印度公司在推动成立殖民地学校方面扮演了主要角色,该公司于1638

---

[1] S.E.佛罗斯特:《西方教育的历史和哲学基础》,吴元训译,北京:华夏出版社,1987年版,第286—287页。

年在新阿姆斯特丹建立了第一所城镇学校,到1664年英国占领新阿姆斯特丹之前,这里已经成立了11所学校。

  新荷兰的那些学校最初由荷兰西印度公司和阿姆斯特丹的长老监督会直接管理,教师的工资由公司从整体的基金中支付。后来由公司和长老监督会同地方议会和法院联合管理,由公司的资助、自愿和强制的捐献及学费维持。①

1664年英国接手新阿姆斯特丹之后实行了比较开明的教育策略,他们允许继续在这些学校中使用荷兰语进行教学,只是在管理方式上由过去的西印度公司和长老会变成由地方议会和法院负责。在新阿姆斯特丹,荷兰人建立了大小不等的12个社区,这些社区总人数超过5 000人,那时的荷兰教育事业比英国有过之而无不及,即便在英国取得新阿姆斯特丹之后,这些社区仍然同荷兰本土之间的文化交流保持密切联系,因此形成了以家庭、教会和学校为主导的三级教育模式。

17世纪中后期开始英国成为北美殖民地的宗主国,不过这并不意味着北美大陆的文化和教育思想成为单一的英国范儿。在向北美移民的问题上,英国应当说具有世界眼光,他们鼓励有技术、有知识的外国人到美洲生活定居。13个殖民地的非英格兰人,均能得到合法身份。

  1740年英国议会第一次制定了殖民地入籍法,规定:1740年6月1日以后,凡在英国境外出生的人,如已在任何一个英属殖民地居住满七年,而且七年内离开所居住殖民地时间未超过两个月,在经过宣誓等手续后即可归化为英国臣民。这种移民政策造成了一个突出的后果:北美欧裔居民族裔构成变得十分复杂。在17世纪,进入北美的多为英格兰移民。进入18世纪,大量德意志人、爱尔兰人、苏格兰人、苏爱人、法国人和意大利人纷纷到来,与原来的英裔、荷裔、瑞典裔和芬兰裔居民一起,构成了一幅五彩缤纷的族裔风情图。②

---

①劳伦斯·A.克雷明:《美国教育史:殖民地时期的经历》,周玉军等译,北京:北京师范大学出版社,2003年版,第140页。
②李剑鸣:《美国通史:美国的奠基时代(1585—1775)》,北京:人民出版社,2002年版,第370页。

如克雷明所分析的，来到北美大陆的都是些欧洲文化发展程度较高国家的知识精英。他们为北美大陆带来各种各样的思想文化，逐渐渗透在殖民地的教育机构中，那时欧洲各国的思想著作和新学说在殖民地广泛传播，受到人们的极大欢迎。与此同时，北美大陆本土的教育家们接受了这些新思想，比如富兰克林就曾经承认在他的教育改革的设想中大量吸取了弥尔顿和洛克等人的思想，杰斐逊在《关于进一步传播知识的法案》中创立公立学校的想法显然也受到欧洲思想家们的启示。不过真正以立法形式开办学校教育的动力仍然来自英国，马萨诸塞州议会于1647年11月11日通过的《老骗子撒旦法》对新英格兰此后整个殖民地时期的教育产生了重大影响，此法令被称为"美洲公立学校体系的基础"。

不让人们了解《圣经》是古老的骗子撒旦的主要计划，在从前的年代，他的手段是使用难以理解的语言，近来又通过劝说人们不要使用语言，这样使原初的真相被欺骗者看似圣洁的虚假光彩所遮蔽，为了不让知识埋葬在教堂和共和国我们先辈的坟墓中，主帮助我们的努力。

由此命令在这个辖区内的每一个城镇，在主使它们的数量达到50个家庭之后，应任命镇中一人教给跟从他的所有孩子阅读和写作，他的工资应由这些孩子的父母或主人支付，或作为拨款由所有居民负担，这应是城镇财务所要慎重处理的重要项目；收取送孩子上学的学费不能超过其他城镇很多；并进一步命令任何家庭数量增长到100的城镇都应建立一所文法学校，它的教师应有能力教育学生使他们符合上大学的要求，如果有任何城镇从现在起超过一年仍没有按规定做，这个城镇将为下一所学校支付5英镑直到它按这一命令去做。①

从马萨诸塞到弗吉尼亚，到18世纪初期，各州议会基本上都出台了相应的教育法令，在教育形式上，各州有较大的自主权，因而教育制度呈现出五花八门的景象，学校教育的课程设置上，无论是初等学校还是高等学校，与欧洲学校并无根本差异。在殖民地教育与欧洲教育思想的频繁交流中，既形成了殖民地多样

---

① E·P·克伯雷选编：《外国教育史料》，任全祥、任钟印译，武汉：华中师范大学出版社，1991年版，第322—323页。

化的教育形态,同时在殖民地教育家的思维视野中也面临着这样的困境:在殖民地建构美国式的教育模式的呼声中,如何将自主创新与拿来主义完美结合,才不至于陷入一种狭隘的民族主义思维中而变得妄自尊大。独立战争胜利之后,这个问题变得日益突出,在杰斐逊看来,美利坚若要获得新生,需要从科学教育、艺术教育和学校教育等几个方面继续拥有国际视野。在杰斐逊出使法国、游历欧洲之后,这个念头在他的头脑中变得越来越强烈,他一直在思索一个问题:美国人该向欧洲学习什么?

二、出使法国

独立战争后的美国,国力仍然贫弱,被欧洲列强所觊觎,英国在东北边境陈兵虎视眈眈,西班牙在密西西比河流域趁火打劫,甚至北非的摩洛哥等弹丸小国都时不时地敲诈美国一下。内外交困中,欧洲诸强中只有法国没有落井下石。但尽管法国政府向美国抛出了橄榄枝,态度却相当傲慢。处于风雨飘摇中的合众国,此时需要有具备魄力和担当精神的人站出来,打开这种外交上的困境。

约翰·亚当斯、本杰明·富兰克林以及托马斯·杰斐逊这三位合众国的元老被人们推选出来担负这一使命,亚当斯和富兰克林先期出使法国,而杰斐逊在国会中的立法工作由于无人能代替,直到1784年,才开始准备赴欧接替富兰克林担任驻法公使。

杰斐逊打算从波士顿出发,取道英国再辗转法国。作为美国最古老的城市之一,波士顿有着悠久的历史文化传统和革命精神——就是在这里打响了美国独立战争的第一枪。其所在的马萨诸塞州作为当年英国殖民者的最早落脚点之一,文化教育事业发达,杰斐逊从未到过新英格兰,他想趁此到那里考察一下,开阔一下视野。在波士顿,杰斐逊受到了极大的欢迎,他专门参观了著名的耶鲁大学,并拜会了耶鲁大学校长埃兹拉·斯泰尔斯先生。

作为美国历史上建立的第三所大学,耶鲁大学有着独特的魅力,它的校训是"追求光明和真理"。脱胎于教会学校的耶鲁大学崇尚独立和自由的精神。独立战争后，政府曾试图介入学校管理，使其成为一所公立大学，这一举动遭到了耶鲁人的强烈反对。当时的托马斯·拉克普院长说，耶鲁作为事实上的私立和自治院校，不能受到任何政治势力的干扰，耶鲁只能是耶鲁人的学校。

杰斐逊久仰耶鲁大名，在这里专门停留了两天，参观了学校的校舍、图书馆以及其他教学设施。在杰斐逊的头脑中，他早就装着一所大学的蓝图，此行来耶鲁，也可以取取经。他和校长斯泰尔斯谈论了很多大学教育方面的事情，斯泰尔斯后来回忆说，杰斐逊具有非凡的洞察力和不俗的眼界，他的学识渊博、思想深邃，各方面都是一个杰出的人。

1784年7月5日，杰斐逊带着女儿帕西登上了开往伦敦的"色列斯"号轮船。站在船头，望着浩渺的大西洋和远处幽暗无际的天空，杰斐逊的心里五味杂陈。大西洋彼岸的欧洲，是他为之魂牵梦绕的思想圣地，如今马上就能亲近并且朝拜它，这让杰斐逊有着难以名状的兴奋。另一方面，他身后的美洲大陆仍旧处在积贫积弱的状态，而在他的故乡蒙蒂塞洛还有他牵挂的亲人，抛妻别子，这让杰斐逊的心又时时蒙上一层无以言说的感伤。

在英国短暂逗留几日后，杰斐逊到达了巴黎。这是一座有着国际范儿、风光旖旎的大都市。在这里他见到了老友亚当斯和富兰克林。杰斐逊在巴黎的工作除了外交事务之外，余下的时间他对这个神奇国度的文化充满了好奇心。受英美革命的影响，此时的法国已处在大革命的前夜，教会专制和封建权力还在行使着最后的疯狂，法国底层人民的生活境遇十分悲惨，正如伏尔泰所描述的巴黎人民：这里的人不是铁锤就是铁砧。不过巴黎也有令杰斐逊着迷的一面，这里的人们彬彬有礼、富有涵养。此外，巴黎的文化艺术发达，建筑、绘画和音乐都令杰斐逊为之倾倒。在巴黎另外一项有趣的事情就是逛书店，杰斐逊是一个爱书如命的人，他不但把每月的薪水大半用来自己买书，还经常帮助国内的朋友们订购图书。1786年2月8日，他写给詹姆斯·麦迪逊的信中，叙说了他给麦迪逊买书的情况：

我首先希望你回答并且告诉我，在那些已经购买的书籍中有哪些不在你的计划之内。你能够很容易表示这类书要多买一些，那类书要少买一些等。

我愿意按照你的愿望去做,我能够为你购买巴黎原文版对开的百科全书,价钱是620锂,35卷;好的版本39卷4开本,280镑。以及一个好版本39卷8开本,280镑。新版的质量将是很高的,这表现在更多得多的条目中;不过并不都全是如此,而拥有旧版本在用途上还有一个好处,那就是补充新版的不足。我为我自己买了一套,但是是否为你买,还需要等待你的订货信。①

还有一件事也是杰斐逊非常关心的,来法国之前,他修改了他的《弗吉尼亚纪事》并把它带到了法国。1785年这本书在美国国内印刷出来,但是杰斐逊担心书中的废除奴隶制的观点会引起某些保守势力的不满,因此在给麦迪逊的信中说:"我只是赠出少数几部,送给极受信任的人,在每一部书上都写着不许出版的字样。"但是麦迪逊在读完这本书之后回信给杰斐逊说,这样一本富于科学观察和民主启迪精神的书不能被埋没,除了在国内出版以外,《弗吉尼亚纪事》还在英国和法国出版。"杰斐逊的《弗吉尼亚纪事》在国内外的发表,使他成为大洋两岸公认的一名文学家、博物学研究者、科学家和政治家。该书也进一步提高了杰斐逊在法国自由主义贵族中的声誉和地位,他们通过其中富于哲理的文笔,对这个陌生的国度才有了一些了解。"

1787年的春天,阳光格外明媚,万物复苏的气象让杰斐逊感觉到生命的春意盎然。这一年,世界各地发生了很多大事,美国国内召开了制宪会议,制定了联邦宪法。而杰斐逊刚从一场并不如意的情感经历中走出来,恰逢此时公务并不特别繁忙,他想趁此机会沿着塞纳河做一次贯穿欧洲的旅行,一是为了缓解一下沉郁的心情,二是为了更深入地了解欧洲大陆的风土人情,特别是关于欧洲的教育、文化和科学艺术等的发展情况。这是杰斐逊了不起的地方,不为个人一时得失惘然若失,他始终没有忘记自己的理想,他需要知道近百年来欧洲列强觊觎蚕食美洲大陆的资本是什么。

这次旅行,杰斐逊从法国的塞纳河到达了意大利的罗马、都灵和米兰,然后从热那亚返回巴黎。1787年底,他又去了一次荷兰和德国,这两次旅行使得杰斐逊对欧洲的印象变得越来越清晰。对于欧洲与美国的文明他也做了一番比较。在杰斐逊眼中,欧洲的教育、科学和艺术的确有值得学习之处。但是另一方面,他也

---

① 梅利尔·D.彼得森编:《杰斐逊集》,刘祚昌、邓红风译,北京:生活·读书·新知三联书店,1993年版,第942页。

看到了欧洲大陆社会中存在的根深蒂固的封建观念,特别是在法国,大革命的前夕,杰斐逊看到了封建统治者骄奢淫逸的面目,而底层人民却处于温饱不保的惨状。"在欧洲黑暗的阴影中,他看到了民众的疾苦,这更促使他要把美国变成一个自由的天堂的决心,他希望他的民众都在幸福安逸中生活,而不像欧洲的民众处在水深火热之中,这更增强了他作为美利坚合众国公民的自信心与自豪感。"①

因此,杰斐逊对欧洲文化并没有抱有盲目崇拜的态度,欧洲的确产生了无数灿烂的文化,欧洲人的优越感大多也来源于此,很多方面需要美国学习。这一切对于刚刚建国,并不十分开化的美国年青一代来说具有很大的吸引力。不过杰斐逊提醒说,每个民族都有其独特的文化传统,美利坚民族也一样,这一点无须妄自菲薄,如果我们丢掉自身的文化根基,盲目追求欧洲的文化生活方式,反而会在随波逐流中迷失自己,到头来就会成为欧洲文化的附庸。能有这样的见识,可见杰斐逊在欧美文化交流方面的"美体欧用"思想确实反映了他独立思考、尊崇理性的气质。

事实上,当时不仅美国政府派人到法国进行交流,还有不少法国年轻人和留学生到美国参观,他们思想活跃,容易接受新思想,美国革命的自由和人权思想唤醒了他们把专制暴政推下台的革命精神。法国国内的知识界更是为此奔走相告,报纸和媒体不顾当局的压迫热切地传播有关自由和独立的知识,整个国内的革命热情高涨。杰斐逊对法国的局势也很关注,1788年他作为驻法公使参加了凡尔赛三级会议,他甚至起草了一份《权利宪章》交给他的法国好朋友拉波特。拉波特作为法国资产阶级革命家,曾经帮助美国人打赢了独立战争。杰斐逊希望他撰写的《权利宪章》能够成为法国革命推翻专制政府的宣言。在宪章中,杰斐逊提出要限制国王权力,保障人民自由等一系列建议,并且认为"它的影响将不限于这个国家,它的革命不过是欧洲自由史的第一章"。

1789年秋天,法国大革命如火如荼之际,杰斐逊接到了回国的命令。在法国和欧洲的五年时间内,杰斐逊收获颇多,"除了为美国签订了许多商约完成了他的本职工作之外,他在文化的交流方面也取得了斐然的成绩,使他对现实社会有一个更充分和深刻的了解,进一步加强了他对民主自由的信念"。对于美国应当学习欧洲哪些先进的科学、艺术和文化,以及如何设计美国,杰斐逊都有了更为明

---

①艾德尼:《杰斐逊:设计美国》,呼和浩特:内蒙古人民出版社,1998年版,第466页。

晰的认识。离开法国时,杰斐逊对这个伟大的国度念念不忘。在其自传中,杰斐逊回忆道:

> 当我离开这个伟大善良的国家时不能不表示我的关于它在世界诸国中占有卓越地位的看法。我从来不知道有更为亲切的人民,有更为温暖、更为忠实的友情。他们对于异国人的亲切和迁就是举世无匹的,而巴黎的好客超过了我认为在一个大城市所能做到的程度。他们在科学上的卓越成就,他们学人爱好传达信息的脾气,一般人的彬彬有礼的态度,他们谈话的从容和活泼,都给他们的社会增添魅力,而这正是任何其他国家看不到的。①

三、欧洲的教育

18世纪末,在美国兴起的建立国家教育体系的呼声不能排除来自欧洲的影响,本杰明·富兰克林、约翰·亚当斯、约翰·杰伊、托马斯·杰斐逊等人都曾被美国政府派往欧洲行使外交职务。特别是杰斐逊,他曾两次在欧洲大陆旅行,对欧洲的教育事业有着更为明晰的认识。彼时欧洲大陆也在兴起一股教育世俗化和国家教育主义的理念,这种思潮对于杰斐逊回国后提出公共教育运动有着主要的影响,并直接启发了他建立一所更适合现代科学应用的大学的构想。在欧洲与美国本土的教育特征的比较方面,杰斐逊亦提出了有独立见解的认识。

法国作为欧洲大陆封建色彩浓厚的国家,宗教改革对这里的影响微乎其微,教育领域仍然由势力强大的天主教派统治,而主张教育改革和普及的胡格诺派则屡屡遭受打压。这种状况一直持续到18世纪中期,随着资本主义工商业的发达,在思想领域开始了一场以涤荡教会势力和封建意识形态为主导的启蒙革命,伏尔泰、狄德罗、爱尔维修、卢梭等人是这场思想启蒙运动的旗帜,他们抛出理性、人权、博爱的大旗,向封建、神权、愚昧和专制发出挑战,并且将斗争的矛头指向了旧有的教育制度。欧洲教育史上的理性时代和启蒙时代到来了,支撑这一教育理念转换的思想基础来自:

---

① 托马斯·杰斐逊:《自传》,梅利尔·D.彼得森编:《杰斐逊集》,刘祚昌、邓红风译,北京:生活·读书·新知三联书店,1993年版,第104页。

法律面前，人人平等，人类天性的可靠性，先天性善说，天赋人权优于出身、特权和地位的思想，等等。宗教改革运动连同它的专制主义与独裁主义已被抛弃，古典人文主义和从希腊、罗马著作中寻求知识与理性的做法，已不再使学者和科学家们满足，神权对于政府和统治者的认可，要求人们盲目而绝对地服从，这些都受到了成功的挑战。因为人们深信，只有人而不是神才有权决定什么是最优秀的政府，谁是最合适的统治者。①

伏尔泰1764年匿名发表的哲学辞典《法》中，提出教会应当隶属国家，"非经政府的批准，教会制定的任何法律均没有效力"，牧师不应当插手地方政府事务。狄德罗和爱尔维修都主张政府应当从教会手中收回学校管理权。夏罗泰是教育世俗化的极力推动者，他于1763年出版的《论国民教育》中主张："国民的教育只能依靠国家，因为它基本上是属于国家的；因为每个国家都有不可剥夺和不可取消的权利去教育它的成员；最后，还因为国家的儿童必须由这个国家的成员加以教育。"②在教育世俗化和国家化的呼声中，教育的职能不是为教会培养牧师，而是为了培养具有独立和自主精神的公民，如夏泰罗所指出的："每个国家的教育的目的都应当是激发公民精神，而对我国来说，教育的目的应当是培养法国人，是为了形成法国人，努力将他们造就成人。"③

到大革命前后，法国国内出版的以支持教育世俗化和国家化的文献有爱尔维修的《论人》《论精神》，夏泰罗的《论国民教育》，罗兰的《教育规划》《呈国会的教育报告》，孔多塞的《就公共教育的基本体制呈送国民议会的报告》等。这些有关教育世俗化和国家化的文献相当一部分得到了政府的支持。大革命后国民议会先后出台了一系列教育法案，主要有1791年的《米拉波法案》、1792年的《孔多塞法案》、1793年的《雷佩尔提法案》等。这些教育法案或文献尽管主张各不相同，但它们的基本原则大致相似，都表明了如下主张：

国家必须把教育从教会手中收回并加以控制，使学生成为受国家人员教育的……国家的儿童；国家不能安心地容忍任何其他组织插手国民教育，

---

①S.E.佛罗斯特：《西方教育的历史和哲学基础》，吴元训译，北京：华夏出版社，1987年版，第286—287页。
②滕大春主编：《外国教育通史（第三卷）》，济南：山东教育出版社，1990年版，第82页。
③滕大春主编：《外国教育通史（第三卷）》，济南：山东教育出版社，1990年版，第82页。

否则政府就无法完全掌控它;所有的人都是国家公民,都应受到教育,但这并不是说要受同样的教育。大多数作者相信,每个人享受的教育都应当与他的社会地位与需要相适合。……作者们一致同意,这种教育的中心目的是:培养对国家的忠诚、团结感和为国家尽忠的能力。①

相当多的教育改革家提出国民教育应当是普及的和免费的,在学科设置上应减少或取消宗教学科,而更多设置有实际应用的自然科学学科。但是在总的指导方针上,法国国家主义教育过于强调教育为国家利益服务,大多数的统治者都还持有这样的观点:教育的内容和方法应当由国家决定而不能成为私人的事物,如果人民接受过多的教育将对政府的权威构成某种威胁。法国教育中的浓厚国家主义色彩与美国的国民教育体系有着截然不同的倾向。在杰斐逊看来,法国的封建统治根深蒂固,教育制度中的这种压制个体自由和独立的色彩在所难免,美国社会则不一样,自始至终,自由主义气质就是美国精神的主要表征,因此美国的国民教育应当鼓励人民通过普及教育获得更多的知识,这是保证自由民主得以延续的根本途径。

与法国的情况不同,英国政府并没有建立国家教育体系的兴趣,教育与宗教之间的关系仍然非常密切,同时当时的社会仍然认同一种自由的学校教育,社会上层子女的教育基本由其父母或监护人掌控。不过18世纪的工业革命催生了大量的社会底层人群,他们没有足够的金钱为子女提供贵族式的学校教育,因而很多教育改革家认为如果任由这种状况发展下去,将会引起社会的衰败。因此,政府应当介入教育,推行一种更加注重实际的应用科学,而且贫困家庭能够接受的学校教育。在教育改革方面,这个时期的英国教育思想家辈出,约翰·弥尔顿、约翰·洛克、罗吉尔·培根到亚当·斯密和杰里米·边沁等人所提出的教育改革思想中,涵盖了教育平等、功利主义和发展新科学的内容。

上述教育思想推动英国教育改革集中体现在工业革命前后,新技术的不断进步要求在学校教育中设置越来越多的与实用科学有关的学科,从初等教育到高等教育,工艺学、物理学、数学、天文学等自然科学学科的比重增强,而古典学科的

---

① S.E.佛罗斯特:《西方教育的历史和哲学基础》,吴元训译,北京:华夏出版社,1987年版,第354页。

内容逐渐减少。如英国最著名的两所大学牛津和剑桥，举办了很多新学科的知识讲座，大大削减了宗教神学势力，越来越注重培养科学教育和民主自由风气。此外，在意大利、德国以及荷兰的学校教育中，同样出现了上述趋势，艺术教育也被放到了重要的位置。

杰斐逊在旅欧期间，对欧洲学校教育的发展进行了深入的考察。杰斐逊认为，欧洲的学校教育在培养学生的人文主义和科学信仰方面的确值得美国学习，欧洲各国的学校教育各有特色，都有可取之处。杰斐逊在写给约翰·巴尼斯特的信中说：日内瓦的优点在于那里养成了说法语的习惯，而罗马的优点在于那里能学到古典知识和纯正的艺术。假如一个美国青年到欧洲留学，应当学习哪些科目呢？杰斐逊认为主要包括古典知识、近代语言、数学、自然哲学、博物学、化学、农学、医学等。但同时，杰斐逊并不认为欧洲的学校教育就是完美无瑕的，欧洲大陆某些陈旧的思想残余和生活方式会渗透在教育体系中，对于到欧洲留学的美国青年来说，容易沾染上很多不良的习气。

> 如果他赴英国，就会学会饮酒、赛马和拳击。这些是英国教育的特征。下列情况是英国和欧洲其他国家所共有的。他学到对于欧洲奢侈和放荡的爱好和对于他本国的朴素的鄙视；他为欧洲的贵族特权所迷惑，并且以厌恶的心情去看他本国内的穷人与富人共享的可爱的平等；他感染了对于贵族政治或君王政治的偏爱；他养成了对他无用的对外友谊，而失去在他本国养成的最为忠实而历久不变的那种友谊。他在最强烈的激情诱导下陷入破坏他自己和别人幸福的男女苟合的关系中，或者热恋妓女，从而破坏自己的健康，而且在这两种场合都把对于婚姻生活的忠诚看作是一种与幸福不相关的缺乏绅士风度的惯例，他追忆欧洲妇女的妖娆的服装和艺术，而对于他本国妇女的贞洁的爱情和朴素的感情感到既可怜又可鄙，他终生保留着他初次欢乐和初次苟合的地方的回忆和向往。他回到他的本国时，简直像一个外国人一样，不习惯于本国节俭持家的做法，讲和写他本国语言也像一个外国人那样不习惯，因而没有资格获得那种在一个自由国家靠流利的文笔和讲话获得的荣誉。①

---

① 梅利尔·D.彼得森编：《杰斐逊集》，刘祚昌、邓红风译，北京：生活·读书·新知三联书店，1993年版，第928页。

正是凭着对欧洲教育现状的洞察,杰斐逊认为,欧洲的教育水平有值得美国借鉴的方面,但同时因双方在历史文化和政治制度方面的差异,由此决定美国必然不能复制欧洲的教育模式,这在建国先父们阐述美国教育模式时达成了一致的意见,因此他们呼吁建立真正的美国教育:

涤除旧的君主制的一切残余,创造出富有凝聚力的、独立的国民。对于模仿欧洲之风的流行,他们给予诋毁,并呼吁创造出一种崭新的共和主义性格,这种性格将植根于美国的土壤,奠基于美国的语言和文学,浸透着美国式的艺术、历史和法律,致力于美国文化的形成。①

四、欧洲的科学

还在殖民地时期的北美大陆,进入18世纪后,商业贸易获得了长足的发展,制造业和商业的兴起需要大量掌握科学技术的应用型人才。显然,过去的学校教育专注于宗教和古典知识的风格并不能适应时下的需要,于是在一些较大的城市中私人学校开始出现。在这种学校里,主要传授学生商业、算数、应用技术等技能,这些私人学校获得了人们的极大青睐,同时也引起了人们对于旧有的学校教育的不满,他们希望学校教育能够跟上科学知识前进的脚步,在学校中能够学到最有用的实用技能。

殖民地政府决定以英国的非国教派中学为模版,在北美大陆创建以传授实用技能为主的学校。北美大陆本土的教育改革家对此事也很上心,本杰明·富兰克林在1743年就起草了一份《关于宾夕法尼亚青年教育的建议》,并且还提出了一个在当地成立一所学校的方案。富兰克林打算在新学校中让学生主要学习实用知识和与职业发展相关的技能,在约翰·弥尔顿、亚当·斯密等人的思想影响下,追随富兰克林的教育改革者们提出在学校教育中设置物理学、医学、天文学、几何学等学科。

---

① 劳伦斯·A.克雷明:《美国教育史:建国初期的历程》,洪成文等译,北京:北京师范大学出版社,2002年版,第4页。

作为富兰克林的仰慕者,杰斐逊曾经就治理美国的问题与富兰克林有过多次交流。富兰克林本身就是一位伟大的科学家,他追求科学和自由的气质深深影响了杰斐逊,此外还有约翰·亚当斯等人,他们都曾出使欧洲,亲自体验了新科学在发展社会生产力方面的巨大功用,恰逢此时世界范围内兴起的工业革命波及了美国,这对于新生的共和国而言既是机遇亦面临着挑战。科学与宗教乃是西方社会发展的两个转轮,清教徒为北美大陆带来了纯正的宗教信仰,当世界范围内新科学浪潮方兴未艾之际,美国人需要迎头赶上以激发酝酿许久的生命力。美国建国之初,在一番关于建立美国式教育的热烈讨论中,科学知识教育被放在了突出的位置上。

> 他们敦促建立真正实用的教育,直截了当地呼吁改善人的状况。教育的核心将是新科学,通过新科学,公民将了解到自然界和人类的永恒法则,建立起一个富有理性、合乎道德真理的社会。通过植物学、化学和地质学,美国人将揭开这一尚未开拓的大洲的秘密,获得难以估量的商贸、农业和工业上的利益。通过经济学、政治学和伦理学,美国人将发现其他民族和国家的风俗习惯,这将给内政和外交事务带来好处。通过将科学系统地应用到生活的各个领域,美国人将获得不计其数的手段提高日常生活的体面和质量,比如无烟烟囱,更加饱满的种子,更纯的钢材,产量更高的桑蚕,更加美味的葡萄酒。①

纵观科学史,第一次工业革命对美国产生的影响并不大,18世纪科学发展的中心仍然属于欧洲。经地理大发现和文艺复兴,从17世纪后期开始,欧洲人在探寻科学知识的途径上不再一味依赖古典权威,笛卡儿的理性主义和英国的经验主义成为人们认识自然世界新的方法论。新科学观念的兴起更为明显地体现在教育系统中。当时有一位叫罗伯特·格林的人拟出了一份剑桥大学的学科学习计划,他所推荐的科学课程涵盖了当时欧洲几乎所有的新兴科学。

驻法和游历欧洲的五年当中,杰斐逊对欧洲大陆发达的科学技术赞叹不已,他认为这是新生的美利坚需要向欧洲学习的地方。在此期间,他始终关心国内科学技

---

① 劳伦斯·A.克雷明:《美国教育史:建国初期的历程》,洪成文等译,北京:北京师范大学出版社,2002年版,第4—5页。

术的发展。1786年9月1日在写给耶鲁大学校长斯泰尔斯先生的信中,杰斐逊就斯泰尔斯对美国西部地区土著人使用铁器的考察报告进行了分析,并且把在欧洲最新的科学发明技术,如金属铂在望远镜上的应用以及新的复印方法寄给斯泰尔斯。此外欧洲先进的农业、手工业生产技术,杰斐逊也把它们介绍到了美国。

通过富兰克林,杰斐逊结识了欧洲很多著名的科学家。在与他们的交谈中,杰斐逊发现欧洲的科学技术在很多方面的确需要美国学习。但是若从根本上改变美国科学技术落后的现状,只纯粹地模仿欧洲是不行的,杰斐逊在给他的好友——哈佛大学校长约瑟夫·威拉德的信中坦言,大学承担着为一个国家培养科学技术人才的重担,而美国刚刚在政治上获得了自由,这种自由也必定为科学知识的进步带来一片生机,应当把科学和自由的精神渗透在大学教育中,让青年都能成为掌握科学技术的有用之才,这个新生的国家需要他们去开拓。杰斐逊感言:

> 在我们面前是一片多么广阔的原野供我们在上面大显身手啊! 美国的植物天地远远没有被探索完毕,它的矿物学尚未被触及,而且它的博物学和动物学则完全被弄错了和解释错了。就我所曾见到的,没有一个单一类的陆栖鸟是为欧洲和美洲共有的。先生,公平地对待我们的国家,它的生产和它的天才,是你所主持的学校责无旁贷的。这是你所培养的青年们应该从事的工作。我们把我们一生中的青春时期用在为他们获得宝贵的自由上面。让他们用他们在青春时期所从事的工作去证明自由是科学和道德的伟大的母亲,一个国家之在科学和道德方面都表现出伟大,总是视其自由的程度而定。①

五、欧洲的艺术

在杰斐逊的求学生涯中,他在莫里学校度过了幸福的时光。那时的弗吉尼亚,算是北美大陆社会名流聚集的地方,因此,杰斐逊有机会接触上层社会的生活。老杰斐逊生前一直想把杰斐逊塑造成一个具有涵养和绅士风度的人,因此,在莫

---

① 梅利尔·D.彼得森编:《杰斐逊集》,刘祚昌、邓红风译,北京:生活·读书·新知三联书店,1993年版,第928页。

里学校读书时,老杰斐逊遗嘱的执行人就聘请舞蹈和音乐老师教杰斐逊兄妹跳舞和唱歌。就在这个时候,杰斐逊学会了拉小提琴。进入威廉-玛丽学院后,到福基尔总督官邸去做客,那里更是经常举办一些舞会,因缺乏音乐伴奏,杰斐逊甚至成为舞会上一名非常出色的小提琴手。除了音乐之外,大学时期杰斐逊爱上了美术和绘画,并由此痴迷于建筑艺术。

儿童时期的艺术积累让杰斐逊具备了丰富的艺术涵养,一到巴黎,这个有着悠久历史和璀璨文化的艺术之都,迅速激发了杰斐逊蕴藏在内心深处的许多艺术想象。两次令人愉快的旅行,更是让杰斐逊充分领略了欧洲艺术的恒久魅力。当时弗吉尼亚州准备建一座州议会大厦,公共建筑的两位董事请杰斐逊为大厦设计建筑图样。杰斐逊在参观了法国南部加尔省尼姆市的方形大厦后,对于尼姆方形大厦的建筑艺术啧啧称奇,他感叹道:"这个方形大厦是古代留下来的建筑中最美丽的、珍贵的遗迹之一。它是凯厄斯和鲁西厄斯·恺撒所建筑的,路易十四修理过的,并且得到所有见过它的建筑鉴赏家们的赞许的。他们认为这个大厦不次于希腊、罗马、帕尔米拉和巴尔贝克任何一个美丽的建筑遗迹,这是近来的旅行家们告诉我的。它很朴素,但是它的高贵是无法形容的。"

因为时间的原因,杰斐逊还没来得及设计好建筑图案,弗吉尼亚州议会大厦就准备动工修建,杰斐逊写信给麦迪逊说,请让他们暂时停止这个工程——否则建造出一个具有野蛮和丑陋风格的建筑物,会遭到后人的嘲笑和辱骂。杰斐逊说,我希望我们设计的建筑能够体现出国民的美好情趣,做一个艺术的热心人没什么不好。杰斐逊继续说道:"它的目的是改进我们同胞们的情趣,提高他们的声誉,使得他们博得世界的尊敬,为他们获得世界的称赞。"

杰斐逊是一位艺术兴趣浓厚的旅行家,到英国旅行,他甚至写了一篇地道的《关于英诗韵律学的思考》。除此之外,他对英国的园艺艺术也很感兴趣,写了很多这方面的日记。而在法国、德国、荷兰,杰斐逊主要参观了那里的教堂、宫殿和雕塑艺术。在尼姆方形大厦面前,杰斐逊给友人写信表达了他对这座宏伟建筑艺术的喜爱:

> 我在这里整整几个小时注视着方形大厦。它周围的袜子织工和纺丝工

人把我看作是一个即将用手枪写它的生活史的最后一章的忧郁症患者。自从我离开巴黎以来,这是我第二次恋爱,第一次是在波若洛亚的拉叶-艾皮那叶城堡对于一个狄安娜雕像的爱恋,这是 M.A.斯洛兹所制的一个美妙的雕像片段。你会说陷入对女性美的爱恋是一个通则,然而我爱恋的竟是哪一所房屋?①

欧洲艺术的繁荣,与欧洲深厚的人文主义教育传统有着不可分割的联系,从文艺复兴时期的佛罗伦萨、热那亚、都灵、米兰,商业的发达促进了知识的传播,人们对于精神生活的追求直接推动了艺术和教育的发展。当意大利人转而向古典文化寻求艺术灵感时,恩格斯说:"中世纪的幽灵消失了,意大利出现了前所未见的艺术繁荣,这种艺术繁荣好像是古典古代的回光返照,以后就再也不曾达到了。"②在意大利文艺复兴浪潮的推动下,欧洲各国在文化艺术领域先后出现了一系列的变革,这种变革同样反映在教育领域。17 世纪英格兰的文法学校中,牧师会教孩子们唱歌,高等教育中美术和音乐也是必不可少的课程。欧洲上层社会的家庭不仅想让孩子具有丰富的知识,而且将来还要让他们成为一个具有绅士风度的人,因此像英法这样的欧洲国家非常注重学校教育中艺术课程的设置。为了培养学生的艺术鉴赏力,英国官方还曾于 1768 年成立皇家艺术学会。

但是在杰斐逊看来,欧洲大陆与美国情况截然不同,欧洲的艺术教育源远流长,并且主要面向经济富足的上层社会。而美国刚刚独立不久,人民物质生活还比较贫困,且在殖民地时期的学校教育中,艺术教育课程的设置并没有受到重视,因此把欧洲的艺术教育经验移植到美国的学校教育中并不适合。在他的旅行备忘录中,杰斐逊说绘画和雕塑艺术对于美国人的经济状况显得过于昂贵,成为这些艺术的行家没有什么实际用处,它们只适合欣赏,而不值得学习。那么,欧洲的什么艺术值得学习呢?杰斐逊认为是更适合当时美国国情的园艺和建筑艺术。关于园艺艺术,杰斐逊说美国具有得天独厚的优美自然环境,不需要花太多的成本就可以建造最高贵的花园,而建筑艺术对于美国社会的重要性,杰斐逊是从增加民众福利的角度来考虑的:

---

① 梅利尔·D.彼得森编:《杰斐逊集》,刘祚昌、邓红风译,北京:生活·读书·新知三联书店,1993 年版,第 994 页。

② 《马克思恩格斯选集(第三卷)》,北京:人民出版社,1995 年版,第 444 页。

因为我国每隔20年人口就要倍增,所以我们必须把我们的房屋增加一倍,此外,我们建造房屋所用的材料都是不经久的,因之每隔20年就要重新建造,从而在这个期间内必须为我们居民的3/4盖房屋,这样一来,建筑就成为最重要的工艺,而且把风格引进一个颇能起炫耀作用的工艺中去,是值得向往的。①

出于一种实际和功利主义的现实需要,尽管杰斐逊在他后来所构想的教育系统中增设了艺术学科,不过它们的主要目的不是为了培养学生的艺术修养和鉴赏力,而是为了学以致用。艺术学科主要在职业教育阶段开设,主要讲授园艺、绘画、建筑和音乐方面的课程。

---

① 梅利尔·D.彼得森编:《杰斐逊集》,刘祚昌、邓红风译,北京:生活·读书·新知三联书店,1993年版,第711页。

第五章

杰斐逊与他的孩子们

托马斯·杰斐逊建造的蒙蒂塞洛庄园

> 为每一个人爱是一件美事：获得它的方法是，从不和任何人吵架或向任何人发怒和说谎。
>
> ——托马斯·杰斐逊

当杰斐逊在北美独立战争前后开始崭露头角，事业蒸蒸日上之际，他的家庭却遭遇了不幸。杰斐逊和妻子玛莎一共生育了六个孩子，其中的四个不幸夭折，而且玛莎在生下最后一个女儿后，身体状况每况愈下，不久也病故了。这对杰斐逊的心灵是一个极大的创伤，他感到没有尽到丈夫和父亲的责任。为了弥补这种愧疚，杰斐逊把所有的爱都倾注给了幸存的两个女儿。

一、家庭波折

1767 年，杰斐逊已经跟随维斯先生学习法律有五年的时间，从这一年开始，杰斐逊进入律师行业。在这个圈子里，杰斐逊凭借扎实的法律知识和正直的人品赢得了良好的口碑，也因此结识了各行各业的优秀人士。当时在弗吉尼亚还有一位知名的律师——约翰·威尔斯先生。在共同处理一些业务时他们相识，威尔斯非常欣赏杰斐逊的学识和才华，而杰斐逊也是一个喜欢打交道的人。威尔斯先生在弗吉尼亚州律师界颇有名望，他出道很早，经验丰富。因此，杰斐逊经常到威尔斯先生的府上去拜访，切磋和交流一些法律上的问题。在自传中，杰斐逊回忆威尔斯先生时说，威尔斯是一个勤奋的人，遵守时间，做事爽快，善于与人相处，因此到哪里都受人欢迎。

威尔斯先生有一个女儿，叫玛莎。说起来，杰斐逊和玛莎早就认识。玛莎曾经是杰斐逊在威廉-玛丽学院读书时的老同学斯克尔顿的妻子。当玛莎 18 岁时，她与斯克尔顿完婚，一年多之后，斯克尔顿亡故，年青的玛莎就成了寡妇。此后，她在家里一个人郁郁寡欢。就在这时，她遇到了才华出众的杰斐逊。而杰斐

第五章　杰斐逊与他的孩子们

逊对玛莎也颇有好感。玛莎出身高贵，她的父亲威尔斯拥有大片庄园和土地，从小父亲就对她的家庭教育很严格。她喜欢音乐，嗓音清澈，弹得一手好钢琴。玛莎身材窈窕，在舞蹈方面也很有天分。

杰斐逊对玛莎展开了热烈的追求，尽管这段才子佳人爱恋期间经过了一些小波折，最后的结局却是圆满的。1772年1月1日，杰斐逊和玛莎走进了婚姻的殿堂，杰斐逊带着玛莎回到蒙蒂塞洛，那是杰斐逊精心设计的作品。在威廉-玛丽学院读书时，杰斐逊痴迷上了建筑艺术。在这里，杰斐逊找到了他挥洒艺术灵感的地方，他亲手设计了这里的每一个事物，包括院墙的篱笆，他都想设计得别出心裁。蒙蒂塞洛是让杰斐逊魂牵梦绕的地方，无论是童年时期的野趣，还是独立战争中他撰写的一篇篇洋溢着激情的檄文，甚至中年时期的政治失意，都是蒙蒂塞洛给了他灵感和慰藉。这是一座静谧的世外桃源，是杰斐逊梦开始的地方。杰斐逊希望他的一生也在这里结束。

杰斐逊和玛莎在蒙蒂塞洛度过了非常甜蜜的时光。杰斐逊向玛莎诉说他的理想和对未来的憧憬，玛莎有时候则站在蒙蒂塞洛的山头，对着原野唱起他们都非常喜欢的劳伦斯·斯特恩的喜剧《特里斯坦姆·山地》。1772年9月，他们爱情的结晶诞生在蒙蒂塞洛，这是他们的大女儿，杰斐逊叫她帕西。女儿的出世，让杰斐逊格外高兴，他从来没有感到如此惬意过。看着可爱的女儿和贤惠的妻子，这一切都让杰斐逊沉浸在幸福的回味中。

杰斐逊的家庭不但和睦、幸福，而且也有良好的家风，他们没有沾染上弗吉尼亚贵族的各种歪风邪气，诸如赌博之类的玩物丧志的活动在他家是绝对禁止的，有时候别人纠缠不休请他前去，每次他都义正词严地拒绝，那些想来拉拢他的人也自觉无趣，最后也就不再来邀请他了。杰斐逊从不酗酒，他也禁绝吸烟。这些举动可能与杰斐逊厌恶建立在血统门第及财富上面的地位的思想观念有关，虽然他的母亲简·伦道夫出身英国的名门世家伦道夫家族，但他却从不以此为骄傲和自豪。①

---

① 艾德尼：《杰斐逊：设计美国》，呼和浩特：内蒙古人民出版社，1998年版，第109页。

1774年的春天，他们的第二个女儿简出生了。生了简之后，玛莎的身体更虚弱了，杰斐逊把打理庄园的事务交给别人管理，然后专心照顾妻子和新生的女儿。此时，正是北美人民独立热情高涨的时候。七月份，杰斐逊被阿尔贝马尔县的人民选举为代表，准备出席八月份在威廉斯堡召开的殖民地会议。杰斐逊在自传中说，在威廉斯堡召开的殖民地会议，主要是为了研究殖民地的状况，并且选派参加第一届大陆会议的代表。关于这次会议所产生的影响，杰斐逊描述道：好像电击所引起的震动一样，把每一个人都唤醒了，使他们都振作团结起来，他们为代表会议普遍选出代表，在大不列颠与北美大陆之间，不存在必然的政治联系。

因身体原因，杰斐逊没能参加这次会议。不过1775年在费城召开的第二届大陆会议，杰斐逊被选为代表出席，此时他年仅33岁。会议上众人一致推举他撰写一份北美脱离英国的独立宣言。会议结束后，杰斐逊回到蒙蒂塞洛。他一直对家人特别是妻子玛莎以及刚出生的简牵肠挂肚。孩子还在襁褓之中，他就抛下他们出来参加大陆会议，这么久他都没有家人的消息，这让杰斐逊觉得很内疚，他想尽快回到蒙蒂塞洛。

回到蒙蒂塞洛的杰斐逊只享受了几天与家人团聚的时光，然后就发生了一件令他悲痛欲绝的事情。他们的二女儿简不知患了什么病症，一天一天衰弱下去，到了九月份，简离开了人世。这对于杰斐逊和玛莎来说好似晴天霹雳，曾经的简是一个聪明伶俐的女孩儿，长得像玛莎一样漂亮。她的离世让玛莎本来就虚弱的身体从此更加糟糕，她失去了往日的快乐和光洁的容颜，整日陷入悲伤之中。此时的杰斐逊想好好陪在玛莎身边照顾她，但是大陆会议马上又要召开，商讨反抗英军和独立建国的事情。在家庭和国家面前，杰斐逊一时难以抉择，最后，杰斐逊不得不把家中事务托付给他的姐姐照料，然后和玛莎依依不舍地告别，踏上了为北美独立奋斗的路程。

几个月的时间，杰斐逊都在外奔波，大陆会议结束后，他被推举为撰写《独立宣言》的执笔人。他住在费城，然而时刻都在想念蒙蒂塞洛的亲人。他只有从玛莎的信中了解到那里的情况，从信中杰斐逊得知玛莎的身体很不好，她日夜想念杰斐逊，希望他能早点回到蒙蒂塞洛团聚，这让杰斐逊的内心更加凌乱。此时，

第五章 杰斐逊与他的孩子们

正是起草《独立宣言》的关键时期,杰斐逊把对蒙蒂塞洛的牵挂埋在了心底。1776年7月,起草《独立宣言》的工作结束后,杰斐逊又接到了玛莎的来信。玛莎在信中说:"托马斯,在你离去的几个月里,我现在真不知自己是如何忍受过来的,我忍受着疾病的折磨,每日不知白天、黑夜,孩子又小,需要人来照顾,现在外面局势不定,我真替你和他们担心,有时从噩梦中惊醒,梦见你离我们而去……我太害怕了,近几日,总是心神不宁,我曾去教堂为你祷告,默默地为你祝福。每日,我都在门前,希望能看到你远远而来的身影。你能快点回来吗?可能见到你之后,我的心绪才能安定下来。"①

这一次,杰斐逊觉得不能再耽搁下去了,他简单收拾了一下就匆匆往家赶。回到蒙蒂塞洛之后,他陪着玛莎出去散步或者看风景,数日后,他觉得必须给玛莎找个好医生,来给玛莎看看身体。因为玛莎又怀孕了,她的身体状况一直不好。杰斐逊带着玛莎来到威廉斯堡,希望在这里能够找到一位好医生,把玛莎的身体调理好。就在这时,杰斐逊又接到来自大陆会议的信函,信中说在北美独立战争的关键时刻,大陆会议打算派一位精通欧洲历史和文化的人出使法国寻求援助。杰斐逊被推荐为出使法国的大使,这对一直以来仰慕欧洲文化的杰斐逊来说可谓天赐良机。

可是想到玛莎目前的身体状况,他觉得无论如何也不能接受这项使命。他回信说,能够代表北美人民出使法国对任何一个人而言都是无上的荣耀,但是目前的家庭情况让他无法再狠心抛下妻女,他不得不拒绝这个光荣的使命。杰斐逊留在了玛莎身边,在这期间,他又被选举为起草《弗吉尼亚宪法草案》的主席。这段时间杰斐逊比以前更忙碌了,白天他既要参加州议会,又要寻医问药照顾玛莎,晚上还要仔细研读各种各样的材料。1777年5月28日,他们的第三个孩子出生了,是一个男孩。不过令人痛心的是,杰斐逊还没来得及给他取个名字,他就夭折了,仅仅在世上存在了17天。

在巨大的悲痛面前,杰斐逊没有被击垮,他一边在蒙蒂塞洛照顾身心疲惫的玛莎,同时又投入到制定弗吉尼亚宪法的繁忙工作中去。这段时间,他先后起草

---

① 艾德尼:《杰斐逊:设计美国》,呼和浩特:内蒙古人民出版社,1998年版,第109页。

了撤销限定继承权法、废除嫡长子继承制、宗教自由法案以及知识普及法案,这些法案是北美独立战争胜利前夕向殖民者权威和旧思想、旧观念发起冲击的宣言。杰斐逊认为他从事的这些立法工作非常有意义。在他的理解中,他认为只有殖民地的人民能够接受普遍的教育,摆脱思想意识中的旧观念,才能从根本上脱离英国殖民者的剥削。而杰斐逊起草的这些法案,正是向陈旧的思想观念发起的宣战书,将以法律的形式宣告北美大陆人民渴望自由和独立的心声。

在此期间,有一件事情令杰斐逊疲惫的身心得到了一丝缓解,那就是他和玛莎的第四个孩子——玛丽出生了。玛丽长得很像她的母亲,聪明可爱。看着女儿一天天成长,杰斐逊内心对家庭的爱也变得沉甸甸的。因为杰斐逊在弗吉尼亚州的影响力,1779年6月,他被选举为弗吉尼亚州州长。由于要处理公务,杰斐逊搬到了威廉斯堡的总督府。那个地方他并不陌生,在威廉-玛丽学院求学时,这里曾经是福基尔总督的官邸,那时他和维斯、斯莫尔、福基尔四人经常在这里高谈阔论。如今物是人非,杰斐逊不免感叹世事变迁、时光流转。

杰斐逊把玛莎和两个女儿也接到威廉斯堡,这样可以照顾她们。半年后,因为战争的原因,弗吉尼亚州政府迁至里士满。此时独立战争处在紧要关头,战局对大陆军不利,杰斐逊把所有精力都投入到组织武装力量抵抗英军上面。战火硝烟中,他们的第五个孩子出生了,杰斐逊给她取名露西。但是在1781年的春天,露西因感染疾病夭折,她仅仅存活了五个多月。这让忙于战事的杰斐逊心力交瘁,而玛莎的身体从此更是每况愈下。更加不利的情况是,英军攻占了里士满,杰斐逊只好带着家人又回到蒙蒂塞洛。

战局直到1781年才有所好转,英军将领康华利为他的轻率冒进付出了代价,在约克镇被大陆军包围,只好率军投降。在法国、荷兰、西班牙等国的援助下,北美大陆的战争局势开始逐渐变得明朗起来。此时的杰斐逊因为政治上受到不公正的待遇,心灰意冷,便辞去了一切职务打算隐退蒙蒂塞洛。1782年5月8日,玛莎又生下了一个女孩儿,杰斐逊仍然给她起名露西。生下露西之后,玛莎便一病不起,杰斐逊请来最好的医生,可是都无济于事。9月6日,对于杰斐逊来说是一个感觉天塌下来的日子。玛莎撒手人寰,在其弥留之际,她仍然念念不忘与杰斐逊共同生活的十年时光里,他们所经历的一切幸福和辛酸。玛莎去世后,

第五章 杰斐逊与他的孩子们

杰斐逊将玛莎安葬在蒙蒂塞洛的一块平地上,墓碑上刻着碑文:

> 谨以此文纪念:
> 爱妻玛莎·杰斐逊
> 玛莎系约翰·威尔斯之女
> 于1772年1月1日与托马斯·杰斐逊结婚
> 卒于1782年9月6日

在墓碑底部,杰斐逊用希腊文抄录了《伊利亚特》中的两句话:

> 如果人们会忘却我们已故的亲人,
> 而我却不会,即使在那里我也要怀念我最亲爱的伴侣。[1]

玛莎去世之后,杰斐逊一度对前途感到迷茫,政治上的失意和家庭的波折,让他感觉自己像深秋树上将要凋零的落叶,找不到任何方向。恰逢此时,麦迪逊来信了。麦迪逊一直对杰斐逊很欣赏,在信中麦迪逊说,对于杰斐逊家庭变故表示悲痛,同时认为杰斐逊不应当放弃继续为北美大陆独立而奋斗的事业,大陆会议决定邀请他和富兰克林、杰伊等人赴欧洲谈判。经过一番深思熟虑,杰斐逊接受了这个任命。在自传中,杰斐逊对这些经历做了记录:

> 在1776年9月我离开大陆会议后不久,亦即那个月的最后一天,我和富兰克林博士一同被派赴法,以使团团员的身份与该政府谈判同盟和商业条约。塞拉斯·迪恩当时在法国负责争取军需品的工作,他也参加我们的使团,但是我的家庭的情况使得我无法离开。而且我也不能让家人蒙受航海及遭受当时充斥海洋的英国船捕捉的危险。我也看到最繁重的工作是在国内,在国内在重新改造我们的政府方面,有许多涉及长远利益的工作要做,要做许多工作以保卫我们的神殿和家庭免遭在每一个时刻都在逼迫我们这个州的入侵敌军的蹂躏。因此,我拒绝了这个任命,由李博士代替我。1781年6月15日我和亚当斯先生、富兰克林博士、杰伊先生和劳伦斯先生一同被任

---

[1] 艾德尼:《杰斐逊:设计美国》,呼和浩特:内蒙古人民出版社,1998年版,第373页。

命为谈判和平的全权公使,当时期待通过俄国女皇的调停实现和平。根据与上面相同的理由我还是不得不拒绝,事实上并未着手谈判。但是在第二年(1782年)的秋天,国会相信在冬季和春季会缔结全面合约,所以在那年11月13日重新任命了我。在那以前两个月我失去了心爱的生活伴侣。正是双方的爱情历久未衰,我才能够在过去十年中享受平静的幸福生活。我的心情和国家利益在改变环境这一点上一致起来。于是我接受了这个任命,在1782年12月29日离开了蒙蒂塞洛,27日抵达费城。①

从1783年到1784年,杰斐逊担任国会议员,因各种原因出使法国一直没能成行。直到1784年5月,国会再次任命杰斐逊担任驻法公使。接到任命之后,杰斐逊到费城把大女儿帕西接到安纳波利斯,他来不及回蒙蒂塞洛,临走之前没能看望他的小女儿一眼,谁知这一走竟是永别。就在杰斐逊到达法国之后的第二年,1785年11月17日,露西死于百日咳。大洋彼岸的杰斐逊闻听此讯后悔不已,他只有把他无尽的父爱倾注到幸存的两个女儿身上。

二、对女儿无尽的爱

当杰斐逊接到大陆会议任命他出使法国之后,杰斐逊带着大女儿帕西来到费城,把两个小女儿玛丽和露西托付给妹妹玛莎·卡尔和妻妹艾普斯照管。在费城,杰斐逊为帕西找了一所学校读书。不过大陆会议的地点改到了普林斯顿,杰斐逊无奈准备赶到那里,但是他不想让年幼的帕西跟着他旅途劳顿,决定把帕西留在费城,托付给他的朋友弗朗西斯·霍普金斯的母亲照顾。这位老太太欣然应允,她是一位虔诚的基督徒,待人热情,一见到聪明乖巧的帕西,立刻就喜欢上了她。而帕西也很懂事,她理解父亲的良苦用心,她告诉父亲不要担心她,她一定会和霍普金斯太太相处得非常融洽。看到帕西这么小的年龄就懂得为自己分担忧愁,杰斐逊感到无比欣慰。从各方面看,帕西都像他的爱妻玛莎,不仅长相讨人喜欢,而且心地善良,善解人意。离开费城时,杰斐逊给帕西请了一位家庭教师,帕西已经有10岁了,杰斐逊认为应该让她受到良好的教育。

---

① 托马斯·杰斐逊:《自传》,梅利尔·D.彼得森编:《杰斐逊集》,刘祚昌、邓红风译,北京:生活·读书·新知三联书店,1993年版,第51—52页。

第五章 杰斐逊与他的孩子们

大陆会议的地点后来又迁到了安纳波利斯。杰斐逊到达那里之后，一直牵挂着帕西的状况。他觉得自己没能尽到一个做父亲的责任，帕西那么小，但是他却不能陪伴在她身边，而是让她一个人留在费城，没有亲人的照顾，不知道帕西能不能适应那里的生活，更主要的是，在这种战乱和漂泊的岁月中，杰斐逊来不及把女儿送到最好的学校接受教育，这是杰斐逊最为牵挂的地方。一到安纳波利斯，杰斐逊就写信给帕西，询问她的近况。1783年11月28日，杰斐逊在写给帕西的信中说：

> 我的亲爱的帕西：在旅行四天之后我已平安到达这里，而且和我离开费城时一样健康。由于相信你必和我在一起时更好，在我和你分别时感到放心，尽管我的爱女之情使得我在分别时恋恋不舍。我希望你在我为你请的家庭教师指导下得到的学识，将使你更与我爱女之心相称。而且如果他们不能增进你的学识，他们也将防止你退步。要体谅这位善良的夫人，是她把你放在她的家中，答应要负责使你完成你的所有的功课，答应随时告诫你以免你偏离正确的、善良的人生之路，而你之少不更事是容易犯这样的错误的。要把她当作你的母亲看待，因为自从上苍使你失去母亲以来她是你现在唯一能够崇敬的人，如果你由于任性而引起她的不快或谴责的话，这将是很大的不幸，要想到为了恢复她的好意，任何让步都不是过分。①

还有远在蒙蒂塞洛的两个女儿，杰斐逊同样放心不下，他写信给他的妹妹，询问玛丽和露西的情况，玛丽五岁时已经开始学习画画，而且还很有天赋，这让杰斐逊感到很欣慰。除了在学习生活上嘱咐女儿，杰斐逊还告诉她们为人处世的道理，怎样做一个有主见和判断力的人，每一句叮嘱都渗透着他对女儿们的怜爱。1783年12月11日，杰斐逊写信给玛莎：

> 我希望你能有健全的头脑，不去理会那些愚蠢的预言，说什么世界末日即将到来。万能的上帝从不通知任何人说他在什么时候创造世界，他也不会告诉任何人说什么时候他想消灭世界，假若他想那样做的话。关于为那件大事做准备，最好的办法对你说来便是始终为它做准备，那样做的唯一办法便

---

① 梅利尔·D.彼得森编：《杰斐逊集》，刘祚昌、邓红风译，北京：生活·读书·新知三联书店，1993年版，第863页。

是绝不做也不说任何坏事。如果在任何时候你即将说任何错话或做任何坏事,要事先加以考虑。你将感到在你内心中有某种东西将告诉你说那是错误的,不应该说也不应该做:这就是你的良心,一定要服从你的良心。上帝把这个忠实的内在的告诫者赋予我们每一个人,而且如果你始终服从它的话,对于世界的末日你将始终有所准备,或者对于一件更为必然的事情,即是死,有所准备。人皆有死,死结束世界也结束我们,而为它做准备的方法,便是绝不做一件坏事。我很高兴你正在你的家庭教师的指导下按部就班地继续学下去。①

1784 年,杰斐逊再次被任命为驻法大使,接到任命后,杰斐逊就开始准备赴法国的行程。他首先赶回费城把帕西接过来,当时帕西正在费城一所教会学校学习法语,她学习很用功,成绩优异,深得老师的喜欢。当听说父亲要带她到法国时,帕西高兴坏了。通过法语的学习,帕西也对法国文化多少有些了解,她和杰斐逊一样,对大西洋彼岸这个有着悠久历史和文化的国度充满了好奇心。不过因为时间紧迫,杰斐逊不能赶回蒙蒂塞洛看望两个幼小的女儿了,这多少让他有些遗憾,他给家里写信,叮嘱妹妹要好好照顾玛丽和露西,切不可放纵她们的任性,要找好的老师教授她们学习文化知识。在赴法之前,杰斐逊就给他在法国的朋友夏斯泰鲁写信,希望能够帮助他在法国找一所学校,让帕西在那里读书,由此可以窥见杰斐逊对女儿的拳拳之爱。

到达巴黎之后,帕西对这个繁华的大都市表示出十足的兴奋。安顿好住处之后,杰斐逊就去会见他的法国朋友夏斯泰鲁,希望能够在巴黎找一所最好的学校,让帕西在里面接受教育。夏斯泰鲁给帕西联系了巴黎的一所女修道院,那里使用法语教学,杰斐逊认为非常适合帕西。女子教育在法国开展得比较早,从 17 世纪开始,巴黎就出现了女子学校,这是妇女在社会中的地位逐渐提高的表现,还有学者专门撰文来讨论女子教育的现状。在论及女子学校应当教授什么课程时,大多数人认为除了传统的宗教教育以外,还应当教授算数、音乐、绘画、写作等课程。

帕西在学校中过得很开心,与同学和老师们相处得都不错,周末她回到家中陪伴父亲。忙完公务,杰斐逊就带着帕西到巴黎各处文化名胜游览,巴黎圣母院、凡尔赛宫、卢浮宫以及美丽的塞纳河畔都留下了父女二人的身影。杰斐逊对法国

---

① 梅利尔·D.彼得森编:《杰斐逊集》,刘祚昌、邓红风译,北京:生活·读书·新知三联书店,1993 年版,第 866 页。

历史了解深刻，每到一处，他就给帕西讲解和这些历史文化名胜有关的知识。有时候杰斐逊还带着帕西到巴黎的郊外游览，让帕西有更多接触自然的机会，了解巴黎周边农民的艰辛生活。这段时间是帕西童年时光最幸福的日子，她从父亲那里学到了很多知识。

刚到巴黎时，杰斐逊就打算也把二女儿玛丽接过来，但是繁忙的公务使得这件事一拖再拖。直到1787年杰斐逊才开始操作这件事，玛丽也到了上学的年龄，他希望玛丽也能和姐姐帕西一样，能够到法国接受教育，这对她未来的成长是有好处的。他给国内的妻妹艾普斯太太写信，请她无论如何要把玛丽送到巴黎来，艾普斯太太给玛丽安排好了行程，请一位杰斐逊熟悉的船长还有一名叫作郝明斯的奴隶在路上照顾玛丽。

分别几年后，父女得以团聚，这对杰斐逊来说没有比这更高兴的事情了。他带着帕西和玛丽游览了巴黎的很多景点，然后把玛丽也送到帕西就读的学校。玛丽像她姐姐一样聪明好学，不久就能用法语和同学们交流了。有时间杰斐逊还教玛丽拉小提琴，培养她的艺术细胞。对音乐的热爱让杰斐逊到哪里都保持对艺术的痴迷，他在写给友人的信中把音乐称为他心灵中最得意的爱好。到1787年底，杰斐逊已在法国停留五年的时间，他常常思念家乡，觉得该是回国的时候了，一方面是因为法国已处在大革命前夕，国内局势动荡。另外一个重要的原因就是杰斐逊关心两个女儿的未来：

> 他认为自己该是带两个孩子回去的时候了。一年前，在巴黎的罗马教皇使节写信给巴尔的摩的约翰·卡罗尔，说帕西想皈依天主教，杰斐逊得知后自然不会愿意。"她的父亲不是断然反对她的选择，但是正在设法分散她的注意力。"杰斐逊还是决定让帕西离开修道院为好，他害怕她们沾染上巴黎社会轻浮的风气。此后帕西和玛丽便搬回家住。这或许也是他回国的一个考虑，以便帕西能够散散心。另外帕西也已经16岁了，她在修道院度过了少年时代，她需要回到弗吉尼亚，在那里她可以遇到合适的年轻人，女孩的婚姻前途只能在国内去找。他写给伊丽莎白·艾普斯的信中讲道："为了她们将来的幸福，我们再不能推迟回去了。"①

---

① 艾德尼：《杰斐逊：设计美国》，呼和浩特：内蒙古人民出版社，1998年版，第482页。

美国现代教育之父托马斯·杰斐逊

1789年年底,杰斐逊带着两个女儿还有很多行李回到了蒙蒂塞洛,回国之后,杰斐逊受到了热烈的欢迎,他也收到了华盛顿让他出任国务卿的任命。担任国务卿之后的杰斐逊工作更忙碌了,但是他没有忘记对两个女儿的关心。首先,大女儿帕西在这段时间完成了她的婚事,丈夫是和帕西青梅竹马的伙伴小托马斯·曼·伦道夫。小托马斯来自杰斐逊父亲的挚友伦道夫上校家族,自小受过良好的教育,风度翩翩,杰斐逊对他很赏识。对于他和帕西的婚事杰斐逊很满意,杰斐逊在写给朋友的信中谈起这桩婚事,喜悦之情溢于言表:"我的女儿一到弗吉尼亚就收到一位年轻的伦道夫先生的求爱信,他是我的一个知心朋友的儿子,从他的才干、禀赋、亲属、财产来看,都符合我首先选择的标准。然而按照我国的风俗习惯,我极力压制我的愿望,这样女儿就可以凭借自己的情感来自由选择了。最后,他俩结了婚。"可见在女儿的终身大事问题上,杰斐逊给了女儿自主选择的自由,这符合他内心尊重别人自由选择的想法。

帕西和小托马斯结婚后,不能再陪伴在杰斐逊身旁了,但是杰斐逊依然很关心帕西的生活。他还保持着经常写信的习惯,他告诉帕西,结婚后就要两个人来共同承担生活中的责任了,这时在很多方面就需要两个人彼此理解和相互包容。帕西也在回信中把家庭的近况告诉父亲,她说婚后的生活很幸福,小托马斯是一个很有教养的人,很爱她,唯独不在父亲身边,让她很担心父亲的生活。杰斐逊看到回信后无比感动,从帕西身上,他看到了当年玛莎的影子。除了帕西之外,对小女儿玛丽,杰斐逊更是关爱备至。1790年6月13日在写给玛丽的信中,杰斐逊写道:

> 你向我讲述了你的娱乐,并且说做布丁与其他娱乐一样好,这使我非常高兴。当我回到弗吉尼亚的时候,我一定要坚持吃你自己做的布丁,还要考验你的其他手艺。和能教你做各种事情的这么好的姨母在一起,你一定要充分利用你的时间。直到本月8号我们这里才见到豌豆和草莓,而在这同一天我第一次听到了夜莺的啼声。4月21日这里见到了燕子和短喙燕,在你那里什么时候开始见到它们?在弗吉尼亚什么时候有豌豆、草莓和夜莺?今后要注意夜莺是否与草莓和豌豆同时出现?寄给我一份我送你的格言的抄本,以及我曾答应给你的书单。[①]

[①] 梅利尔·D.彼得森编:《杰斐逊集》,刘祚昌、邓红风译,北京:生活·读书·新知三联书店,1993年版,第1093页。

时间到了1797年，玛丽已经19岁了，出落得亭亭玉立，这一年她嫁给了她的表兄约翰·威利斯·艾普斯。艾普斯也是一个很出色的小伙子，他后来当上了弗吉尼亚众议院的议员，他和玛丽的结合被外人看作是门当户对的姻缘。两个女儿的终身大事都完成了，有了好的归宿。这让杰斐逊多少感到一丝安慰，想起自己早逝的妻子玛莎，杰斐逊望着蒙蒂塞洛的方向，重重的思念之情又涌上心头。

三、严格的家庭教育

由于社会的进步以及一些推崇家庭教育的机构的宣传和教育，现在我们大部分的家长都对家庭教育有了一定的认识和了解，圣陶家长学堂甚至认为家庭教育与学校教育对孩子的成长和成才有着同样的不可替代的作用。但是在杰斐逊的那个年代，大多数人对家庭教育的理解却并不是这样。

西班牙等早期的殖民者在北美大陆拓展的时候，主要采取的方式是掠夺和榨取，不注重在殖民地奠定文化根基，这种策略上的失误被后来的英国人所洞察。英国殖民者从中吸取了教训，因此大批的移民从英国本土过来的时候，大多携家带口，这种以家庭为单位的血亲关系被很好地从英格兰移植到北美大陆。早期欧洲大陆的家庭承担着养育和教育孩子的功能，但是在文艺复兴之前，手工业并不发达，做父母的通常都想让孩子多学习一些技术为了以后谋生，因此也常常把孩子送到工厂去做学徒，在那里，孩子们也会接受知识的传授。但是在文艺复兴之后，随着社会阶层的分化，越来越多的家庭认识到对孩子教育的重要性。在学校教育还不太发达的时代，他们更倾向于请家庭教师在家中对孩子进行教育。家庭教育的重要性甚至被提高到政府的层面，都铎王朝时期的亨利八世就曾经颁布皇家敕令规定父母有教育子女的责任。

到北美大陆开拓殖民地之后，英国人把家庭观念也带到了这里，稳定的家庭有助于殖民者和移民安心在这里创业，形成固定的文化和社会生活社区，对于殖民者的统治也是有好处的。按照社会阶层来看，当时北美大陆主要存在两种家庭模式，一种是贵族式的上层社会的家庭，另一种是中产阶层和低收入阶层家庭。不论这两种家庭模式经济情况如何，毫无疑问家庭中主要成员大多来自英国本土,而且他们受过良好的教育,自然懂得对他们的子女也应当实行严格和高素质的教育。不过彼时的北美大陆还是蛮荒之地,学校教育基本无从谈起,而把子女送回欧洲又是一件不太现实的事情。因此,家庭教育的重要性就凸显出来:

> 无论这些家庭的大小和特点有多大差异,可以确定的是它们的教育责任都被新大陆的环境强化和扩大了。移民们继承了文艺复兴的传统,强调家庭是人际关系和教育的主要机构和核心;清教的宣传小册子和布道都教导甚至是训斥他们,以示这些传统的正确性和重要性。另外,由于蛮荒中潜藏的来自野蛮人的威胁而使对教育的需求似乎最为紧迫的时刻,移民们发现自己远不如同宗主国的人那样方便的有教堂、学校、学院和其他机构来分担他们的工作。简言之,他们是心怀恐惧的信奉清教——或至少有这种倾向的文艺复兴英国人,在外在压力和内在自觉的双重作用下增加家庭教育责任。①

鉴于家庭教育被提高到如此重要的位置,1642年马萨诸塞州甚至颁布法令规定:"家长们要倾听他们的孩子的呼声和孩子们的心声,特别要关注孩子们的阅读和理解宗教原则和本国死刑法的能力。如果这些要求被家长和师傅所拒绝,他们将被处以罚款。"再如马萨诸塞州埃塞克斯县1668年颁布的法令规定:市政当局应当关注所有的青年在家庭管理下能学到完备的英语、死刑法的知识和一些正统的教义问答,把他们培养到能从事既有益于他们自身,也有益于整个社会的某些受人尊敬的职业,如果家长们忽视这一规定,当局将强制从家庭中把孩子领走,重新安置他们让他们受到严格的管教。"家庭是儿童最初的学校,父母充当子女的启蒙老师,乃是古往今来家庭生活的通例。而在北美的拓荒生活中,家庭对儿童知识的习得和社会化起着尤其重要的作用。儿童从父母那里接受习俗和规范的熏陶,了解外部世界,学到初步的读写知识,在父母的影响下逐渐形成生活态度和道德观念。"②

杰斐逊的祖辈来到北美大陆的时候,并不富足,因此他们把主要的精力都放在了创业上,也因此,杰斐逊在他的自传中说他父亲的教育被大大忽视了。因为

---

① 劳伦斯·A.克雷明:《美国教育史:殖民地时期的经历》,周玉军等译,北京:北京师范大学出版社,2003年版,第127页。
② 李剑鸣:《美国通史:美国的奠基时代(1585—1775)》,北京:人民出版社,2002年版,第431页。

第五章 杰斐逊与他的孩子们

有着这样的经历，老杰斐逊对儿子的教育格外关注，给他请了很多家庭教师教授其学习知识。得益于父亲的影响，当杰斐逊和玛莎有了孩子之后，他也希望孩子们在成长中能够得到良好的家庭教育。不过当时的社会处在战乱之下，而且杰斐逊又在大陆会议中担任着重要的职务，他不得不常常奔波在蒙蒂塞洛和费城之间，这样用在陪伴和教育孩子们身上的时间就显得很有限了。

杰斐逊为此感到很歉疚，因此只要一有机会就会和孩子们在一起，要么到野外教他们认识大自然的各种动物和植物，要么就在家中教他们拉小提琴或者唱歌。杰斐逊本人就是一个学识渊博的人，他无疑也是一位合格的家庭教师。不过因公务繁忙，他不能抽出太多的时间。因此，1782年当他带着帕西来到费城之后，杰斐逊做的第一件事情就是把帕西托付给朋友的母亲照顾，并且给她请了一名优秀的家庭教师。到了安纳波利斯之后，杰斐逊仍然很牵挂帕西的学习情况，于是写信给帕西：

> 我期望你每一个邮班时间都写信给我，要告诉我你读的是什么书，你学的是什么曲调，而且把你在每一绘画课中画得最好的画附在信中寄给我。也要每一周写一封信，或者写给你的舅母艾普斯家，或者写给你的姑母斯普基维兹家，或者写给你的姑母卡尔家，或者写给我来信的那位年轻的女士（我把她的信附在此信内），而且总是要把写给她们的信附在给我的信函内。你要注意绝不要拼错一个词。在你写之前要考虑它是如何拼写的，如果你想不起来要查字典。对于一个淑女来说，拼写得好是会得到高度赞扬的。看到你善良而有成就，就是我的幸福。而现在这个世界能为我带来的任何不幸都比不上你使我失望所造成的不幸。那么如果你爱我，就要努力在一切情况下对一切人都和善，并且要努力取得我使你有能力取得的那些才能，而那些才能一定会使你得到你父亲的热爱。①

那时北美大陆的家庭教育的内容首先是阅读能力，这是孩子们在进入正规学校教育前需要掌握的最基本的知识，甚至州政府都以立法的形式规定父母有责任培养孩子识文断字的能力，例如康涅狄格州1650年的法令规定：父母如果

---

① 梅利尔·D.彼得森：《杰斐逊集》，刘祚昌、邓红风译，北京：生活·读书·新知三联书店，1993年版，第864页。

美国现代教育之父托马斯：杰斐逊

不能教授他们的孩子顺利阅读英语知识、宗教教义或者死刑法知识，将被处以20先令的罚金。除了阅读之外，就是宗教当中的道德知识。移民到北美的清教徒们希望在这里过一种纯正的宗教生活，因此个人品德的修行是必不可少的内容，如此的目的是为了培养成具有善良意志和绅士风度的人，总之，要让孩子懂得美德的重要性。此外，还要教给孩子们一些实用技能，这是让他们掌握自力更生的本领，从小就培养独立意识。对于杰斐逊来说，他自然深谙家庭教育的重要性，因此他除了亲自传授孩子们知识，给他们聘请最好的家庭教师之外，他还给她们制订周密的学习计划。从中也可以看出杰斐逊对孩子们的要求很严格。

尽管因公务繁忙不能时刻亲自指导孩子们的学习，但是杰斐逊仍通过与帕西的书信往来检查她的作业或者学习情况。比如在这封信中，杰斐逊告诉帕西：

> 我很高兴你正在你的家庭教师指导下按部就班地继续学下去。你不应该因你的法语先生生病而中断你的法语学习，因为你在你的字典的帮助下是能够学好法语的。要记住我希望你把西米福尔先生为你布置的每一课的作业摹本给我寄来。我希望你能按期把它寄来，因为这样我可以了解你进步得怎样，也要始终让我知道你演奏的是什么曲调。①

如果有一段时间杰斐逊没有两个女儿的消息，他会非常担忧，就立刻写信给她们，用带着责备和关爱的口吻告诉她们，尽管你们的父亲不在身边，但是不要忘了他始终在牵挂你们。杰斐逊希望女儿们至少一周要写一封信给她，认为这是一件很容易做到的事情，即便没有什么重要的事情，只要让他知道"你们一切都很好，或者谁感冒了，谁发烧了……此外，长出来的一棵草，或者任何一个活动的东西，我都感兴趣"。

杰斐逊对两个女儿的家庭教育要求严格。除此之外，杰斐逊还要照顾妹妹玛莎·卡尔的几个孩子。卡尔的丈夫是杰斐逊在威廉-玛丽学院读书时的好友达布尼·卡尔，与玛莎·卡尔结婚后生有六个孩子，可惜的是达布尼·卡尔不幸染病去世，留下孤苦伶仃的母子。玛莎·卡尔后来没有再婚，她带着孩子们搬到了蒙蒂

---

① 梅利尔·D.彼得森编：《杰斐逊集》，刘祚昌、邓红风译，北京：生活·读书·新知三联书店，1993年版，第867页。

塞洛,因为杰斐逊常常不在家,她顺便还可以帮助照顾哥哥的孩子。杰斐逊觉得妹妹一个人照顾这么多孩子非常不容易,因此只要他有时间回到蒙蒂塞洛,就把孩子们召集在一起,亲自教他们读书,给他们讲各种有趣的历史故事,与孩子们在一起的时光,是自从妻子去世之后杰斐逊稍稍能够感到宽慰的生活。

杰斐逊很喜欢他的外甥彼得·卡尔,这个小男孩聪明好学,经常缠着杰斐逊,让杰斐逊给他讲故事或者教他拉小提琴。杰斐逊同样对他要求很严格,1785年当杰斐逊担任驻法公使之后,还经常写信鞭策他,要他努力学习,不可懈怠。当杰斐逊从卡尔的信中得知卡尔学习没有进步时,他立刻给卡尔写信批评他:

> 听到你浪费了那么多的时间,又听到你到威廉斯堡时,你一点也没有比你离开蒙蒂塞洛时更为进步,所以我感到很为难过。从现在起,时间对你来说是珍贵的。你每失去一天,就会使你迟一天走上使你开始成为有用之人的公共舞台。但是弥补损失的办法,便是改进将来的时间。我相信,以你的性格来说,甚至学到科学也是一件愉快的事。我能够向你保证,掌握科学(仅次于掌握一颗诚实的心),最能使你得到亲近的朋友,使你出名并且使你在你的国家得到晋升。当你的头脑学到科学而得到相当的改善时,只有以正直廉洁之心谋求你的国家的利益、你的朋友的利益以及你自己的利益,才能在道义上占有最高的地位。①

1794年,帕西已经生了两个孩子了,这时杰斐逊又担负起了照顾外孙和外孙女的工作。此时,正逢杰斐逊从国务卿的位子上退下来,他想好好地在蒙蒂塞洛享受一段悠闲的田园时光。帕西的两个孩子托马斯·杰斐逊·伦道夫和小安妮正是顽皮的年龄,小家伙们只要和外公在一起,就会开心得不得了,杰斐逊不但教他们认字读书,连一日三餐也包了。在生活上杰斐逊对他们关爱有加,不过一涉及家庭教育的事情,杰斐逊从来不马虎,当两个小家伙长大成人外出求学之后,杰斐逊还时常叨念着他们的读书情况。那时杰斐逊已经入主白宫,这位总统先生还不忘给他的外孙写信叮嘱他学习和做人的道理:"有决心不做坏事,做事谨慎,

---

① 梅利尔·D.彼得森编:《杰斐逊集》,刘祚昌、邓红风译,北京:生活·读书·新知三联书店,1993年版,第901页。

而且有好脾气,这些大大有助于你获得世人尊重。"杰斐逊还告诉外孙,一个人的自我反省很重要,它能避免在人生的道路上少犯错误。杰斐逊写道:"要相信,这些小小的自我反省,这种自我回答的习惯并不是琐碎的小事,也不是无用的,而是可以引导做出谨慎的选择和坚定的追求正确的东西。"

四、幸福的主要秘诀

杰斐逊充满神奇色彩的一生,曾经拥有过许多光辉灿烂的时刻,就像他宣读《独立宣言》时的慷慨激昂,或者在总统就职演讲中的指点江山。但是在这些荣耀与辉煌的背后,却承载了更多难以言表并且苦痛波折的人生经历。在仕途上,他曾遭遇联邦党人的诽谤,几度沉浮;在家庭上,他痛失爱妻,孩子夭折。不过所有这些的人生不如意,并没有压垮杰斐逊坚强的内心,他始终保持着乐观的心绪与豁达的心境,在蒙蒂塞洛幽静的田园生活中,他得以有机会细细品味自己走过的道路,在自然的宁静和沉郁的书香中,杰斐逊能够感受到来自心灵内部的自由和幸福。当他有了孩子,杰斐逊也把简单的幸福传递给他们,教给他们如何获得幸福的秘诀。

1787年的5月,杰斐逊到法国和意大利做了一次旅行,在见不到女儿的时间里,他始终关心着女儿在巴黎的生活。帕西只有15岁,两年前跟着父亲来到异国他乡,缺少亲人和朋友的陪伴,难免会有很多烦恼。杰斐逊是一个懂得循循善诱的好父亲,他从不会向孩子们发火或者大声地训斥她们,他只把人生的很多道理讲给她们听。在杰斐逊充满哲理的话语中渗透着他对孩子们浓浓的爱意。在欧洲旅行时,他把沿途的见闻写信告知帕西,既有郎龟道克运河上漂亮的帆船,也有运河两岸夜莺动听的歌唱,还有彼特拉克别墅的断壁残垣以及喷泉,女修道院里高高矮矮的灌木丛。在充满异国风情的景致中,杰斐逊诉说着他对女儿们的思念之情:

我预期大约下月中旬可回巴黎,在那时以前我们可以期盼我们亲爱的波利(玛丽)的到来。有你们二人都再一次在我身旁,对我来说将是一个不可名状的安慰。对于我的余生来说,我最关心的事情,便是看到你们二人都在品德

第五章 杰斐逊与他的孩子们

上天天增进,这样你们就会受到别人的尊重,使自己得到幸福,并且学到能力和科学,这样你们就可以永远杜绝倦怠而无聊的生活,而这种生活是人生最危险的毒害。一个始终使用着的头脑,是始终幸福的。懒惰的人是最可悲的,在一个提供许多有用的职业以及引起许多乐趣的职业的世界里,如果我们在任何时候感到倦怠和无聊,或者如果我们在任何时候被引诱去参加可耻的赌博娱乐(这种娱乐会腐化我们的志向,并且教给我们一种与全人类为敌的习惯)的话,那便是我们自己的过失。……要善良,要勤勉,那么你就将成为我在这个世界上最爱的人。①

在杰斐逊的眼里,一个勤奋、懂得珍惜生活,努力学习知识的人是幸福的。一直以来他都是这样做的,每天沉浸在知识的世界中,他认为知识能够打开人们追逐理想的激情,让自己的内心变得厚重和充实起来。杰斐逊把阅读经典文献比作是一种天真无邪的享受,他感恩于那些向他传授知识的人,是他们让杰斐逊拥有了富足的喜悦之源,再多的金币、土地和马匹,再诱人的物质财富,都比不过一颗掌握丰富知识的头脑,因为它会让我们的内心变得无比自由。正如大哲学家罗素所说的:"奇妙的学习不仅能减少不愉快的事,而且,能使事情变得更愉快。"杰斐逊的读书兴趣相当广泛,每一位与他接触过的人都会对他的博学程度赞叹不已。在弗吉尼亚从事律师工作的时候,他喜欢上了欧西安的诗歌,于是想方设法弄到欧西安的诗集,他写信给他的朋友查理·麦克弗森:

这些作品曾经是,而且也将在我有生之年对我来说仍然是日常喜悦的源泉。人心的微妙,崇高的感情,过去从来没有被人们表达得那么好。我毫不惭愧地承认:北方的这位粗犷的诗人是自有生命以来最伟大的诗人。仅仅为了享受诵读他的诗歌的喜悦,我很想学习他吟诗所用的语言,并且拥有他的原文诗篇。……对我来说,一个热情的思想的发光燃烧,比金钱更有价值。②

杰斐逊不仅自己是一个兴趣广泛、学习热情高涨的人,在教育孩子的过程中,他也有意识地培养他们多方面的兴趣。在蒙蒂塞洛隐居的日子里,他带着孩子们

---

① 梅利尔·D.彼得森编:《杰斐逊集》,刘祚昌、邓红风译,北京:生活·读书·新知三联书店,1993年版,第1002页。

② 梅利尔·D.彼得森编:《杰斐逊集》,刘祚昌、邓红风译,北京:生活·读书·新知三联书店,1993年版,第818—819页。

走遍了蒙蒂塞洛的每一寸土地。这个如诗般梦幻的庄园是引导孩子们亲近大自然理想的乐园,每一寸土地都倾注了杰斐逊的才华和灵感,这里有各种各样的树木,在山涧的溪流中,或者在田野的草地上,留下了杰斐逊与他的孩子们快乐的身影。从一个个稚嫩的脸庞上,杰斐逊仿佛又看到了自己的童年。

对杰斐逊来说,没有什么比他的孩子们过上幸福的生活更重要的事情了,当帕西与小托马斯恋爱准备结婚时,杰斐逊表达了对这位未来的女婿的关心。他告诉小托马斯,知识是一个让你永久可以享用的财产,没有人能够从你的头脑中把这些财产拿走,如果你的的确确地拥有了它们,那么你的人生将充满丰厚的回报和无与伦比的幸福。当帕西与小托马斯结为伉俪之后,杰斐逊给女儿送去了他的祝福。杰斐逊说,他非常欣慰能够看到女儿组成了幸福的家庭,对于小托马斯——杰斐逊认为他是一个值得托付终身的人,而且他与小托马斯可以成为很好的朋友。

看到帕西有了幸福的归宿,杰斐逊希望二女儿玛丽以后也能成立这样幸福的家庭,因为和睦的家庭情感对于一个人的生活太重要了,幸福的家庭情感"没有不正常的感情和危险的偏见能够使我们的子孙后代将来的命运或幸福成问题。对于他们,至少下一代人的状况,我们是可以放心的。"表面上看来,杰斐逊常年风里来,雨里去,为事业而四处奔波,陪伴在家人身边的时间很少,容易把他看作是一个没有家庭观念的人,既不是称职的父亲,也不是称职的丈夫。对这些没能尽到的职责,杰斐逊也明白,他并不是一个负责任的丈夫和父亲,当被卷入仕途风云之后,有些事便不是他自己所能掌控。在给朋友的信中,杰斐逊也多次表明了他对家人和孩子的亏欠之情。因此,只要有空闲时间,他就陪在孩子们身边,玛莎临终前曾反复说要照顾好他们的孩子,杰斐逊没有忘记妻子的嘱托。如今,两个女儿都已长大成人,接受过良好的教育,有正直的人品,当杰斐逊看到孩子们拥有越来越多的幸福感时,也消除了不少他多年以来累积在心底的磨难。在蒙蒂塞洛度过的这段时间,是他政治生涯中少有的闲暇的时刻,他把1793年作为新的开始。在写给友人的信中,杰斐逊说他将从他所厌恶的政治中解放出来,全身心地投入到蒙蒂塞洛的农场、家庭和书籍的怀抱中,他要在这里继续建造房子,耕种农田,照顾他的家人,让他们感到幸福。

当一个人勤奋学习,拥有广泛的兴趣,组建了幸福的家庭,具备了丰富的知识,杰斐逊认为另外一个获得幸福的源泉就是要有自己的梦想。杰斐逊从小就饱读诗书,他敬佩那些为了人类自由和独立奉献一生的人,他想追随他们的脚步,成为那样伟大并且被后人仰慕的人。为此他从来没有放弃自己的梦想,无论是在蒙蒂塞洛宁静的庄园,还是在费城群情激昂的大陆会议上,抑或是他入主"白宫",执掌国家大权之后。正如他1801年第一次就职演说时所表述的那样,他希望在共和原则的主导下,能够为万千北美人民带去他们迫切希望拥有的福祉。

> 让我们满怀勇气和信心,奉行我们自己的联邦和共和的原则,坚持我们对联邦和代议制政府的忠诚吧。被自然环境和广阔的大洋仁慈地把我们与地球上的一个四分之一的地区毁灭性浩劫分隔开。我们心地善良,不能容忍别人堕落,拥有一片上帝精选的国土,其空间足以容纳千秋万代子孙。我们正当地意识到在发挥我们自己的才能,取得我们自己勤劳所得的成果,博得同胞们对于我们(发自内心而不是出于门第)的尊重和信任等方面,都享有同等的权利;我们为一种仁慈宽厚的宗教所启迪,虽然在表明宗教信仰和仪式等方面各有不同,然而所有这些派别都谆谆以正直、真实、节制、感恩和仁爱等美德去劝导人们;承认并且崇拜上帝,而上帝以他全部天启证明以他乐于看到人类现世的幸福和来世的更大的幸福——有了所有这些福祉,还需要别的什么才能使我们成为一个幸福和繁荣的民族呢?还需要一件事,同胞们——一个明智而又节约的政府,它应约束人们不要互相伤害,让他们自由地发挥勤劳的精神以改善自己的生活,而不应抢夺人们的劳动果实,这便是良好政府的要点,是使我们的幸福臻于圆满的要点。①

从杰斐逊对幸福的理解以及他对孩子们的家庭教育来看,杰斐逊崇尚一种心灵上的富足,它基于一个人拥有丰富的知识,对世事洞察深刻,不为任何的蝇头小利而斤斤计较,一种豁达的心胸能够包容任何一时的不快和失意。杰斐逊所追求的这种简单的幸福观以及他温文尔雅的做派,容易被很多传记作家理解为杰斐逊的性格内向、软弱。这恐怕误读了杰斐逊的内心世界,尽管杰斐逊出身并不高贵——实际上杰斐逊鄙视自诩出身高贵的人,他不喜欢与那些没有爱心、冷漠

---

① 托马斯·杰斐逊:《第一次就职演讲》,梅利尔·D.彼得森编,《杰斐逊集》,刘祚昌、邓红风译,北京:生活·读书·新知三联书店,1993年版,第529页。

无情的人为伍,他也不喜欢钩心斗角、追名逐利——这或许是他在官场上几度沉浮的原因所在。杰斐逊深受欧洲思想家自然权利观的影响,他崇尚善良的内心、自由的意志以及独立的自我,爱自己,也爱他人,他从不为任何好处出卖良心,他认为点滴的利益换不回长久的幸福,这就是杰斐逊——一种专属于他的气质。无论任何时候我们品味它,都会感染我们的内心,并且带给我们丰富的精神食粮。他的孩子们因为有这样一位慈祥的父辈而感到幸福,而杰斐逊,无论是端坐在白宫富丽堂皇的总统椅上,还是徜徉在蒙蒂塞洛芬芳满径的花园中,只要一想起他的孩子们,嘴角就会情不自禁地流露出幸福的笑容,他要让孩子们知道,他时刻想念她们:

> 我希望看到你们大家:我越看到你们在学问上的进步和气质上的改善,我就将越爱你们,每一个人就越爱你们。被每一个人爱是一件美事,获得它的方法是,从不和任何人吵架或向任何人发怒和说谎。为你们的伙伴做一切你能做的好事,任何东西宁可给他们而不是给自己。同情和帮助你们所见到的任何处于危难中的任何人,好好读书,改善你们的心灵。这样会使每个人都喜欢你们,愿为你们做事。所以,我亲爱的孩子们,继续努力,当我们在蒙蒂塞洛见面时,让我看看谁进步最大。①

---

① 梅利尔·D.彼得森编:《杰斐逊集》,刘祚昌、邓红风译,北京:生活·读书·新知三联书店,1993年版,第1267页。

第六章

教育让人拥有美德

签署《独立宣言》

> 美德在于行为的合宜性。
>
> ——亚里士多德

独立战争胜利了,它为人类历史开辟了一幅崭新的场景。普莱斯曾说,美国革命到底是谁的胜利——从更根本的层面而言,它是美国人民的胜利。尽管美国革命创造了迄今为止最自由、最平等的共和体制——但若没有一群以自由和平等为终极信仰的公民,帝国大厦的根基将会面临着时刻动摇的危险。在所有的开国先父们中,没有谁比托马斯·杰斐逊对此认识得更深刻。杰斐逊承继华盛顿、亚当斯、富兰克林等人的衣钵,打造了一个与众不同的民主自治政府,他参与设计了美国的方方面面——这没错,但杰斐逊更深知,托起共和国脊梁的是作为个体的有民主理想和美德善行的美国公民,因此合众国政府必须想方设法回馈他们,给他们提供应得的福利以及受教育的机会,让他们感觉到:分享民主的甜蜜果实不是完全来自某种政治模式的庇佑,它更依赖于公民个体对普世价值的认知、对宽厚仁爱的诉求,以及在一种民主实践原则主导下的崇尚美德与善行、爱人爱己的内心信仰。由此,我们可以窥见杰斐逊的内心世界关于民主共和的理想,他的"社会观实际上是鼓励并且以每个个体的内心修行为前提的"[①]。

一、北美大陆的道德教育谱系

正如克雷明所描述的,那些早期来到北美大陆的人,无论其出身高贵还是低下,他们的思想都是文艺复兴时代的,"他们是站在现代社会门槛上的中世纪人"[②]。他们向往新科学,却又留恋旧世界,来到北美大陆,他们是为了摆脱在英格兰本土所遭受的宗教迫害,他们寄希望于在北美大陆能够建立一种纯正的宗教信仰。在这片被誉为"新大陆"的土地上,他们成立教会,开办学校,以此来开化那些处

[①] 雅各布·尼德曼:《美国理想:一部文明的历史》,王聪译,北京:华夏出版社,2004年版,第108页。
[②] 劳伦斯·A.克雷明:《美国教育史:殖民地时期的经历》,周玉军等译,北京:北京师范大学出版社,2003年版,第4页。

于野蛮状态的土著人,或者教育他们的子女,把他们培养成懂礼仪、识道德的绅士。他们把欧洲本土的道德观念和政治制度移植到北美大陆,为了约束清教徒的行为,他们倡导在社会生活中遵循严格的清教伦理,这种伦理思想的全部根基在于这样一种观念,如马克斯·韦伯所描述的:

> 其全部意义在于上帝,而不在于人;上帝不是为了人类而存在的,相反,人类的存在完全是为了上帝。一切造物(当然包括加尔文所深信不疑的事实,即,只有一小部分人被选召而获得永恒的恩宠),只有一个生存意义,即服务于上帝的荣耀与最高权威。①

对于社会生活和宗教生活中的任何不道德行为,清教徒们都感到不耻,他们呼吁一种虔诚的对上帝的笃信。为了传播他们认为的这样一种纯正伦理道德,他们一方面传教和布道,另外一方面就是通过建立学校,在学校中教授宗教伦理,以此来教导人们要成为一个有美德、信上帝、行善事的人。哈佛学院在成立之初制定的学习规则和戒律中就规定:学生们应当避免任何亵渎上帝的名字、象征、《圣经》、宗教仪式和礼拜的行为,以良好的道德心从事学习,心中牢记上帝和对他的真理的热爱。

这种对上帝的至高无上的尊奉,在学校教育和现实生活中同样演化为一种秩序和服从的逻辑。首先是在家庭教育中,父母或者家庭教师尽可能地多传授各种知识给孩子们。但同时大部分人都认为"所有孩子的心理都由于天性的骄傲而有不同程度的顽固和倔强,首先必须做的是把他们的傲性磨平,这样他们的教育才会建立在谦逊温顺的基础之上,其他的美德也会以此为根基逐渐形成"②。而在学校教育,无论是初等学校还是学院中,学生对教师的服从以法规或契约的形式得到确认,例如在新英格兰的技术学校中学徒和师傅要签订一份契约,学徒应当忠实地为师傅服务,无条件地听从师傅的命令,不能损害师傅的任何利益,"学徒期间,不准私通,不得结婚,不能打牌、掷骰赌博和玩其他一些违法的游戏,以免由此引起他的师傅蒙受损失。未经师傅准假,不论白天或夜晚都不能擅离职守。学徒期间,不得在小酒馆、旅馆或者剧场附近闲逛,而是要在一切事情

---

① 马克斯·韦伯:《新教伦理与资本主义精神》,于晓、陈维纲译,北京:生活·读书·新知三联书店,1987年版,第78页。
② 劳伦斯·A.克雷明:《美国教育史:殖民地时期的经历》,周玉军等译,北京:北京师范大学出版,2003年版,第95页。

上的举止符合一个忠实学徒的本分。"①

而在各州的学校教育中，一般都通过规章条例规定学生在学校中必须遵守这些章程，否则就要受到各种惩罚，无论是在初等学校，还是高等学院中。例如哈佛学院的管理制度规定：如果任何学生被查出违反上帝和学校的任何条例，在两次告诫后，如果不是成年人，要受到责备，如果是成年人，他们的名字将被送交学院监督，他可能受到在每月行为通报上点名警告的处分。而纽黑文霍普金斯文法学校1684年制定的学校规章中，对学生在校期间的言行举止更是做出了严格的规定：学生任何时候的行为，特别是在校期间的行为，必须是对老师尊敬，对同学文静而有节制，不打架，不吵架，不侮辱人，不用脏话骂人，不许亵渎上帝的命或其他下流污秽的话，如果谁这样做了，老师应予纠正；如果谁被证明对自己的坏行为、污言秽语屡教不改，那他就不管曾受到什么样的告诫、警告和惩罚，这样的学生将被作为有害的和危险的典型开除学籍。那时的学校教科书中，贯彻顺从和听话的内容也是屡见不鲜。典型的，在新英格兰殖民地学校中广泛应用的教材《新英格兰初级课本》，这本小册子大约出现于17世纪末，它在新英格兰殖民地教会和学校中通用流行达一个多世纪，总销量超过300万册。其中有一篇《孝顺孩子的承诺》的课文如此教导：

> 我要敬畏上帝，敬重国王，
> 我要尊重父母，
> 我要顺从尊者，
> 我要爱我的朋友，
> 我不要恨任何人，
> 我要原谅我的敌人，为他祈祷，
> 我要尽可能遵守所有神圣的戒律。②

因此，在早期的新英格兰等学校、教会或者家庭教育中，宗教性的内容占有很大成分，其主要是为了培养孩子一种虔诚的道德观和伦理观，几乎所有的教育

---

① E·P·克伯雷选编：《外国教育史料》，任宝祥、任钟印译，武汉：华中师范大学出版社，1991年版，第345—346页。

② Gutek, G. L., An Historical Introduction to American Education, New York: Harper & Row Publishers, Inc. 1970. 转引自陈平《美国道德教育发展研究》，南京：南京大学出版社，2011年版，第29页。

内容都在传达这样一个道理:"教育的目的是虔诚地修行,而修行需经过一系列的步骤,即认罪,神的恩典的感召,救赎信念的证明,生活中圣洁的培养,最后受赞美。"①这种伦理和道德观念从对上帝或者神明的虔诚也会转化为在家庭中对父母长辈的顺从,在教会中对牧师的服从,在学校中对教师的尊重。放之到整个殖民地的范围来看,培养一种虔诚的道德观是为了统治阶层服务,学校被看作是一种推进教化和统一性的工具。

与上述道德教育的内容相比,北美大陆的道德教育的另外一项主要的职能在于对儿童礼仪的培养,力图按照英国绅士的标准把他们塑造成有知识、有德性,具备正义感,崇尚骑士精神,举止得体的人。简而言之,就是要把他们在英国本土所习惯的那种贵族范儿和绅士生活移植到北美大陆。这在弗吉尼亚等南部殖民地表现得更为明显,难怪布尔斯廷把"新的弗吉尼亚看作是古老的英国模式的翻版"②。

在殖民地的家庭、教会和学校教育中,古希腊、中世纪以及文艺复兴时期的思想家的作品很流行,它们都含有道德教化的色彩。例如,"古希腊三哲"苏格拉底、柏拉图和亚里士多德的道德哲学,广泛渗透在教学课程中。哈佛大学成立之初的课程设置中规定:从学生学习第二年开始,每天上午九点学习伦理学,从第三年开始还要学习希腊语。

苏格拉底强调知识即美德,他到处进行演讲,试图挽救雅典人沉沦的道德。苏格拉底把美德看成是人的灵魂的本质,但它必须是充满智慧的,而智慧只能来自教化。柏拉图的道德观强调四种美德:智慧、勇敢、自制、正义,杰斐逊本人就非常崇拜柏拉图的道德哲学。柏拉图在他的《理想国》中描绘了一个充满正义和美德的城邦社会,但是这种社会只能建立在良好的教育之上。亚里士多德崇尚德性或幸福的生活是在受教化的过程中获得的,在他的《尼各马可伦理学》中,他说:"人的善就是合于德性而生成的、灵魂的现实活动,如若德性有多种,则须合于那最美好、最完满的德性。"

---

①劳伦斯·A.克雷明:《美国教育史:殖民地时期的经历》,周玉军等译,北京:北京师范大学出版社,2003年版,第24页。

②丹尼尔·布尔斯廷:《美国人:开拓历程》,中国对外翻译出版公司译,北京:生活·读书·新知三联书店,1993年版,第116页。

在殖民地的绅士阶层中，荷兰哲学家和教育家伊拉斯谟的书也非常受欢迎。伊拉斯谟对古典文化知识兴趣浓厚，从对思想先哲们的著作的品读中可知，伊拉斯谟崇尚一种宁静、虔诚、德性、智慧的生活。他把教育看作是培育人的高尚品德的唯一方式，他认为教育能够把人从蒙昧原始的状态中解放出来。"伊拉斯谟是一个理想主义者，他坚信新的教化理想将会给人类带来道德的完善和进步。他坚信人类的理想在人文理想的引导下将实现普遍的人文主义……人文教化就是让儿童在精神的自由中发现自己的人性，享受真实和幸福的生活，在与人类精神能力的充分的交流中，形成德性生活的品质。"①此外，来自英国本土的描绘绅士生活的作品在移民中也广为流传，如亨利·比查姆的《纯粹绅士》以及理查德·布拉斯威特的《英国绅士》，它们也担负着教化和培育理想人格的功用，它们都无一例外地宣扬：

> 公正社会的基础在于高贵与学习的结合。贵族身份对于比查姆和他的前辈一样，都是继承和天生的；它就是伟大生命链条中，确立狮子在野兽中、鹰在鸟中、鲸在鱼中、玫瑰在花中、钻石在石头中、金银在金属中的王者地位的那一环。因此，贵族性是既定的，能把它同博学结合起来的人应受双重尊重："像色彩最艳丽的车一样，他的形象鲜明，并为自己赢得爱戴和尊重，随着技能的提高他的人生形象也日益高大，并永久为后人所珍视。"②

布拉维斯特不完全强调绅士的出身，他认为绅士要经过教育的培养，并且具有为公众服务和成为榜样的品质。在他的《英国绅士》中，他把绅士的特征定义为："绅士最有力的表现和特征不在地位而在人本身的优秀，而人的优秀并非来自只使绅士本质退化的出身和封号，而来自教育和虔诚。"③为了培养这样的绅士，儿童从小就被教导在社交场合要穿着、举止得体，不说谎，对朋友忠诚，尊重父母和老师，懂得谦让，在学校中要学习相关礼仪知识，在家庭中还要学习管理农场或庄园的技能，女孩子们则要进行艺术方面的训练。

总体上而言，北美启蒙运动和大觉醒运动之前，道德教育的目的无非是两

---

① 金生鈜：《德性与教化——从苏格拉底到尼采：西方道德教育哲学思想研究》，长沙：湖南大学出版社 2003 年版，第 138 页。
② 劳伦斯·A.克雷明：《美国教育史：殖民地时期的经历》，周玉军等译，北京：北京师范大学出版社 2003 年版，第 41 页。
③ 劳伦斯·A.克雷明：《美国教育史：殖民地时期的经历》，周玉军等译，北京：北京师范大学出版社 2003 年版，第 42 页。

个:其一,为了培养懂礼仪、有风度的绅士;其二,教导人们顺从权威。在道德教育的过程中,掺杂着浓厚的宗教色彩和身份差异。而在殖民地的商业出现繁荣之后,这些传统的观念仍然遗留在人们的意识中,在那些新兴的农场主、富绅或者贵族身上,他们不仅崇尚美德与善行,而且富有现代资本主义的开拓精神,懂得现代世界的科学技术,善于经营,由此也造成了殖民地社会阶层之间的分化,特别是在杰斐逊的家乡弗吉尼亚。布尔斯廷在《美国人:开拓历程》中如此描述:

> 如果说这些影响造就了一种具有新世界某些特有品德的人,那么所造就的仍是不折不扣的贵族式人物。尽管弗吉尼亚绅士对办企业颇有劲头,做买卖时也不怕弄脏自己的双手,他们的精神状态已经比较资本主义化,他们对现金资产负债也具有相当敏锐的眼光,知识兴趣也更加全面,但他们归根结底仍然是一小撮特权阶级的成员,这个阶级的基础在18世纪开始前就已经牢固地奠定了。罗伯特·夸里上校在1704年向英国贸易部正副大臣报告说,弗吉尼亚四大河流中每条河沿岸都住有10至30个"靠手艺和勤劳而拥有雄厚实力的庄园的人"。到了该世纪的中叶,这类人多了起来,其中有一些是杰斐逊和华盛顿之类的新贵。但是大种植园主增多的过程也是小种植园主减少的过程,弗吉尼亚富裕的种植园豪绅同其他人之间的社会鸿沟之深到1750年可谓已达顶峰。①

二、杰斐逊的仁爱

1761年一个秋日的清晨,杰斐逊像往常一样开始了他一天的生活。他首先在威廉-玛丽学院的花园中锻炼身体,然后简单地用完早餐,从书架上拿起一本昨晚未读完的西塞罗的《有节制的生活》——这种读书规律几乎成为杰斐逊的习惯,每天上午,他都会阅读古希腊、古罗马的伦理哲学著作。杰斐逊崇拜西塞罗在演说、政治和教育上的真知灼见,特别是西塞罗的道德和人生哲学。西塞罗崇尚至善的人性,讲究仁爱精神,这对杰斐逊很有吸引力。

---

① 丹尼尔·布尔斯廷:《美国人:开拓历程》,中国对外翻译出版公司译,北京:生活·读书·新知三联书店,1993年版,第122页。

西塞罗在书中写道:"公正,这是美德至高无上的荣誉和人之所以被称为'好人'的基础;还有就是与公正有密切联系的博爱,它也可以被称为仁慈或宽厚。"杰斐逊后来所形成的公正或正义感也与此大致相似,他一直把"维持公正,哪怕天塌下来"作为他的座右铭。他认为具有正义感和仁爱心是一个人的美德的顶峰。在其后的人生经历中,无论是处理国事还是家事,杰斐逊始终以一颗慈爱之心秉承公正的原则,他尊重人的自主性,当他登上权力的顶峰之后,他也是这么做的,让人民自由选择他们认为的幸福生活方式。

杰斐逊继续往下读:"公正的首要功能是使一个人不做伤害他人的事情,除非是为邪恶所激怒。其次是引导人们将公共财产用之于公益,将私有财产用之于他们自己的私利。"独立战争胜利后,杰斐逊遭受政治上的失意,被人诬陷,以及其后的与联邦党人之争,但他并没有因此而斤斤计较,他在给友人的信中写道:"当下共和国所面临的形势需要我们必须放弃党派之争,共和党与联邦党人之间存在歧见,但他们都是为了共和国的未来,因此,任何为美利坚人民谋求幸福的人都应该团结起来。"这是杰斐逊的胸怀大度之处,他从不采取任何隐匿的或者低劣的手段回击那些反对他的人。杰斐逊一直坚信这样的民主观念:"整体大于所有组成部分的总和,整体境界高于所有局部境界累加起来的境界。"[①]通过那些伟大先哲的精辟论述,杰斐逊树立了公正仁爱的道德理想,正如西塞罗所描述的:

> 柏拉图说得好,我们生下来并非是为了自己,我们的国家、我们的朋友都有权要求我们尽一份责任。斯多葛学派认为,世界上所产生的一切东西都是创造出来给人用的;因为人也是为其他人而生的,所以他们能够相互帮助;在这方面,我们应当尊重"自然"的旨意,彼此关爱,相互授受。为公众的利益奉献出一份自己的力量,例如用我们的技能和才智,以及通过我们的辛勤劳动,使人类社会更紧密地凝聚在一起,使人与人之间更加团结友爱。

杰斐逊的仁爱之心与其儿时所受的家庭教育也有很大关系,他的父亲老杰斐逊总是教导他对他人要抱有一颗同情和感激之心。当杰斐逊管理他们家的种植园之后,他也从不对奴隶进行打骂。有一次,一个佣人不小心打碎了家里一件瓷器,但是杰斐逊并没有因此责骂他。杰斐逊把他的这种慈爱之心延续到了其后的

[①] 雅各布·尼德曼:《美国理想:一部文明的历史》,王聪译,北京:华夏出版社,2004年版,第129页。

政治生涯中。对待人民,他也总是抱有同情和爱护之心。他认为正是人民创造了属于他们自己的历史,因此政府应当设法保障人民的福利。霍夫施塔特在评价杰斐逊的仁义之心时说:"杰斐逊是个仁慈的奴隶主,他对养活了自己而又不得不依附于他的下人有一种惯有的关切之心,这无疑影响了他对普通百姓的感情。他为自己不过于施加保护而自豪,又一次曾写信给杜邦说,他与杜邦对人民的情感不同:他爱人民是将其看作能够自理的成人,而杜邦爱人民则是将其看作需照料的婴儿。"①

杰斐逊与其他建国先贤们一直致力于把追求人民幸福作为主要的施政纲领,但是这种幸福不仅仅建立在殷实的物质基础上,它更强调一种内在的精神或心灵的富足,成为一个有美德、有学识的现代公民。杰斐逊不太赞同霍布斯的人性恶的观点,他相信人心都有向善的本性。同样,杰斐逊也看到人性中有晦暗或者邪恶的一面,在与朋友的通信中,他阐述了这一点。但是对于人性中的卑劣,杰斐逊认为它们主要来自后天的环境影响,比如商业利益的引诱或者对奢华生活的过度迷恋,都有可能打开人性中的潘多拉之盒。关于此,最有效的办法就是通过实施广泛的教育,教导人民认识自然和社会的本质,让他们懂得良善的生活乃是人类社会的最高追求。

  杰斐逊反复呼吁通过广泛的公立学校制度和自由的报刊来教育人民并使其了解情况。虽然他对共和国抗腐败和堕落的能力信心不大,但他希望通过群众教育能够遏制此种衰败的过程。教育不仅将使共和国政治稳定,为其带来智慧,而且也会扩大机会,发挥普通百姓充裕的天赋才智。杰斐逊一生贯穿着这种人本主义的关注,其宗旨是"追求幸福",追求不受阶级限制的个人发展。②

杰斐逊把人的美德和教育紧密联系在一起,通过广泛的普及教育开启民心,使得人民具有理性。正如洛克在他的《教育漫话》中所说的:"教育的根本就是美德和智慧……教育他学会掌握自己的情感倾向,把欲望置于理性的控制之下。达

---

① 理查德·霍夫施塔特:《美国政治传统及其缔造者》,崔永禄、王忠和译,北京:商务印书馆,1994年版,第21页。
② 理查德·霍夫施塔特:《美国政治传统及其缔造者》,崔永禄、王忠和译,北京:商务印书馆,1994年版,第28页。

到了这一点,并通过经常练习而形成习惯,这一任务的最艰巨部分就算完成了。"杰斐逊出使过欧洲,在那里进行了长时间的旅行和考察。在欧洲,他见证过文明繁华的大都市,也亲自见到过那些因缺乏知识和教育而思想落后的穷乡僻壤,在那些地方中,特权横行,底层人民生活贫困,忍受权贵的盘剥。杰斐逊在旅行日记中写道:巨大的不平等造成了人类社会的太多灾难。

触景生情,当杰斐逊看到这些场景时,往往会勾起他对祖国的想念,北美大陆刚刚独立,人民的生活还存在各种不幸福的因素。因此,在他的治国理想中,一方面发展经济,另外一方面就是广泛推行教育,使知识自由地传播。在他起草的《关于进一步传播知识的法案》中,杰斐逊认为好的法律和制度执行得好,能够给人民带来幸福,不过这一切取决于执行法律和制度的人是否具有正直的品德。为此,就应当让那些拥有自然权利的人们去接受教育,以此获得为公众服务的良善美德与正直人格。杰斐逊把他的一腔仁爱之心倾注在人民的幸福生活上,他在《对阿尔贝马县公民的答词》中深情地说:"不管按照我们国家的意志我将被安置在什么工作岗位上,我都能很高兴地看到,在普遍幸福的大趋势中,你们也能各得其所得越来越幸福起来。我热烈地祈祷上苍,愿这个大趋势永远发展下去,而且力量越来越大,将理性和自由的可喜的影响传遍全球。"

除了对人民的幸福始终怀有一颗仁爱之心,主张广泛普及教育培养人民的美德,杰斐逊在家庭教育中,对子女的教育同样非常严格。在与子女的通信中,他多次教导她们,要经常阅读道德哲学方面的书籍,以那些圣哲们的思想言行作为做人的准则,尊崇理性,怀有仁爱,践行美德。1787年8月10日,在写给外甥彼得·卡尔的信中,杰斐逊告诫他一定要悉心学习道德哲学。杰斐逊认为人具有社会属性,因此美德必须成为人的本性的一部分。杰斐逊说:

> 人是注定生活在社会中的,因此他的道德之养成应该达到这个目的。他之所以被赋予是非的观念,也只是与此相关。这个观念之成为他的性格的一部分,犹如听、视、感觉的官能是身体的一部分。它是道德的基础,而不是美、真理等的基础,像爱空想的作家所想象的那样。道德观念或良心,是人的一部分,正如他的腿或臂一样。它赋予一切人强弱不等的程度,正如赋予人的力气有强有弱一样。它可以因锻炼而加强,如人体的手、足一样。这个观念的确在某种程度上接受理性的引导,但是所要求的理性不多,甚至比我们称之

为常识的东西更少。向一位农夫或一位教授陈述一个道德事例。前者也能判断,甚至时常比后者更好,因为他没有被人为的准则引入歧途。因此,在这个部门要读好书,因为好书会鼓励和指导你的感情。尤其是斯特恩的著作,那是最好的道德课程。此外,还要读函内附件中所提到的书。而且首先要不失时机地在实践上要做到令人愉快,宽宏大量,仁慈为怀,高尚,真诚实在,公正,坚决,守纪律,有勇气等。这类美德如果经常一一付诸实践,自然会加强你的道德力量,并且增加你的价值。①

三、自然的贵族

从文艺复兴至1688年光荣革命之后,英格兰的贵族与中世纪贵族的骑士教育有了明显区别。中世纪时期,出身良好的贵族要想成为一名优秀的骑士,要接受不同阶段的教育和训练。值得注意的是,那个时候的骑士教育并没有专门的教育机构,他们首先在家庭中接受初步的宗教和道德教育,然后送到封建贵族家庭中接受礼仪、武术等技能的学习。这种形式的骑士教育要遵循比较严格的等级制度和门第观念,教育的主要目的是为了培养贵族礼仪和尚武精神,因此很多培养出来的骑士文化知识掌握不多,他们主要是一种身份的象征。

文艺复兴之后,人文主义者看不惯贵族阶层们的不学无术,他们开始向高层建言:随着社会的进步,政府中的官职应当由那些掌握知识、通晓外语、思想开放的人来担任。这一时期,学校教育开始逐渐兴起。到1660年,英格兰境内的学校已达300多所,是文艺复兴之前的十倍。那些贵族们为了长期占据统治地位,也开始认识到学校教育的重要性,为此专门成立了供贵族子女就读的贵族学校。从贵族学校毕业后,相当一部分人进入当时的大学继续学习,从大学毕业后到欧洲的其他国家游学,以此开阔眼界,增进学识。总体上来看,宗教改革之后的贵族教育与文艺复兴之前有了较大变化,他们开始注重学习实用的知识技能,以往那种好勇斗狠的骑士形象逐渐被通晓文墨的绅士形象所取代,不过由于特权等级思维以及嫡长子继承制的存在,这种转变并不彻底。

---

① 梅利尔·D.彼得森编:《杰斐逊集》,刘祚昌、邓红风译,北京:生活·读书·新知三联书店,1993年版,第1009页。

来到北美大陆之后,英格兰本土的权贵阶层同时也把欧洲本土奢靡的贵族生活方式带到了这里,特别是在南部的弗吉尼亚等地,富绅们拥有与他们社会地位和身份相称的娱乐和消遣方式,他们设立鹿苑——几个世纪以来这都属于高贵文雅的象征;他们在这里修建赛马场,各种各样的富丽堂皇的建筑。杰斐逊在威廉斯堡求学时对这些场景并不陌生,那些富家子弟们整天生活在灯红酒绿、觥筹交错之中。在福基尔总督的官邸,杰斐逊亲自体验过这样的生活。

但是我们放眼整个北美大陆来看,英格兰本土根深蒂固的贵族特权在北美大陆并不受欢迎。这里有来自世界各地的各色人等,大多数人的出身都并不高贵,在这里,如果没有一技之长,连生存都困难,更不用提那些追求感官和物质的享乐。因此,从一开始,身份平等的观念就植入每个人的内心。即便那些财产丰厚的乡绅,他们也是依靠勤劳的双手发家致富,他们经营种植园必须具备敏锐的头脑和丰富的商业知识,"像威廉·伯德和托马斯·杰斐逊那样的人,他们涉猎既广且又多能,这是18世纪较大的和较有成就的弗吉尼亚种植园主身上常见的本领:他们对自然历史深感兴趣,他们掌握受人敬羡的医疗和机械学知识,他们熟悉气象学,还必须了解法律"[①]。

在这样一种"实干兴邦"氛围的熏陶下,进入18世纪后的学校教育也注重培养学生的实用知识技能,认为传统的英格兰贵族教育所传授的礼仪和宗教知识不能说没用,但至少不完全适合北美大陆的现状。在这里,应当抹去身份和等级的差异。杰斐逊的老师莫里先生当时就主张在弗吉尼亚实行一种更具美国化的教育制度。

在莫里看来,那些要执掌殖民地领导职务的人要接受英国贵族式的教育简直是荒唐。除了那些要从事专门职业的人,莫里看不出学习古典语言的那种传统有什么价值,他更倾向于让弗吉尼亚人学习基本的历史和地理知识;一些本土的法律、爱好和宗教的初步知识;数学中较为实用的部分;本地语言的语法以及诸如一些像"在步入现实的生活场景"时可能会有用的文学作品;以及"为了获得某些行业的全部做法、形式和秘密而在那些行业中出类拔萃

[①] 丹尼尔·布尔斯廷:《美国人:开拓历程》,中国对外翻译出版公司译,北京:生活·读书·新知三联书店,1993年版,第121页。

的人指导下"进行实习。这样的教育,莫里强调说,至少要优于当时弗吉尼亚现有的那种英国学校的半吊子模仿品。因为,莫里断定:"我们人民的天赋,他们的生活方式,他们的境遇,这里的那些风俗习惯与人们的气质使我们在如此众多的重大方面与欧洲人大相径庭,以至于一套根据伦敦的情况而制定的教育规划,不管是经过怎样明智的、细致入微的适应性改造,都不比一部年鉴更适合我们的状况,而除非它是根据威廉斯堡的情况制定的。"①

不管莫里的这种教育构想在当时能有多少付诸实践,不过就杰斐逊而言,在威廉-玛丽学院的求学经历,让他终身受益。从小杰斐逊就对那些自诩出身高贵的特权阶层不屑一顾,他对18世纪欧洲启蒙思想家们的自然权利观印象深刻,特别是洛克在《政府论》中所描述的自然权利观,它坚决反对君权神授、特权世袭的思想。洛克说:"第一,亚当并不基于父亲身份的自然权利或上帝的明白赐予,享有对于他的儿女的那种权威或对于世界的统辖权,如同有人所主张的。第二,即使他享有这种权力,他的继承人并无权利享有这种权力。第三,即使他的继承人们享有这种权力,但是由于没有自然法,也没有上帝的明文法,来确定在任何场合谁是合法继承人,就无从确定继承权因而也无从确定应该由谁来掌握统治权。"

因此,当杰斐逊成为弗吉尼亚的政府首脑之后,他就废除了嫡长子继承法,并制定了《宗教自由法令》《关于进一步传播知识的法案》等一系列法令来促进本州的教育普及和公立学校运动。杰斐逊自身也是一位财产殷实的种植园主,在当时的弗吉尼亚同样拥有显赫的身世。当杰斐逊提出这一系列废除贵族特权的法令之后,自然遭受到了当时弗吉尼亚贵族阶层的集体反对,但是他对这些不为所动。

尽管杰斐逊也算是一个不折不扣的贵族,但他对此丝毫不感到自豪。他看不惯贵族阶层腐朽堕落的生活方式,认为他们不学无术、目不识丁,迟早会成为阻碍人民幸福的羁绊。所以必须通过改革法案废除他们世袭的特权,选贤任能,让那些既有学识又有美德的人来担任政府部门的领导者,他们才会为人民的切身利益着想。他在日记中写道:"废除限定嗣续法将从经济上打击人为贵族,砍掉人

---

① 劳伦斯·A.克雷明:《美国教育史:殖民地时期的经历》,周玉军等译,北京:北京师范大学出版社,2003年版,第461页。

为的贵族之根,消灭掉这些贵族,实在不足为惜。他们已经没有什么发展前途而言了,消灭这样的贵族,可以为德才兼备的贵族成长和出现创造一个机会,开辟一个上升的道路,以代替对社会害处多、危害多的财富贵族,这可以说是对于一个秩序良好的共和国所不可缺少的。"①

当然,杰斐逊并不是全盘地反对贵族制度,他只是否定那种强调出身和等级的贵族制,他把贵族分为自然的贵族和人为的贵族。自然的贵族不看重出身和门第,只看重德行和学识,人为的贵族以出身和等级作为标准,这是不符合公平正义的民主原则的,这也是杰斐逊反对它的根本原因。而这种自然的贵族只有通过实行充分的免费教育才能实现。在这方面,杰斐逊推崇卢梭的自然教育理论,教育应当顺应儿童自然的天性,培养他们自由的天性:

> 保护儿童善良的天性,按照儿童自然的本性,而不压抑其个性,也不灌输传统的偏见,更不用严酷的纪律和体罚,让儿童有充分自由活动的可能和条件,使儿童身心得到自由的发展,这样培养出来的人才是自然人。"自然教育"所造就出来的人都应是身强体壮、心智发达、良心畅旺、能力强盛的人。他们不附着于某一特定的地位、阶级或职业,绝不是旧教育所培养出来的那种王孙公子、达官显贵。正因为自然人身心发达的缘故,才能适应各种客观发展变化的需要。②

杰斐逊在与亚当斯的通信中,专门讨论了什么是自然的贵族。杰斐逊说,自然的贵族是建立在人人平等的自然权利基础之上,在我们的社会中存在自然的贵族,它的基础便是品德和才能。但是建立在武力征讨和殖民侵略基础上的贵族阶层从根本上是对人类善良本性的侵害。自然的贵族是"自然为了教诲、托管和治理社会而送给人类的最珍贵的礼物"。而人为的贵族则是社会中的有害的成分,应该采取措施阻碍他们取得权势。但是社会现状如此,人为的贵族还在某些方面飞扬跋扈,而最好的补救办法就是按照宪法所规定的让公民充分行使自由选举的权利,把那些有才能、有美德的自然的贵族选举出来担任政府的领导者,便

---

① 艾德妮:《杰斐逊:设计美国》,呼和浩特:内蒙古人民出版社,1998年版,第261页。
② 滕大春主编:《外国教育通史》,济南:山东教育出版社,1990年版,第109页。

会有益于人民的幸福。对于他在弗吉尼亚州立法会议期间所起草的一系列反对贵族特权的法案,杰斐逊说道:

> 我起草的这些法律从根本上砍掉了伪贵族。而假如我们起草的另一项法律被立法机构采纳的话,我们的任务就会完成。那便是更为普遍地传播知识的法案。它建议把每一个县都分为5~6平方英里的区,像我们的市镇一样;在每一个区都成立一个以读、写和普通算数为教学内容的自由学校;每年从这些学校中遴选最优秀的学生,使他们靠公费进入地区学校接受高一级的教育;并且从这些地区学校选出若干最有希望的学生到大学读书,在大学里要传授一切有用的科学。这样,有价值、有天才的学生就会被从生活状况不同的每一个阶层中物色出来,并且受到完全的教育,以便在竞选公职中击败财富和门第的贵族。[①]

随着教育的逐渐普及和科学解放思想的传播,人们对自然权利的认识也越来越深刻。当北美大陆在经历启蒙运动和大觉醒运动之后,人们争取独立和自由的呼声越来越高,而凌驾于平等和自由之上的贵族特权开始逐渐遭到人们的遗弃,走向式微。当独立战争胜利、成立共和国之后,人们迫切需要在全国范围内开展一场以知识普及和启蒙民意为主题的教育改革运动,华盛顿的离职演讲中的一句话代表了那个时候人们的主要观点:公民的美德或者道德,是民众政府的必要动力。

四、有美德的公民

可以确定的是,18世纪30年代在美洲大陆崛起的"大觉醒"运动对殖民地的道德观念和宗教信仰构成了冲击。"大觉醒"运动成为美洲大陆启蒙运动的诱因,欧洲思想家的自然权利观与殖民地本土的自由主义相结合产生了巨大的化学反应:人们关注的中心不再是上帝或者神灵的威严,开始把目光转向自身,开始观照自己在社会生活中所扮演的角色。启蒙运动强调教育的重要性,因为通过教育,人能够摆脱陈旧观念的束缚,尊崇理性,关心民主生活的内涵。尽管之前的

---

① 梅利尔·D.彼得森编:《杰斐逊集》,刘祚昌、邓红风译,北京:生活·读书·新知三联书店,1993年版,第1529—1530页。

清教伦理作为美国思想的故土和发祥地,在生成殖民地精神中发挥了巨大作用。然而时过境迁,清教伦理鼓吹"上帝中心论"和"原罪说",这对于迫切需求思想解放的北美人来说,无法为他们提供一种基于自由和独立基础之上的理想生活模式。

启蒙运动把人们的思维从宗教的束缚下解放出来,尽管并不彻底——本来北美人也并不打算在日常生活中把宗教彻底驱除出去,它对于维系人们某种虔诚和良善的道德谱系仍然功不可没。启蒙运动的成就在于,人们不再仅仅以宗教虔诚作为唯一的获取道德意志的来源,清教所倡导的公正、仁爱、勤奋、节俭等伦理原则继续在人们的日常生活中发挥作用。在此基础上,启蒙运动所带来的理性、自由、平等、独立等自然权利观开始主导人们的道德信仰。

在宣扬启蒙运动思想方面,本杰明·富兰克林、托马斯·杰斐逊、托马斯·潘恩等人著书立说,为未来的新生共和国勾勒出了一个理想的蓝图。"大觉醒"运动以及启蒙运动为之后的美国独立革命奠定了思想基础,改变了人们以往的道德价值观。从更广的范围来看,它也是一场在全社会范围内展开的教育运动,纯粹的宗教道德开始逐渐世俗化,以自立、进取、宽容、自由为特征的道德信念逐渐把人的活动置于理性和自然法则之下,知识进步和教育普及成为这一时期道德观念转化的主要原因。

正如克雷明所说的,在美国成立最初几十年中,从来没有哪一项议题像教育一样被摆在了如此重要的位置,被如此热烈地讨论。它所讨论的范围概括起来可以表述为一点:即如何通过教育使共和国的人民更美国化。贺拉斯·曼说得好:"仅仅改变社会表层的革命可以是一日之功,但深入改变人类性格中最重要的品性的革命,解除曾长期处于支配地位的受压抑状态的心理能力的革命却不可能在一次剧变的运动中完成,不管这个国家的方方面面曾多么努力地致力于此。"[①]

换言之,美国建国后首要面临的问题是,为建立一个全新的共和制度而培养具有现代民主特征和资质的公民,为此就必须在探讨教育体制方面达成某种程度

---

① 劳伦斯·A.克雷明:《美国教育史:建国初期的历程》,洪成文等译,北京:北京师范大学出版社,2002年版,第142页。

的共识。从那个时期各州所制定的教育法令中,我们可以看到培养青年一代的美德成为最核心的问题,如佛蒙特州 1787 年宪法规定:"维护美德、制止罪恶和道德堕落的法律,必须经常付之实行,长期有效。为了便于教育青年一代,每个城镇必须设立足够数量的学校。"新罕布什尔州 1784 年和 1792 年两次通过宪法规定:"在全社会普及知识和教育是维护自由政府的必要条件。扩大本州各地区受教育的机会,创立良好的教育条件,将大大有助于达到这一目的。州政府的立法机构和地方行政官员今后的职责就是……支持公共和私人的慈善团体,赞扬人道和博爱、勤劳和节俭、诚实和守约的原则,在民众中培养真诚、自制以及在一切社交中友爱和宽厚的情操。"[1]

因此,这一时期的道德教育的主题就是:如何将公民美德与国家民主进行联姻,缔造一种全新的共和主义风格。作为民主自由的坚定捍卫者,杰斐逊在此期间的工作奠定了其后美国公共教育的基石。杰斐逊所设想的民主共和政体得益于人民的积极广泛参与,而如果人民处在无知和愚昧状态,如此便不可能奢望拥有公民权利和自由。杰斐逊相信人的本性向善,但同样也存在卑劣的一面,只有通过系统的教育才能祛除人性中的卑污顽劣。公民良好的美德还与幸福的生活相关联,杰斐逊认为,通过普及教育,人们能够懂得如何实践幸福的生活,而这种幸福的生活不是来自上天的安排和别人的恩赐,它是来自于通过教育而拥有的熟练的技能、善良的心地以及聪明的智慧。

那个时候热衷于教育改革的开国先贤们普遍倾向于将教育与国家主义联系起来。因此,推行完善的学校体制成为人们的共识,如杰斐逊在他的教育构想中提出了从初等教育、职业教育到高等教育三级教育体系,学校教育的内容除了传授基本的知识技能以外,运用本土文化培养一种爱国主义情感也是必需的,这种爱国主义情感表现为人人都拥有良好的美德和品行,在其成长的经历中塑造民族主义情感,认同依附于共和体制的文化和社会生活。正如 1786 年拉什所宣称的:"教育事业在合众国独立之后呈现出新气象,我们实行的政府模式为每一个美国人创设了一种新义务。因此,我们应当审视教育中的陈规陋习,在为培养

---

[1] E·P·克伯雷选编:《外国教育史料》,任宝祥、任钟印译,武汉:华中师范大学出版社,1991 年版,第 470—471 页。

[2] 劳伦斯·A.克雷明:《美国教育史:建国初期的历程》,洪成文等译,北京:北京师范大学出版社,2002 年版,第 121 页。

智慧良善的人们的基础上改革我们的教学方式以适应政治形势的要求。"②

在杰斐逊的设立公立学校的计划中,整个教育的最终方案是向全州的儿童教授读写能力和算数能力、拉丁文和希腊文的学习。在区的学校教育中,儿童年龄尚小,其理解力还不足以向他们传授宗教知识,不过可以让他们学习历史知识,而一些基本的道德原理也是必不可少的。当他们的判断力增强以后,就可以向他们讲授那些如何实现自身幸福的知识,学校教育总的目的在于把那些既有美德又有学识的人挑选出来,让他们参与公共事务的管理,为公众服务。

杰斐逊本人阅读过相当多的谈论美德和善行的书籍,他对道德意识也有自己的看法。杰斐逊认为,道德原则作为人性中重要的组成部分,它有很多个分支。有人把真实作为道德的基础,比如沃拉斯顿,但是杰斐逊认为这种观点有本末倒置之嫌。"如果把它看作是社会基础的话,恰似一棵树连根被拔起来,它的树干在空中被颠倒过来,而且它的一个树枝被栽在地上。"还有人把对上帝的爱作为道德的基础,认为道德责任分为对上帝的责任和对人的责任。他对此反问道:"如果我们做一件好事仅仅是出于对上帝的爱和由于相信做好事可以使上帝高兴的话,无神论者的道德从何产生?"

也有人把道德的基础建立在感官趣味上,而杰斐逊认为感官趣味属于纯粹利己的行为,因此"自爱并不是道德的一部分,实际上,它正是它的对立物。它是道德的唯一对手,经常地以我们倾向于自我满足来引导我们的行动,妨碍我们对他人的道德责任"。所以若要克服道德中的自私倾向,就须"用教育、教化或管束去克服这些倾向,那么德行就继续存在而没有竞争者了"。对于爱尔维修的道德观,杰斐逊也并不完全赞同。爱尔维修认为当我们帮助他人时既有物质利益的因素,也从中得到快乐。而杰斐逊认为人的善行之所以能够给人带来快乐,是因为大自然在我们内心植入了对他人的爱与责任感,这就是一种道德本能,道德本能是点缀人性的最灿烂的宝石,"这种本能使我们情不自禁地同情并且去救济他们的苦难,并且反驳了爱尔维修的话"。对于某些人缺乏道德意识,杰斐逊认为最好的办法就是"进行教育,诉诸理性和深思熟虑"。

杰斐逊不但思考从国家民主层面进行公民美德教育,在家庭教育中,杰斐逊同样重视对子女的道德教育。在给他的外甥彼得·卡尔的一封信中,杰斐逊教导

他如何做一个正直、追随真理与践行美德之人。在信中,杰斐逊写道:

> 在任何可能的境遇当中,在任何情况下,都不要做一件可鄙的事,而不管在你看起来它如何轻微。当你要做一件事情的时候,尽管只有你自己知道,先要问问你自己,假如所有的人都在看你,你应该如何行动,然后照着去做。要激励你的道德倾向,并且无论何时——有机会就运用它们。要相信通过运用它们就会增强,好像躯体上的手、足那样,而且那样运用将使它们形成习惯。从最纯洁的道德实践中,你在生活的每一刻,甚至在死的时刻,都一定得到最崇高的慰藉。如果你发现你自己为困难和恼人的环境所包围而茫然不知如何去解脱你自己的话,你就应该做正当的事,并且要相信那样将把你完全从最坏的境遇中解脱出来。尽管当你迈出一步时不可能知道下一步怎样,但是还要追随真理、正义,以及光明正大,而且要相信它们能把你轻而易举地引出迷宫。①

五、审视信仰

当杰斐逊还是一个14岁的少年的时候,在威廉斯堡,贵族阶层的生活十分奢华,而那些油头粉面的贵族子弟们更是沉浸于放浪形骸的消遣之中。面对这些纸醉金迷的生活,杰斐逊有时候也会怦然心动,但是他抵制住了那些诱惑。在回顾这一段生活经历的时候,杰斐逊总结道:

> 当我回想在14岁时,一切都必须由自己照看,一切行动都必须由自己做决定,没有一个亲戚也没有一个朋友来指点我、引导我的时候,回想到我时常与各种不良分子交往的时候,我吃惊于我没有和他们一道误入歧途,成为像他们那样对社会无用的人。我运气很好,很早以来,我就结识了一些地位很高的人,于是我便希望成为和他们一样的人。在外界的诱惑及困难的压力下,我会扪心自问:在这样的处境中,斯莫尔博士、维斯先生……会怎么样,我走什么道路会使他们感到满意?我确信这样做,比我所固有的任何理性力量更有助于我走人生正路……由于我所在的环境,我时常不得与赛马者、玩牌者、猎狐者、科学家、自由职业者及高贵人物为伍。于是在打死狐狸或者

---

① 梅利·D.彼得森编:《杰斐逊集》,刘祚昌、邓红风译,北京:生活·读书·新知三联书店,1993年版,第901—902页。

赛马得胜的兴高采烈的时刻，我也会扪心自问：我应该选择哪一条博得名声的道路，是当骑马师，是当猎狐者，还是当一个正直的人来维护我国的权利。①

关于杰斐逊的个人信仰，一直以来存在诸多争议。杰斐逊出生在一个正统的基督教家庭，在其儿童时期所受的家庭教育中，包括很多宗教教义的道德伦理。因此杰斐逊相信上帝的存在。在他起草的《独立宣言》结尾处，杰斐逊说："我们坚决信赖上帝的保佑，以我们的生命，我们的财产，以及我们神圣的荣誉共同宣誓。"不过杰斐逊并不是一个盲目的基督教崇拜者，在他其后的读书生涯中，当他接触了自然神论以及启蒙思想家的大量著作后，他的个人信仰发生了转变。对于宗教中的某些不合时宜的成分，杰斐逊并不盲从，他抛弃了那些"经不起严格证明的谬论"，因为它们无法为现代文明社会的人提供一种理想的生活模式。杰斐逊对基督教中"三位一体"的遗弃，使得他在1800年的总统选举中还遭到过竞争对手的攻击，他们指责杰斐逊如果没有纯正的宗教信仰，那么围绕在他身边的人会不会是一群异教徒，他如何保持一颗虔诚之心，如何在人民中间倡导一种有节制的生活。

不过他们可能曲解了杰斐逊的意思，杰斐逊从未表明他对基督教的背叛。在写给本杰明·拉什的信中，杰斐逊说："我是一名基督徒，只是在耶稣希望每个人应当成为的那个意义上的基督徒，我真诚地忠于他的教义。"杰斐逊所反对的只是基督教中某些束缚人的自由的成分，而对于基督教中宣扬公正、勤劳、节俭的戒律，他认为它们仍然是现代文明社会不可或缺的道德伦理。当杰斐逊接受了启蒙思想家们对自由、理性、科学的宣扬后，他开始相信人的理性力量能够掌握自己的命运；当他听到酝酿在北美大陆人民中间渴望独立和自由的呼声，特别是当他在弗吉尼亚州议会上倾听了帕特里克·亨利的著名演讲——《不自由，毋宁死》后，更坚定了内心追求自由和理性的信仰。那时，在一部分人当中还存在与英国人求和的幻想，帕特里克·亨利呼吁：

先生，大事化小，小事化了的做法无济于事。各位先生可以叫喊：和平，和平！但是和平并不存在。事实上，战争已经开始！不久北方刮起的风暴即

---

① 梅利尔·D.彼得森编：《杰斐逊集》，刘祚昌、邓红风译，北京：生活·读书·新知三联书店，1993年版，第1386—1387页。

将带来震耳的隆隆炮声。我们的弟兄已经开赴战场,为什么我们还在这里袖手旁观呢?诸君究竟希望什么?他们会得到什么?难道生命真的这样珍贵,这样安宁,这样甜蜜,竟值得以枷锁与奴役为代价?万能的上帝啊,制止他们这样做吧!我不知道别人选择走什么样的道路,但对我来说,不自由,毋宁死!①

从那时起,杰斐逊就把自由、理性和科学作为他毕生追求的信仰,他衷心希望自由在所有的国家得到发展。一个人只有当他获得了足够的自然和科学知识之后,才能获得心灵上的自由。杰斐逊在写给威廉·芒福德的信中说:"只要我们保存了印刷术,科学就永远不会退步,真正的知识,一旦获得就不会丢失。为了保持人类心灵的自由和新闻出版自由,每一个生灵都应当准备殉难。因为只要我们愿意怎么想就怎么想,怎么想就怎么说,人类的状况就将得到改善。"杰斐逊反对任何束缚人的自由和权利的权威,他深受启蒙思想自然权利观的影响,认为人人生而自由,认为自由是大自然赐予人类最丰厚的礼物,而不是某个人的恩赐或者遗产。

每个人在社会中的首要目的是发现真正的自我,杰斐逊说,获得这一能力的前提是要有足够多的认识世界的知识。假如人们还处在蒙昧状态,那么即便他们遭受强权和专制的压迫、剥削,但是身处其中的人们并不感到他们在遭受压迫,而是会选择一种逆来顺受的顺从。因为他们没有独立的自我观念,缺乏认识世界的知识,"他们不习惯于自由思考,不习惯于说出和写出自己的想法,因此在强权面前感到无所适从"。被欺骗和压迫的人们失去了他们独立思考和判断的能力,内心的信仰被扭曲,人民的幸福生活将无从谈起,一个健全的民主政体将失去它自由的根基。唯一的解决途径就是让各种观念自由地呈现,让各种科学知识自由地传播,奉行并且维护民主政体的主要原则,这是杰斐逊在其政治生涯上的终极信仰,就像他在第一次就职演说中所表白的那样:

认真地维护公众信心,鼓励农业并鼓励作为农业的助手的商业;传播知识并诉诸公众理性,谴责一切弊端;保障宗教自由,保障新闻出版自由;并以公正保护法和以公平选出的陪审团的审判来保障人身自由。这些原则构成了那一直走在我们前面并且指引我们走过革命和改革年代的灿烂的星座。为了获得这些原则,我们的圣哲献出了智慧,我们的英雄献出了鲜血。这些

---

① 帕特里克·亨利:《不自由,毋宁死》,参见华盛顿、杰斐逊、林肯等:《美德沉思录》,何吉贤译,北京:中央编译出版社,2010年版,第152页。

原则应当是我们政治信念的信条、公民教育的课本,检验我们的受托人的工作的试金石。①

在政治生涯的几度沉浮中,杰斐逊从未放弃他的内心信仰。当1787年宪法未能明确规定人民的自由权利时,杰斐逊对此深表担忧。他在法国一直关注这件事情的进展,回国后立即投入到制定《权利法案》的工作中去。杰斐逊认为好的法律制度能够保障人民的幸福,不过比法律制度更为可靠的是途径,是通过普及教育,塑造具有现代民主意识的公民。杰斐逊研究了欧洲的政治发展史,他发现任何一种类型的政府都有可能出现腐化和暴政,只有掌握知识、懂得捍卫自身权利的人民才能保证民主政体的常青。通过普及教育和传播知识,能够"改进每个公民的道德和学识,使每个人都懂得他对邻居和国家应尽的责任,了解自己应当享有的权利,维护社会公平和正义"。

杰斐逊教导他的子女们,任何的外在权威都不应该成为日常生活中所遵从的法则,要坚持独立的思考和判断,忠于自己的良心和信仰,不因为任何的利益诱惑而出卖自己的良知,一个有正义感和美德的人任何时候都会得到人们的喜爱,让理性成为思维的主宰才不会在是非观念面前迷失自我。杰斐逊认为,一个善于审视信仰的年轻人应当具有如下特质:

> 要抓住一切机会成为一个感恩、慷慨、仁慈、富于人道精神,诚实、正直、坚定、有条理、勇敢的人。……另一方面,要除去一切使你薄弱的意志更加卑躬屈膝的恐惧和成见。代之以理性,并且让理性来批判每一个事实和每一个意见。你甚至有权大胆地质问上帝是否存在,因为如果上帝的确存在,他必定会赞成人类忠于理性,反对盲目的恐惧。……不要因为害怕探究的结果而不敢进行探究。如果,结果是你不相信上帝的存在,你也会在这种审视所带来的舒适和愉快中发现美德的激励因素,你也会找到探究所带给你的对于别人的爱。你必须抛弃双方面的成见,不要因为其他任何人和某一种人拒斥或相信任何事情而去拒斥或相信任何事情。你的理性是上天赐给你的唯一的神谕,而你的答案不是对正确性负责而是对抉择的诚实负责。②

---

① 托马斯·杰斐逊:《第一次总统就职演说》,梅利尔·D.彼得森编:《杰斐逊集》,刘祚昌、邓红风译,北京:生活·读书·新知三联书店,1993年版,第530页。
② 华盛顿、杰斐逊、林肯等:《美德沉思录》,何吉贤译,北京:中央编译出版社,2010年版,第260—262页。

第七章

科学共和国

弗吉尼亚大学中的托马斯·杰斐逊雕像

> 当牛顿在发现引力定律的时候，当哈维在研究血液循环的时候，当弥尔顿、琼森、迪福、蒲伯及其他人在写作他们的不朽著作时，美利坚人正忙于使用斧子、锄头和锯子。
>
> ——托马斯·沃滕贝克

很多历史无法假设，但可以允许想象。杰斐逊如果不成为美利坚的总统，那他的可能身份会是什么？科学家、作家，还是一所大学的校长？的确，杰斐逊是个多才多艺的人，他的人生有很多选择。他大可不必为一日三餐劳心费神，也不必为仕途前程殚精竭虑，凭借着过人的学识和才华，从事上述任何一种职业他都可以成为佼佼者。不过要说到最让杰斐逊感到快乐的时光，那一定是在蒙蒂塞洛度过的。在那里，他完全可以面对自己的内心世界，撇下那些绕在头上的光环，然后专心地做一个无忧无虑的农场主。对土地和植物的留恋，使得杰斐逊一直想把北美大陆变成一个农业理想国。不过，随着科技革命和知识的进步，以及军事外交的需要，杰斐逊很快放弃了这个想法。新生的共和国必须在科学文化知识和学校教育普及的浪潮下，用现代科学知识填充人民的头脑，让科学与民主一道成为北美大陆崛起的支架，从而构筑科学的共和国，杰斐逊把握住了历史的先机，他开启了美国现代化之门。

一、农业理想国

殖民地时期的学校教育中，开始注重培养学生了解农业生产方面的知识。富兰克林在其撰写的《有关宾夕法尼亚青年教育的建议》中曾专门论及这个问题。富兰克林在这份报告中说，当前的学校教育中缺乏教授一些最实用的课程，因此在教学内容中应当增加诸如自然史和园艺学等与实用技能相关的课程，为了增加学生近距离接触农业生产的机会，教学内容应当包含参观农场、观察自然等。那时候，农学作为一门独立学科在学校中被讲授。杰斐逊在他设想的教育系统中，学生到了普通学校阶段，应当学习植物学、动物学、矿物学等与农业相关的课程。到了职业学校阶段,在学科设置上,杰斐逊考虑到了设置乡村经济系,其中的课程包含农业、园艺学和兽医,那些志愿当农学家的学生进入乡村经济系,并且设置专门讲授植物学、动物学和矿物学方面课程的教授。

管理种植园,参加农业劳动是当时殖民地家庭教育中不可或缺的部分。"作为社会组织的基本单位,家庭是移民们适应新环境,强化所学到的知识并把知识传给后代的主要机构。这一点可能最清楚地体现在农业中,种植玉米和烟草最初是从印第安人那里学来的。"①因为这里是一个完全新生的世界,年轻人很难指望能够从父辈那里继承多少的遗产,因此当他们具备劳动能力之后,必须在父母的管教下学习农业种植和农场管理的知识,这是他们长大后独立谋生的必备手段和技能。那时的家庭教育,"除了培养虔诚和礼教之外,家庭还让孩子干'一些正当合法的工作、劳动和活计'来教育他们。在以维持生计为目的的经济环境下,这至少意味着父亲会教给儿子料理家务、农田和商店所需的各种技能,而母亲也会教给女儿类似的教育"②。那时在家庭教育中,甚至还有专门教授孩子农学知识的教科书,如托马斯·塔塞的《搞好农业500条》,它主要是以歌谣的方式教给孩子一些简单易操作的植物学知识。克雷明举了一个殖民地学徒在一场春雨后除草时哼唱的曲调。男孩子的唱词是这样的:

新插的树篱需要除草,
它们才会有更多的养料。
大雨之后清理一段,
更容易把杂草的根去掉。

女孩子的唱词则与之不同:

好的主妇要有自己的大麻和亚麻,
要在5月把它们种下。
要收拾它们以备使用,

---

① 劳伦斯·A.克雷明:《美国教育史:殖民地时期的经历》,周玉军等译,北京:北京师范大学出版社,2003年版,第99页。
② 劳伦斯·A.克雷明:《美国教育史:殖民地时期的经历》,周玉军等译,北京:北京师范大学出版社,2003年版,第95页。

美国现代教育之父托马斯·杰斐逊

纤细的织布粗壮的做种。①

杰斐逊从小就有一股很深的土地情结,小时候,他经常跟着父亲到种植园去参加劳动。到了杰斐逊的父辈这一代,他们比英国本土的乡绅阶层更具实干和进取精神,获得土地的方式很容易,但是要成为有地位和声望的种植园主,则必须依靠勤劳的双手。自从父亲去世后,杰斐逊就接管了种植园的事务,要管理几千英亩的土地和上百个奴隶。从种植园的劳动和管理中,杰斐逊学到了许多与农业有关的知识。

在他撰写的《弗吉尼亚纪事》中,杰斐逊表明了他对农业的厚望,欧洲的制造业和科学如此发达,以至于很多人认为美国应当复制欧洲发展制造业和科学技术的模式。不过杰斐逊并不认同这种观点,他认为北美长期以来一直以农业为主,人们对种植农作物有很深的感情。北美大陆土地广阔,人民拥有大量的土地可以耕种,而欧洲则不同,圈地运动让很多农民流离失所,失去土地和赖以谋生的家园,不得已才进入工厂从事制造业。这不是欧洲人民的自愿选择,而是被剥夺了土地耕种自由权的结果。而北美大陆"有大量的土地诱发着农民的勤劳。因此我们的公民都从事土地的改进好呢,还是让一半人离开土地去为他人从事制造业或手工工艺好呢?在土地上劳动的人民都是上帝的选民,如果他曾有过选民的话,上帝有意使这样的选民的胸怀成为特别贮藏他那丰富而纯真的道德的地方"。杰斐逊之所以钟情于土地和农业,是因为在他看来,从事农业劳动的人民拥有质朴纯粹的情感和道德,他们没有受到商业和金钱的利益诱惑,人与人之间相互关爱,充满了纯洁的友谊,北美大陆与奉行重商主义的欧洲大陆相比,更像是一个充满仁爱和美德的理想国。杰斐逊说:

这里才是上帝保持神圣之火旺盛地燃烧的中心,否则这个神圣之火就会从地球上消失。耕种土地的群众道德腐化的例子在任何时代任何国家都没有过,为了维持自己的生活,不像农民那样尊重上苍,尊重自己的土地和尊重自己的劳动,而是依靠偶然性和顾客的反复无常的性格的人们,才会走向道德的腐化。依靠心理会产生奴役及贪财之心,会扼杀道德的萌芽,并且

---

① 劳伦斯·A.克雷明:《美国教育史:殖民地时期的经历》,周玉军等译,北京:北京师范大学出版社,2003年版,第96页。

为野心家的阴谋提供适当的工具。……在任何国家,公民的其他阶级的总数与农民的总数之间的比例,就是不健康的部分与它的健康的部分之间的比例,并且是衡量腐化程度的很好的晴雨表,那么,当我们有土地可耕的时候,让我们希望不要看到我们的公民在工作椅上工作或摇动一个卷线杆。木匠、泥水匠、铁匠在农业中是短缺的,但是对于制造业的一般运行来讲,让我们的工场留在欧洲吧。①

在欧洲考察期间,杰斐逊目睹了资本主义工商业发展造成了大量农民和手工业者的破产,他们生活无依,流离失所,遭受上层社会的盘剥。这更让杰斐逊坚定了北美大陆决不能效仿欧洲的想法,北美大陆悠久的农业传统和得天独厚的自然条件,更适合发展农业,拥有土地的人民才能拥有生活的基本保证。耕种土地的农民不但可以免受商业主义的侵蚀,从而拥有淳朴的美德。还因为,当农民拥有土地之后,他们不用在商人或工场主的雇佣下失掉个人自由,自给自足的生活会让他们的内心享受这种田园生活所带来的乐趣和满足感,于是可以培养人们的美德和自由精神。因此对于杰斐逊来说,他极力主张在美国推行的重农主义政策,是与他对自然人性和天赋权利的理解相关联的。

杰斐逊本人亦是一个农业劳动爱好者,他在法国南部旅行期间曾经看到一种耕地用的犁,回国之后杰斐逊根据记忆把那种犁进行了改造,此举还得到了法国农业协会的奖励。法国农业协会还把很多研究农业科学的论文寄给他,这让杰斐逊很感动,其中有一本《温室大全》的杂志所讲述的农作物培植方法,杰斐逊认为这些农业科学知识很有实用价值。杰斐逊对法国农业协会的举动表示很深的敬意,不仅仅是出于个人目的,还因为通过普及这些先进的农业科学技术对整个国家都是有好处的,应当设法让这些农业科学知识应用到实践中,产生广泛的利益。

杰斐逊在法国期间还读过一本德·波普尔写的书。在那本书里,波普尔介绍了一种能在山地生长的水稻,对土壤条件要求不高,杰斐逊因此想弄到这种水稻的种子,推荐给查尔斯顿农业协会和佐治亚州的一些民间绅士。这种水稻在佐治亚州的种植获得了很大成功,后来在蒙蒂塞洛的田地上,杰斐逊还种植了这种水

---

① 托马斯·杰斐逊:《弗吉尼亚纪事》,梅利尔·D.彼得森编:《杰斐逊集》,刘祚昌、邓红风译,北京:生活·读书·新知三联书店,1993年版,第311—312页。

稻。杰斐逊不仅对种植农作物感兴趣,他与很多农业科学家都有通信联系,与他们交流农业方面的科学知识。霍雷肖·斯帕福德曾经把他写的《普通地理学》寄给杰斐逊,希望杰斐逊能够对它做出一番评价。那时杰斐逊公务繁忙,他没有时间阅读全书,不过他对书中的一些细节提出了自己的观点,并称斯帕福德的这本书是"数门科学的节略本"。

在晚年写给朋友的信中,杰斐逊说他最享受和惬意的时光是在蒙蒂塞洛的田园生活。那时,他刚刚辞去政府职务,决定就此归隐田园,好好陪伴家人,潜心务农,细细品味蒙蒂塞洛的宁静祥和。到了春天,蒙蒂塞洛的山坡上草长莺飞,到处洋溢着春天的生机,杰斐逊的心情大好,他逐渐忘却了以前在政治上的不如意。在这里,他可以放下身段,与孩子和仆人们一起下田劳动。农忙时节,每天都忙得不可开交,这样的日子让杰斐逊虽然感觉身体上有些疲惫,但是他的心情很放松,这又让他回到了曾经很熟悉也很喜欢的生活,无须再为官场上的钩心斗角而烦恼,在这里看着那些播种的作物一天天生长,能够让人感觉到生命的希望和美好。他把自己比作一个年轻的园丁:

> 我时常想,如果上苍让我选择我的位置和职业,那应当是在一片沃土上面,水的供应很充足,并且位于靠近菜园产品的大市场。对我来说,没有任何职业能像耕种土地这样使我开心的了,而且没有任何耕作能比得上园艺耕作了。作物的种类是如此多种多样,总有一种作物成熟,一种作物歉收可以用另一种作物的丰收加以补偿,一年不是一次收获,而是不断地有收获。虽然供应我们家的餐桌外完全没有别的需求,我还是从事园艺。虽然我是一个老人,却是一个年轻的园丁。[①]

杰斐逊花尽心思把蒙蒂塞洛设计得像一个美丽的花园。他在这里种植的植物花草种类多得难以想象,金合欢、褚树、金雀花、绿女贞、山月桂……毫无疑问,杰斐逊有着丰富的艺术细胞,在设计他的园艺上面,他达到了吹毛求疵的程度。以至于在写给朋友的信中,他说蒙蒂塞洛的自然条件丰富,每个地方都可以成为一个景点,"景致实难尽数,美景一个接连一个呈现出来,而且通过远景出现在不

[①] 梅利尔·D.彼得森编:《杰斐逊集》,刘祚昌、邓红风译,北京:生活·读书·新知三联书店,1993年版,第1456—1457页。

同的地方,或者更美的是,在布置的可供远景看的灌木丛之间走去,景物随着你前进而不断转换。"

那段时间忙于农业劳作,杰斐逊在和朋友的通信交流中,讨论的最多的也是农业生产和园艺设计方面的事情。他和约翰·泰勒在信中讨论作物施肥、修建篱笆、种植苜蓿和小麦等方面的经验。

当杰斐逊担任总统之后,他仍然对美国的农业生产和科学研究挂念于心,在他的支持和组织下成立了美国农业学会,这是一个致力于农业知识研究的非官方组织。杰斐逊在给负责人约翰·辛克莱爵士的信中写道:

> 我们的农业协会终于成立了。像我们的美国哲学学会一样,它是一个自愿的组织,与政府没有关系。它完全是按照我以前对你描述过的计划执行的。在这之前已经建立了一些州协会,其他州也将这样做。每个州协会任命它在国会的两名成员作为它们在中央协会的成员,这个中央协会自然是在国会开会时集会的。他们的任务是从州协会的活动记录中选择材料加以出版,这样他们的出版物可以叫作《农业学会精粹》等。①

杰斐逊对农业如此钟情,对杰斐逊来说,"农业首先并不是财富的来源,而是人们的道德和民主性格的来源。"②以至于很多人批评杰斐逊所倡导的民主具有一种"农业民主"的基调,称杰斐逊是一位保守的、迷恋旧时代的复古主义者。这些人可能误读了杰斐逊的本意,杰斐逊本人并非是一个目不识丁、抱守残缺之人。"杰斐逊力主发展的农业,并非温饱型的封闭自足的小农经济,而是与国际市场相联系的商业化农业,他设想美国通过农产品的出口换回工业品,维持美国在国际贸易中的平衡;他视民主的中坚为农民,也是受过教育、眼界开阔、心灵高尚的土地占有者。"③当杰斐逊任总统之后,他的农业立国思想发生了转向,开始注重农业、商业、制造业的综合发展以及现代科学在经济生产中的重要性。

---

①梅利尔·D.彼得森编:《杰斐逊集》,刘祚昌、邓红风译,北京:生活·读书·新知三联书店,1993年版,第1306页。

②惠特尼:《杰斐逊与美国的民主》,转引自《刘祚昌美国史讲义》,天津:天津古籍出版社,2008年版,第190页。

③张友伦:《美国通史:美国的独立和初步繁荣(1775—1860)》,北京:人民出版社,2002年版,第131页。

二、科学好奇心

大约在18世纪末,杰斐逊试图建立农业理想国的方案发生了转变。这一方面源于他在担任驻法公使期间,美国的船只在北非遭受几个弹丸小国的扣押,美国政府那时实力不济,不得不每年向这些小国交钱纳贡,杰斐逊对此印象深刻,他觉得如果没有先进的科学技术作为支撑,一个国家就会在外交和军事上表现得软弱;其二是随着科技革命的影响以及科技教育的扩大化,那种在殖民地时期的从事科学研究的精英主义观念被人们抛弃。人们迫切希望成立一个强盛文明的新国家,而科学技术研究作为一个现代文明国家崛起的根基在欧洲大陆已经开展得如火如荼,如果美国人再不迎头赶上,差距会越拉越大,因此发展科学技术在国内成为一种普遍的呼声。而杰斐逊显然必须得从整个国家和人民的福利出发,他认为自己的个人理想不能决定一个国家的命运和前途,如此就会走向君主专制和独裁的后果,这是杰斐逊所极力反对的。

在法国时期,杰斐逊就开始关注欧洲的先进科学技术,通过法国朋友拉菲德的引荐,杰斐逊认识了著名的物理学者罗歇库佛公爵,并且把欧洲的先进科学技术和欧洲最新出版的一些科学研究著作介绍到国内。比如,在与威拉德的通信中,他介绍了当时在法国出版的几本优秀的科学著作,如托勒密的《第二世纪时恒星状况》、勒·格兰热的《机械分析》。杰斐逊认为格兰热是"现在世的最伟大的数学家,而且他个人的价值与他的科学相等",意大利科学家斯帕兰扎妮的关于消化和生育的著作也很有价值,此外还有一些化学方面的著作也值得研究。

在这期间,他一直关心美国科学技术的发展。这方面,他认为欧洲要比美洲先进得多。他在给本杰明·佛斯蒙特的信中讲到过:当我考察在我这一生中的所出现的科学上的巨大进步和技术上的发现时,我就满怀信心地期待这一代人能有同样的进步,并且我毫不怀疑,他们因而一定会以为我们聪明,就像我们以为我们的父辈聪明,而我们的父辈又以为烧死巫婆的人聪明一样……科学在共和政体下比其他任何政体都更为重要,而且,在一个像我国这样处于摇篮期的国家里,我们必须多方面依赖别国的科学来改进自己。因为别国的科学历史比较悠久,拥有更好的方法,比我们来得先进。禁止我们从辉煌的外来成就中吸取好处,就等于把我们长期置于黑暗之中。①

由此看来,不能认为杰斐逊是一个固执的复古主义者,欧洲的人文主义教育让杰斐逊的思想具有多面性。目睹了欧洲与北美在科学技术上的差异,开始让杰斐逊重新思考他的治国方针。杰斐逊不仅把科学技术看作是发展生产力的唯一功能,他把科学也看作是教育民众、启迪民心的重要手段,掌握现代科学知识的民众也会懂得珍惜自己的自由。他在巴黎给哈佛大学校长威拉德写信说:大学是培养国家科学技术人才的摇篮,所以必须鼓励青年人在大学期间进行科学研究,给予他们最大限度的自由,让他们发挥自己的聪明才智,在科学研究上获得成功。而为了培养青年人在科学研究上的兴趣,国家必须给予他们充分的自由。杰斐逊说:"一个国家之在科学和道德方面都表现出伟大,总是视其自由的程度而定。"

杰斐逊本人亦是一位科学研究爱好者,他把科学研究当作他的一种乐趣,他告诉他的朋友:"大自然有意让我安静地从事科学研究,因为它使我感到科学研究是我的最大乐趣。"他经常在与朋友的交流中探讨当下科学研究的成果。对于科学研究领域中具有争议性的话题,比如月球上是否存在赫尔斯切尔火山;使电流经过一个植物是否能够促进这个植物的增长;光是否会影响生物的颜色……对这些未经证实的科学假设,杰斐逊持有客观的评价态度。他认为:"在通过观察得到更好的证实之前,是允许加以怀疑的。没有观念比谬误观念好;什么也不相信,要比相信错误的东西更好。在我心中,破坏理论比重建理论更容易。"杰斐逊坚持在科学研究上保持独立见解,他认为科学研究不可能是一蹴而就的事情,科学界所得出的某个假设或理论随时都会被后人的研究成果推翻,因此真正的科学必须接受被质疑、被否定。比如关于水和空气相互转化的理论论争,一直没有确定的结论,这并不是坏事,因为它鼓励人们自由地思考。在这个问题上,杰斐逊认为"人工尚未发明足够的辅助工具,使得这样微细的物体有可能对我们这样迟钝的器官产生一个明确的印象;鼓励研究而又保留结论迟迟不肯拿出来,才是值得称赞的"。杰斐逊还对化学研究抱有很大的希望,他认为化学是最有用的学科之一,为了人类的实用和安全,未来的发展不可限量。

---

①艾德尼:《杰斐逊:设计美国》,呼和浩特:内蒙古人民出版社,1998年版,第468—469页。

在与约翰·曼纳斯博士的交流中,杰斐逊提出了他对博物学分类的看法。对任何科学研究发表自己的观点,杰斐逊都保持严谨客观的态度。对自然界的事物分类,杰斐逊认为没有两个事物是完全相同的,就像没有两个动物、两片树叶或两个结晶体一模一样,因此当我们对某一个事物下结论的时候,不能忙于从感官出发去认识超出感官能力以外的东西,如此得到的可能只是事物的表象。在科学研究中,最大的敌人是人云亦云,没有个人的主见,并且抱残守缺,害怕创新。对于前人在博物学分类中提出的方法,杰斐逊并不盲从,保持理性是他一贯的思维。他说:"我自己对于靠理性取得的创新不会感到吃惊。在真理和科学进步面前由于自己的利益和偏见的关系而退缩的人才害怕这样的创新。"

杰斐逊始终对新事物保持最大的兴趣,他主张科学进步,反对愚昧落后,主张新观念,反对旧思想。当他成为总统之后,他的这种特征更加明显。杰斐逊具有开阔的思想视野,他欢迎来自任何地域的科学知识和人才,他曾邀请英国科学家约瑟夫·普利斯特里博士访问美国。他在写给普利斯特里博士的信中说道:"我们的同胞已经从工艺和工业所造成的恐慌中恢复过来,取而代之的是处在更高的基地上的科学和诚实。而你,亲爱的先生,作为他们的伟大使徒,站在它的顶峰上。作为我就职后的第一个活动,我以衷心的喜悦欢迎你踏上我们的国土,向你致以它的敬意。"[1]对当时国内保守势力的重重阻碍,杰斐逊不为所动,他仍然认为,高举科学和自由的旗帜将是向人类文明顶峰攀登的金光大道。对于保守势力的陈旧观念和思想,杰斐逊给出了他的忠告:

> 但是我希望,他们的良知将向他们指明,因为山不会向他们走来,他们最好向山上走去;他们将发现,默认他们国家的自由和科学对他们是有利的,而且脱掉他们披在基督教身上的破衣,返回到它的仁慈的发起人的本来的纯洁和朴素上来,基督教就成为最同情自由、科学以及人类心灵最无拘束的扩展的所有其他一切人的宗教。[2]

---

[1] 梅利尔·D.彼得森编:《杰斐逊集》,刘祚昌、邓红风译,北京:生活·读书·新知三联书店,1993年版,第1245—1246页。
[2] 梅利尔·D.彼得森编:《杰斐逊集》,刘祚昌、邓红风译,北京:生活·读书·新知三联书店,1993年版,第1248页。

杰斐逊不仅个人保持对科学的好奇心和浓烈兴趣,在他对孩子们的教育中,他也鼓励他们进行科学方面的探索和学习。因为他的妻子和几个孩子都是死于疾病,因此杰斐逊对医学的发展十分关注,他在法国的时候就建议国内的年轻人可以到欧洲学习他们先进的医学技术。当他的外孙托马斯·杰斐逊·伦道夫 15 岁的时候,杰斐逊很关心他的教育情况,他给帕斯卡·维斯塔医生写信准备让伦道夫到费城学习。杰斐逊认为伦道夫善于观察、学习刻苦,有良好的判断力,性格也很好,只是在他的教育和职业规划问题上还没有一个明确的方向。而费城当时集中了几个在科学研究上很先进的部门,在那里学习植物学可以到伍德兰兹的园林,可以到皮尔先生的博物馆学习博物学,学习医学可以到维斯塔医生的医学院,还可以到其他学校学习外科学。对伦道夫将要到费城学习的各个细节,杰斐逊希望从维斯塔医生那里了解这些具体情况,可见杰斐逊对孩子的教育问题关怀备至,且要求严格。杰斐逊在信中写道:

> 重要的是我们想知道在那个季节之后,博物学、植物学、化学、解剖学和外科学的课程什么时候开始和结束,哪些天或哪些钟点上课,这样做的目的是我们可以安排他的学习,以便在实际可行的尽可能短的时间内完成这些课程。对博物学和植物学的课程我将给巴顿博士写信了解情况,但是我对化学及外科学的教授不够熟悉,如蒙你能把他们学校的有关情况连同你自己学校的情况一并告诉我,我将不胜感激。还有,食宿的通常费用怎样?给教授的薪水是多少?你能给我粗略地估算一下其他必要的费用吗?在这些方面我们不打算放纵他过一种超出必需的、体面和普通标准以上的生活,因为超过那种标准会导致挥霍和懒惰,而现在他还没有这些倾向。我想皮尔先生还不习惯于接收一个寄宿生。他的住宅和家庭本身就是一个品德和教育的学校……①

三、走遍弗吉尼亚

弗吉尼亚在北美各殖民地当中属于一块具有代表性的地域,它是英国开辟最早、面积最大的殖民地,还是北美人民反抗英国殖民统治、召开第一届大陆会议

---

① 梅利尔·D.彼得森编:《杰斐逊集》,刘祚昌、邓红风译,北京:生活·读书·新知三联书店,1993 年版,第 1371 页。

的发祥地，它还是美国的"总统之母"，从这里走出了四位美国总统：乔治·华盛顿、托马斯·杰斐逊、詹姆斯·麦迪逊、詹姆斯·门罗。英国人一来到这里，就打算在弗吉尼亚复制英国本土田园生活模式，因此威廉·伯德说，"在整个最初阶段，整个美国就是弗吉尼亚。"布尔斯廷在书中描述最初的弗吉尼亚人时说：

> 如果说其他殖民地的人们力求不沾染英国的恶习，那么弗吉尼亚人则希望尽力体现英国的美德。建立一个理想的"山巅之城"来炫耀于世，以一个"兄弟友爱之州"来唤醒世界，或者以广泛的人道主义实验来鼓舞世界，所有这些事业都让其他殖民地去干吧，弗吉尼亚人头脑里想的是按照正常运行的社会的实际特征糅合而成的模式：这个社会就是英国，特别是17、18世纪田园式的英国。

不过移民们打算在弗吉尼亚成为地道的英国乡绅梦没有成为现实，布尔斯廷继续写道：

> 但是，一股预想不到的魔力却把英国式庄园大宅那套生活方式转化成了新世界共和国的生活习惯。英国的斯夸尔·维斯顿们和霍勒斯·沃波尔们，横渡大洋，经历变化，成了埃德蒙·彭德尔顿、托马斯·杰斐逊、乔治·华盛顿之类的美国人。使他们从英国人变成美国人的，并非他们原来所寻求的东西，而是他们来此之后建立的业绩。①

对杰斐逊来说，弗吉尼亚更是有着一股难以割舍的情感，他在这里出生、成长、学习，一步一步走向共和国的领导人，这里有他的理想圣地蒙蒂塞洛，那里安葬着他最亲爱的人。更重要的是，他在这里起草了《宗教自由法案》《关于进一步普及知识法案》《独立宣言》等一系列彪炳史册的篇章，他还在这里对他的母校威廉-玛丽学院进行改革，成立弗吉尼亚大学，构想他的公立学校运动。完全可以说，弗吉尼亚是杰斐逊进行教育民主改革的一块试验田。他当然对这里的土地怀有一种深沉的情感，他希望这里的人民过上一种幸福的生活，因此当他被选为

---

① 丹尼尔·布尔斯廷：《美国人：开拓历程》，中国对外翻译出版公司译，北京：生活·读书·新知三联书店，1993年版，第109—110页。

弗吉尼亚宪法起草委员会的主席以及后来当上弗吉尼亚州州长之后,他以极大的热情投身到弗吉尼亚法律、教育、政治等的改革中去,并完成了《弗吉尼亚纪事》的写作,把一片赤诚之心献给了生他养他的地方。

可以说,杰斐逊一生中的事业成就大部分都是在弗吉尼亚完成的,而他写作的《弗吉尼亚纪事》不仅仅是一部文学著作,它更能体现出作者科学、求实、严谨的写作态度,以及对弗吉尼亚的深情。在弗吉尼亚,杰斐逊最主要的成就集中在法律和教育改革方面。1776年11月,杰斐逊被选举为弗吉尼亚法律起草委员会主席。针对弗吉尼亚的现状,他先后主导起草了四项法律:《废除限定继承法》《废除嫡长子继承法》《宗教自由法案》《关于进一步普及知识的法案》。关于这四项法案对弗吉尼亚构建民主生活的影响,杰斐逊在他的自传中写道:

> 我认为被通过或被提出的这四项法案,会形成一个足以根除古老的或未来的贵族的每一根纤维的制度,为一个真正的共和制政府奠定基础。废除限定继承法会防止财富集中和永远集中在少数名门大族手中,并且保存这个国家的土地,以免它们一天比一天更多地被合并过去而变为永久管业。废除嫡长子继承法,平均分配遗产,消除了每个家庭只有一个成员富有而其余成员穷困的封建性的、不自然的差别待遇,而代之以平均分配的办法。……恢复信仰的权利把人们从为了支持自己所不信仰的宗教而纳税的负担下解放出来,因为官方教会是真正的富人的宗教,而不同意见的教派完全是由不富裕的人们构成的;而这些人靠一个普及教育的法案,有能力理解他们的权利,维护这些权利,并且用知识去行使他们在政府中的职能,而所有这一切将在不侵犯任何一个公民的任何一条自然权利的情况下实现。[1]

看到自己在弗吉尼亚所做出的成就,杰斐逊也情不自禁地说:"现在,我可以说是与弗吉尼亚融为一体了。"1779年6月1日,他被任命为弗吉尼亚的州长,同时被选为威廉-玛丽学院的监察员。就在同一年,杰斐逊一直住在威廉斯堡,他着手进行了威廉-玛丽学院的改革,改革的主要内容包括废除神学和东方语言学两个教授岗位,增加诸如医学、化学、数学等与现代科学学科相关的教授职

---

[1] 托马斯·杰斐逊:《自传》,梅利尔·D.彼得森编:《杰斐逊集》,刘祚昌、邓红风译,北京:生活·读书·新知三联书店,1993年版,第49—50页。

位。到1796年,杰斐逊再次在弗吉尼亚开启立法和修改法律的事务,此时主要关注的对象集中在他一直操心的教育事业上。这一年的2月7日,在召开的制定教育法令的议会上,众人推选杰斐逊就普通教育制订一个系统的计划。于是杰斐逊针对这项计划起草了三项法案,涉及从初级学校到高等教育的各个阶段。它包括:不分贫富,一切儿童都受教育的初等学校;对一般生活有用的,为一切处于小康状态的人们所向往的中等教育;一般的教授科学及高等科学的高等学府。杰斐逊具体阐释了这三项法案的详细执行方案:

> 第一个法案建议把每个县都分为区,其大小和人口要适合于成立一个初级学校,在学校里应该教读、写及普通算数,全州应该分为24个学区,每个区都应该建立一所教授古典学问、文法、地理及高等算数的学校;第二项法案建议修改威廉-玛丽学院的章程,扩大它的学科领域,使其成为事实上的大学;第三项法案是建议成立图书馆。①

杰斐逊在弗吉尼亚开展的另外一项重要改革是制度和法律的修订。他考察了弗吉尼亚的方方面面,他认为要让弗吉尼亚人民过上幸福的生活,光有科学的技术和知识是不够的,还必得有科学的法律和制度。即便是人民选举出来的公职人员也是参差不齐的,必须用法律和制度约束他们,让他们以为公众服务的思维行使职能,才能不会忘掉公众的幸福。杰斐逊有一句很富有哲理的话:让仁慈成为法律制定者的性格,而让法官成为一架纯粹的机器吧。杰斐逊同样把政府制定的法律文本作为公民教育的普及材料。为了广泛宣传法制观念,杰斐逊建议使用印刷术把这些法律文本复制以后增加被阅读机会。他曾与老师维斯先生谈起过这个问题,杰斐逊说:"我认为应当用公费印刷所有能够找到的我们的立法机关所通过的全部法律,在美国的每一个公共图书馆、本州主要的政府机构、欧洲最著名的公共图书馆,都应当存放一部。其余的应当卖给个人,目的是补偿出版费用。"

---

① 托马斯·杰斐逊:《自传》,梅利尔·D.彼得森编:《杰斐逊集》,刘祚昌、邓红风译,北京:生活·读书·新知三联书店,1993年版,第49—50页。

当法律和制度根据人民的意愿和权利制定出来之后,还必须根据时代的变化进行调整和修改。在杰斐逊看来,法律和宪法也必须跟随人类思想一道前进,当人们的科学知识水平提高到一个新的层次,思想发生了新的转变,法律和制度也应当与时俱进,反之,"如果一个文明的社会老是停留在他们野蛮的祖先的生活方式下面,就等于我们要求一个成年人仍穿他童年时的衣服"。18世纪末,席卷欧洲的革命已经用暴力和鲜血证明了一个食古不化的政府在新生事物面前脆弱无力的事实,而美国必须避免流血牺牲,因为通过科学知识的增长、思维的进步,这些血的教训完全可以用公开讨论、更具理性和智慧的方式避免之。杰斐逊在他的《弗吉尼亚纪事》中说,一个政府只有在与体现人民的意志并且执行这个意志相称时,才是共和主义的。杰斐逊声称他所提出的修改宪法和法律的目的是:

> 用我们宪法的共和主义精神以及人民的精神来保卫自治,并且培养那种精神和使其永存下去。……有些人以伪装虔诚的敬畏去看宪法,并且把它们看作是礼仪的弧光一样,神圣得碰不得。他们把超人的智慧归于前一代的人们,并且认为他们所做的事是不能修改的。……但是我也知道,法律和宪法必须和人类思想的进步一道前进,当人类思想进一步发展,更加开明,当做出新的发现,揭露新的真理,而且风俗习惯和见解随着环境的变化而变化时,制度也应该前进,并且与时代保持同一个步调。①

四、科学共和国

文艺复兴前后涌起的科学研究思潮很大程度上推动了学校教育中对自然科学知识的重视,特别是在大学教育中,整个四年的课程学习都贯穿与自然科学相关的课程,如1707年剑桥大学的学习计划,第一年主要学习地理学,第二年上半年学习逻辑学与几何学,下半年是算数、代数;第三年上半年学习植物学、动物

---

① 梅利尔·D.彼得森编:《杰斐逊集》,刘祚昌、邓红风译,北京:生活·读书·新知三联书店,1993年版,第1461—1463页。

学、矿物学以及化学,下半年学习光学、色彩学等;第四年上半年学习机械学、力学、数学,下半年学习天文学、三角学等。

殖民地时期的学校教育中,除了培养孩子的教义、美德、礼仪之外,还弥漫着一股功利主义的味道。教育中的功利主义无论在北美独立前还是独立后都很明显,洛克在他的《教育漫话》中指出,儿童的教育在经历了初期的宗教和礼仪之后,应当传授他们"算数、几何、地理、天文学、年代学、解剖学、各方面的历史以及所有可感知的并且只需与记忆有关的一切事物的各种知识"[①]。那时在殖民地流行的科普读物作者中,还有像牛顿、培根这样的大科学家。这三位也是杰斐逊的科学与哲学偶像,他曾请求画家约翰·特朗布尔为他画这三个人的画像,杰斐逊认为他们三人"是生民以来三位最伟大的人物,他们为在物理和道德科学方面建立起来的上层建筑奠定了基础"。

而且,殖民地本土也有北美人自己引以为豪的科学家,最著名的当属富兰克林,他在天文学方面的贡献使得他在欧洲大陆也很出名,而且与欧陆很多科学家都有交往。富兰克林还是一位教育家,他于1743年创办了美国哲学学会,致力于美国本土的科学事业。杰斐逊在后来回忆富兰克林的文章中,把富兰克林称为"伟大的同胞富兰克林博士,哲学的主要明灯之一"。富兰克林的《有关宾夕法尼亚青年的教育》《英语学校的设想》等教育规章都明确了在学校教育中应当传授学生科学有用的知识,此举目的是为了培养能够适应各个行业的有能力的应用人才。那时北美殖民地科学研究的中心位于费城,这里集中了当时北美数所先进的科研机构和院校,所以我们在上文提及,杰斐逊就想把他的外孙伦道夫送到这里来学习各门科学知识。总之,在一种实用主义和功利主义的氛围中:

> 要教育年轻人学习和掌握各种文明语言、准确推理、正确写作和流利的口头表达的艺术;学习和掌握计数和测量、勘测和航海、地理和历史、农耕、商业和政府管理以及所有自然知识等各类学科,其中包括我们头上的天空、我们周围的空气、水和土以及各种各样的流星、陨石、石头和矿物、植物和动物;学习和掌握为使生活舒适、方便、优雅的一切有用的知识及与此相关的

[①] 劳伦斯·A.克雷明:《美国教育史:殖民地时期的经历》,周玉军等译,北京:北京师范大学出版社,2003年版,第335页。

主要生产知识。①

独立战争之后,北美大陆的科学研究受到一定的影响,主要表现在殖民地时期北美大陆与英国甚至欧洲科学界之间的相互联系,实用和先进的科学技术能够以殖民的方式向北美大陆输血,而独立战争以后,这种科学上的交流几乎断绝。而美国人此时在科学上的落后导致他们在战前并没有产生多少有影响的科学家,除了以富兰克林为代表的在天文学方面的成就以外,在其他科学领域也没有什么突出的建树。导致北美在科学研究落后的另外一方面的原因在于战争对教育事业的破坏。卡尔金斯指出:"与旁的国家相比,这个新国家人口有限,大学生人数尤其太少。在独立前夕,大学生人数不足三百人,每年勉强有五十名毕业生,主要是为教会培养的。"②

因此,战后的美国面临着科学人才和知识短缺的问题,而且这种空缺不可能通过小规模的家庭或私人教育来弥补,必须通过一种国家范围内的普及教育运动来实现。发展实用科学技术的思潮成为普遍的共识。

> 在独立后的美国,实用主义成为某种偶像。认为只有富豪名门才有权从事像纯科学这样的爱好的精英主义观念,已声名狼藉。有才之士都可以从事有用的工作这种信念从未如此盛行。……像这样把重点放在实用上,是有正当理由的,沉浸在新的自豪感中的国家,急于要解决实际问题。③

各州在有关教育的法律条文中都规定应当重视学校在学生科学知识方面的培养,如宾夕法尼亚州1790年宪法规定:应当在学院中促进社会科学和自然科学的教学与研究;新罕布什尔州1792年宪法规定学校教师和地方政府官员有职责培养人们对科学的兴趣,要采取相应措施促进本地科学、制造业、博物学和商业的发展。杰斐逊在他所设想的公立学校教育体系中,提出初等学校、普通学校和职业学校三级教育体系。在职业学校中,把每一种科学的最高成就教授给学生,

---

① 劳伦斯·A.克雷明:《美国教育史:殖民地时期的经历》,周玉军等译,北京:北京师范大学出版社,2003年版,第380页。
② 卡罗尔·卡尔金斯:《美国科学技术史话》,程毓征等译,北京:人民出版社,1984年版,第192页。
③ 卡罗尔·卡尔金斯:《美国科学技术史话》,程毓征等译,北京:人民出版社,1984年版,第193—194页。

其中实用的各类科学知识被当作教学的主要内容,比如,在职业学校中设置工艺原理系。

> 进入工艺原理系的将有志愿当海员、木工、造船木工、制机件工人、钟表工、机械师、眼镜制造者、冶金工、铸工、刀具工人、药剂师、酿酒工、酒商、制酒工、染工、漆工、漂白工人、制肥皂工人、制革工人、制火药工人、制盐工人、玻璃工人的人们,他们入学是为了学习从事他们的职业所必需的尽可能多的科学:几何学、力学、静力学、流体静力学、水力学、流体动力学、航海术、天文学、地理学、光学、气体力学、物理学、化学、博物学、植物学、冶金学及配药学。[①]

杰斐逊这时的治国理念已开始发生明显转向,从当初的农业理想国开始转向重视农业、商业、科技等的综合发展。在亲自体验科学研究所带来的生产力的巨大能量,以及在与众多科学家们的学术交流中,杰斐逊渐渐对科学产生了一种特别的钟爱之情。他写道:"大自然有意让我安静地从事科学研究,因为它使我感到科学研究是我的最大乐趣。"当他把对科学研究的个人兴趣植入他的政治理念中,他认为美国应当在科学知识方面紧跟时代的步伐,尽管在某些领域已经取得了一些成绩,比如在几何学和算数方面小有成就,但这方面的知识还不够完善;在解剖学和医学上进步明显,但相比于欧洲仍然处于落后状态;在化学方面的研究刚刚起步,连基本的化学元素还不能确定;药科学方面的知识更是少得可怜。不过在杰斐逊看来,美国在这些科学研究的落后方面也不必妄自菲薄,因为美国有科学研究的自由,有善于求知的人民,这些缺憾美国人有信心弥补过来。杰斐逊写道:"美国的心灵太开放了,只要我们保存了印刷术,科学就不会退步,真正的知识,一旦获得就永远不会丢失。"

在执政前夕写给友人的信中,杰斐逊吐露了他的政治信念,他说:"我主张鼓励一切领域的科学进步;反对对哲学的神圣名誉发出责难的叫嚣,反对用骷髅头和交叉的骨头的故事去恐吓人类的心灵以致人们不相信自己的视觉而毫无保留

[①] 梅利尔·D.彼得森编:《杰斐逊集》,刘祚昌、邓红风译,北京:生活·读书·新知三联书店,1993年版,第1582页。

地依靠他人的视觉,反对那种向过去而不是向将来去寻求改善,反对相信政府、宗教、道德和每一种其他科学在最黑暗无知的时代就已经是尽善尽美的了。"在他的就职演讲中,杰斐逊向美国人民承诺:鼓励自由地传播一切科学知识,并以此反对任何陈旧的、过时的弊端。联邦政府必须在经费和政策上支持美国的科学研究。杰斐逊执政时期,美国还背负着巨大的外债,在演讲中,杰斐逊说一旦美国还清了战争债务,节省出来的钱务必用到制造业、河流、道路、教育等发展国内生产的目标上去。

杰斐逊重视科学知识的另外一个突出贡献是,他不仅仅注重科学知识所产生的短期利益,因为他本人也是一位科学爱好者和学者。因此他能够认识到,要保持科学知识对一个国家经济发展的持久推动力,就必须重视科学知识的基础理论研究,由此可以看出杰斐逊的超前思维。杰斐逊创造性地把科学知识的基础理论研究与大学教育联合起来,他曾经设想在首都华盛顿成立一所全国科学院和大学,他写道:"我时常希望我们能有一个哲学会或学院,它应当这样组织起来,中央学院应在政府所在地,而其分散于各州的成员,应该在每个州建立分院,出版它们的通讯,由中央学院从其中选出没有发表的应当最为精选的东西。这样一来,所有的成员,无论分散在什么地方,都可以行动起来,在各分院之间产生有用的竞赛。或许现存的大型的学会可以按照此办法使自己归属于全国学会。"[①]

为了表示对科学研究的支持,杰斐逊把自己收藏的从巴黎博物馆得到的猛犸遗骨捐献给国家学院,他愿意以个人名义为国家学院提供某些力所能及的服务。此外,他还收集了一些其他有研究价值的动物骨骼,整理了足足一大箱子,因为公务繁忙,便请别人把这个大箱子转交给国家学院。

到19世纪初,尽管美国的科技水平还无法与欧洲相提并论,但是它至少在国家范围内树立了热心科学研究的这样一种执政理念,总体上来说,"杰斐逊时代的美国人还是对一系列科技进步相当热心。这些技术革命最终也必然导致了合

---

① 梅利尔·D.彼得森编:《杰斐逊集》,刘祚昌、邓红风译,北京:生活·读书·新知三联书店,1993年版,第1342页。

众国的社会变革"①。从最初的农业理想国开始转向对科学共和国的追求,正如杰斐逊自己说的那样:我对于未来的梦想,比对于过去的历史,更为喜爱。

五、开启美国现代化之门

当杰斐逊转变执政理念,把农业、商业、制造业和航海业作为美国繁荣的四大支柱产业,并且兴办学校,推动教育改革,修订宪法和法律,出台宗教自由法案,鼓励科学知识的自由传播和新闻出版自由,这一系列的施政措施都不同程度地宣告向旧体制、旧思想告别,从而开始迈出向现代化前进的脚步。而杰斐逊无疑是开启美国现代化之门的领路人,杰斐逊式的现代化不仅仅体现在经济水平的指标上,它更是一场从教育、法制、科学等领域开展的思想和观念的现代化。在其1801年总统就职演讲中,杰斐逊阐述了新政府的根本原则:

> 要平等、公正地对待一切人,而不问他的地位和宗教上的或政治上的信仰如何;与所有的国家保持和平、通商和真诚的友谊,不与任何国家结盟;支持州政府的一切权力,把各州当作管理我们内政的最称职的行政机构,以及反对反共和倾向的最可靠的保障;保持全国政府的宪法赋予它的全部活力,作为我们的国内和平和国外安全的最后依靠;警惕地维护人民的选举权——一种温和而又安全地矫正弊端的手段,而如果不提供和平的矫正手段,这些弊端就要靠革命之剑砍掉;绝对服从多数的决定,这是共和政体的主要原则,离开这一原则就只能诉诸武力了,而武力是专制的主要原则和直接起源;纪律严明的民兵是我们在和平时期及战争初期最好的依赖,以待正规军接替他们;文官权力对军人权力的绝对控制;节省公帑,以减轻劳动人民的负担;忠实地偿还我们的债务,认真地维护公众信心;鼓励农业并鼓励作为农业的助手的商业;传播知识并诉诸公众理性谴责一切弊端;保障宗教自由;保障新闻自由,并在人身保护法的和以共评选出的陪审团的审判来保障人身自由。②

---

① 艾伦·布林克利:《美国史:1492—1997(第1卷)》,邵旭东译,海口:海南出版社,2009年版,第189页。
② 托马斯·杰斐逊:《第一次总统就职演讲》,梅利尔·D.彼得森编:《杰斐逊集》,刘祚昌、邓红风译,北京:生活·读书·新知三联书店,1993年版,第530页。

作为一位深受启蒙思想影响的国家领导人,杰斐逊内心深处始终相信人类的创造性在推动社会进步方面的巨大力量,他反对任何形式的因循守旧和思想倒退。在推动学校教育改革方面,他做了大量工作,把普及教育看作是通往自由和民主的根本手段,也是增进人民幸福生活和促进国家繁荣的必由之路,通过教育的普及,人们获得了关于对客观世界和自身权利的认识,将会使人们免于无知、被独裁专制压迫,也将督促政府在为公众服务的行为上保持谦卑之心。他在晚年写给友人的信中谈及教育的重要性:"我把教化和教育的普及看作是为了改进人类生活,促进道德和提高人民的幸福而最应该依靠的手段。……而且,我希望在当前把教育的好处扩展到人类广大群众的潮流中可以看到人类幸福的巨大提高,而且,这个提高将是无止境的。"①

杰斐逊在弗吉尼亚推行的教育改革直接推动了其后美国的公立学校运动,尽管他的教育设想未能全部实现,"但他对民众教育的计划,对教育与自由二者间密不可分的联系的主张却在各地深入人心,被不同的改革者接受,如马萨诸塞州的贺拉斯·曼、亚拉巴马州的亨利·W.科利尔、纽约州的罗伯特·戴尔·欧文等人。这位在弗吉尼亚被解除了武装的先知却在其他各地赢得了胜利,并成了美国民众教育的真正守护神。"②

在科学知识方面,杰斐逊相信科学技术借助人类智慧可以无限地扩大生产力,增加国民财富,促进人民生活水平的提高和社会进步。他给朋友的通信中写道:"当我想到我们过去在科学及工艺、发明方面所完成的巨大进步时,我满怀信心地期待着在当前这个时代也会有同样的进步,并且不怀疑他们将一定比我们聪明得多,正如我们比我们祖先更聪明。"③因此,当杰斐逊成为总统后,他从各方面鼓励科学研究的开展,成立全国科学院,他还是美国哲学学会会员。为了扩大科学研究和交流的范围,杰斐逊主持召开国会支持刘易斯上尉率众赴太平洋进行科

---

① 刘祚昌:《美国史讲义》,天津:天津古籍出版社,2003年版,第200页。
② 劳伦斯·A.克雷明:《美国教育史:建国初期的历程》,洪成文等译,北京:北京师范大学出版社,2002年版,第380页。
③ 刘祚昌:《美国史讲义》,天津:天津古籍出版社,2003年版,第198页。

学考察。此次科学考察的范围包括：

  他们的民族的名字和人数；
  他们的领地的范围和边界；
  他们与其他部落或民族的关系；
  他们的语言、传统和古迹；
  他们在农业、渔业、狩猎、战争、艺术方面的一般职业以及从事这些职业所使用的工具；
  他们的食物、衣着和家庭设备；
  他们中流行的疾病，他们使用的治疗方法；
  区别他们与他们相似的部落的道德上和物质上的状况；
  他们的法律、习惯和爱好上的特点；
  他们所需要的或他们能够提供的商品及其范围。①

杰斐逊还叮嘱刘易斯上尉，要用友好和真诚的态度与那里的人们进行贸易往来，如果有些部落同意让他们的青年人来到美国访问或者接受教育，一定要欢迎他们，美国政府将以诚恳的态度接受他们，并且让他们受到良好的教育和照顾。杰斐逊一直都有在发展美国科学研究上的国际主义视野。他还是巴黎农业协会的会员，即便是他当上总统之后，仍然与巴黎农业协会保持密切的交流，杰斐逊把这些科学学会看作是"为了向世界各地传播任何一个学会发现的有用的东西这个慈善的目的而成立的。这些学会总是和平相处，而不管他们的国家如何在打仗。像一个有学问的共和国，他们形成了一个覆盖全球的巨大联谊会，它们之间的通信决不被任何一个文明国家所打断"。

  19世纪初，由于战争和禁运，美国并没有兴起大规模的资本主义工厂，而主要代之以家庭制造业。家庭制造业培养了不少掌握使用技术的学徒，在家庭工厂内实行的学徒制与学校教育一道构成共和国成立之后教育体系的主要组成部分。家庭制造业成为美国19世纪上半叶商品供应的主要来源，其对于美国人日常生活所需的重要性不言而喻，而且为19世纪50年代以后美国资本主义工

---

① 梅利尔·D.彼得森编：《杰斐逊集》，刘祚昌、邓红风译，北京：生活·读书·新知三联书店，1993年版，第1300页。

第七章 科学共和国

厂的兴起培养了大量的技术应用人才和管理制度。杰斐逊在描述这种状况时说,现在我们国家需要的商品能够在家庭中制造,这种好处是显而易见的,这种"制造业的精神已经在我们中间深深地扎根,它的基础花费了很大代价才建立起来,是不会被放弃的。"除了支持发展制造业以外,杰斐逊还支持发展交通和航海运输,他向国会提议把财政收入剩余部分用于修建道路、疏通河道、发展海运,加强工业原料和商品的贸易往来。

除了教育和科学之外,杰斐逊对美国现代化起步所做的最大贡献乃是构建法律和制度的现代化。游历欧洲的过程中,杰斐逊看到那些封建陈旧的法律和制度对现代文明思想观念的戕害,因此他认为,一个没有现代民主制度和法律保障的国家,其前进的脚步必定会受到重重阻碍。杰斐逊始终把公众意志作为衡量宪法和法律是否公正的标准,他说:"我认为一个政府的共和主义性质取决于国家的每一个成员有同等的权利通过他自己选出的并且在短期内向他负责的代表管理国家大事(而不是亲身管理,因为超出一个市或市镇以外的范围时是行不通的),那么让我们用这个标准来检验我们宪法的每一个部门吧。"

杰斐逊多次在与朋友的通信中谈及他的政治原则,他认为一个良好和安全可靠的政府,行使权力的职能绝不能掌握在一个人手中,最好的形式就是进行分权。与此相反,"在太阳下面存在过的每一个政府中,破坏人的自由和权利的是什么呢?那就是把一切管理和权力都集结起来并且集中在一个人手中的那种制度"。杰斐逊把自己称作是良心上和气质上的民主派,早在任弗吉尼亚宪法起草委员会主席时,他所主持起草的几部法律就已经开始向反民主的旧制度、旧观念发起冲击,他对联邦宪法的不满也源于其中忽视人民权利的条款,因而积极促成《权利法案》的制定,与汉密尔顿等联邦党人的施政纲领争端同样也包含维护美国的地方自治传统。

从杰斐逊对现代化几个层面的理解来看,他的现代化思想有着丰富的内涵,从现代化的含义来看,现代化的最根本的要素还在于人的现代化,而杰斐逊提倡普及教育,改革法律和制度则把握住了现代化的精髓,杰斐逊对现代化有着深刻

的理解:

> 他强调人类的进步,是抓住了现代化的精神实质;他重视科学技术,是把握住了现代化的关键;他重视教育,是找到了实现现代化的基础。因为发展科学技术,提高人的素质,开发人的智力资源,实现人的现代化(这些都是现代化的前提条件),都离不开教育。①

---

① 刘祚昌:《美国史讲义》,天津:天津古籍出版社,2003年版,第201页。

第八章

新闻自由是国家的警钟

托马斯·杰斐逊纪念堂

> 出版自由是对自由最大的保障,只有暴君的政府才会对其加以限制。
>
> ——《弗吉尼亚权利宣言》

对北美大陆而言,书籍和报刊在传播知识、启迪民心、教育民众方面所起的作用并不比正规的学校教育差,甚至是更为有效、更为直接的工具。美国在建国之初所确立的教育理念中,乃是一个不限于学校教育的"大教育"概念,实施教育的方式囊括所有有助于塑造人性的机构和内容:家庭、教会、学校、新闻出版界、法律条文。而新闻出版在其中所担任的教育职能的重要性,美国人从上到下达成了这样的基本共识:"自由的新闻出版,能让有关重大公共问题的各种观点得以发展并借此帮助启蒙民意。通过学校教育获得读写技能,通过报刊了解最新信息,自由的美国公民就可以通过管理,通过亲身体验公共政策的制定、辩论、立法、实施这一全部过程,从而学会自治的艺术。"[①]杰斐逊本人亦是践行这一共识的有力执行者,他本人不仅亲自创办报刊,而且即便在遭受联邦党人报刊的攻击之后,亦能将个人恩怨置之度外,而是坚定地拥护新闻出版自由。他把印刷术看作是文明之光,把新闻出版看作是限制政府公权的第四权力,他对公众承诺:若由我来决定我们是要一个没有报纸的政府,还是没有政府的报纸,我会毫不犹豫地选择后者。

一、印刷术与文明之光

1448年,文艺复兴的浪潮在欧洲大陆方兴未艾,来自德意志美因茨的技术工人古登堡与他的搭档约翰·福斯特发明了金属活字印刷术。1455年,他用自己发明的印刷机印出了42行本《圣经》——共两卷1282页,每页42行,因此而得名。当时印了有大约200册,至今还保存有49册。此后,古登堡还印刷过一些传教布

[①] 劳伦斯·A.克雷明:《美国教育史:殖民地时期的经历》,周玉军等译,北京:北京师范大学出版社,2003年版,第109页。

道的小册子和书籍,但是后来因为无法偿还福斯特的贷款,古登堡的店铺只好关门。他与福斯特的合作分道扬镳,各自重新操持家业。

古登堡当时也许没有料到他们合伙制造的这架机器能够对人类文明史的进程产生决定性的影响,然而事实上印刷术的发明的确是人类文明的一座里程碑。在那之前,书籍主要依靠手抄,而且掌握在奴隶主、僧侣和教会手里,知识的传播和普及受到上层社会的垄断。印刷术的出现——正如恩格斯所说的,让早先"禁锢在独卷手抄书内的思想"得以自由地传播到四面八方。麦克卢汉在评价古登堡的活字印刷术所产生的影响时说:"人们迫不及待地抓住印刷术,将它作为信息传递的手段,作为刺激虔诚和默祷的手段。"①印刷术迅速在本来就不平静的欧罗巴掀起了一轮更大喧嚣,其发展势头之迅猛就如暗夜中的一道明光,划破了遮蔽在人们内心中的那层蒙昧天空。印刷术不仅是纯粹技术领域内的一场革命,它更是人类思维中的一场革命,正如美国学者埃默里在评价印刷术的变革力量时所说:

> 在西欧,印刷机的出现对生活所产生的影响是巨大的。伊丽莎白·爱森斯坦博士在她所做的研究报告中收集了一些证据来证明她所提出的一些论点:在15世纪末和16世纪,印刷术的扩散撕裂了西欧的社会生活结构,并用新的方式将它重新组合,从而形成了近现代模式的雏形。印刷材料的使用促成了社会、文化、家庭和工业的变革,从而推动了文艺复兴、宗教改革和科学革命。

> 活字印刷术是如何促使在几个世纪来公认的思维和习惯发生这样一种变革的呢? 首先,它降低了文学作品和印刷材料的价格,使大众能够获得它们。用手工制作每一本书或一封新闻信,既是成本高昂的,又是费时费力的。印刷机不仅降低了单位成本,而且可以批量生产。这意味着知识不再是特权阶级的独有财富。廉价的印刷读物有助于提高识字率,读书识字则可能激发一个人的好奇心,道理很简单:一些原本没想到过的事情引起了人们的关注。随着中世纪的终结,许多社会新趋势打破了陈规陋习,开辟了一个讨论的时代。②

---

① 马歇尔·麦克卢汉:《理解媒介:论人的延伸》,何道宽译,北京:商务印书馆,2000年版,第204页。
② 迈克尔·埃默里、埃德温·埃默里:《美国新闻史:大众传播媒介解释史(第八版)》,展江、殷文译,北京:新华出版社,2001年版,第4页。

威廉·卡克斯顿被认为是最早学会使用活字印刷的英国人，当时他旅居德国，1476 年返回英国，并偷偷把一套活字模版带回国内，然后在伦敦威斯敏特大教堂成立了英国历史上第一家印刷所，印刷出版的书籍包括《特洛伊史》《坎特伯雷故事集》《亚瑟王之死》等，且销量很好。印刷术不仅能让知识自由地广泛传播，而且还成为一门能够赚取利润的产业。作为历史上著名的金雀花王朝的末代君主，国王理查三世在莎士比亚的戏剧《理查三世》中被刻画成一个"天生一副陋形畸象、内心阴暗的暴君"。莎士比亚在戏剧中描绘的理查三世形象并没有得到历史学家们的确认。不过有一点可以肯定的是，理查三世在位时推行了比较开明的改革政策，他鼓励外国人在英国境内投资书籍出版业。到 16 世纪中叶，英国国内已经有 33 家出版商。

从金雀花王朝之后的都铎王朝一直到斯图亚特王朝，封建统治者担忧印刷物的自由流通会让人民的思想难以控制，因而期间关于出版自由受到了各种各样的限制：亨利八世下令取缔了外国出版商在英国的业务；玛丽女王在位时规定除皇室或经女王特许外，印刷出版一律禁止。其中最臭名昭著的莫过于伊丽莎白在位时颁布的"星法院法令"，该法令先后于 1566 年和 1586 年两次颁布，成为打压出版自由的恶法，期间有些出版商因擅自印刷出版物遭到迫害，威廉·卡特就因为印刷了一些宗教宣传物而被处以绞刑。

封建王朝压制出版自由的法令遭到了资产阶级和新贵族的反对，其中最著名的是弥尔顿的《论出版自由》。弥尔顿出生于一个清教家庭，曾在剑桥大学求学，他强烈反对教会压制言论和出版自由的法令，认为真理和意见只有在各种公开讨论中才具有持久的生命力。弥尔顿说：

> 现在正是我们发表写作和言论来推动大家进一步讨论激动人心的事情的时候。杰纳斯庙庙门上两片对合的杰纳斯神像现在已经是不为无故的敞开了。虽然各种学说流派可以随便在大地上传播，然而真理却已经亲自上阵，我们如果不怀疑它的力量而实行许可制和查禁制，那就是伤害了它。让它和虚伪交手吧，谁有看见过真理在放胆的交手时吃过败仗呢？[①]

[①] 约翰·弥尔顿：《论出版自由》，吴之椿译，北京：商务印书馆，1989 年版，第 46 页。

直到1693年,英国国会才取消了压制出版自由的法案,各种出版物如雨后春笋一般出现,出版自由的观念深入人心。人们普遍认为印刷业和出版物永远地改变了欧洲文化生活的特点,它们是人们思想启蒙、开辟新时代的重要交流媒介,如果没有印刷术,欧洲的蒙昧时期很可能还要往后延宕数年,也就不会出现学校和教育机构的普及与繁荣。

欧洲人把这种观念带到了北美大陆,是出版物的流通让欧洲人认识了北美大陆的容貌。最早来到北美大陆的殖民者虽然没有携带印刷机,但是他们对印刷品巨大的宣传和鼓动力量深信不疑。1562年,法国胡格诺教徒让·里保尔特率众来到佛罗里达,因为环境恶劣,他们没能在这里站稳脚跟,不过里保尔特把这次探险活动写成一本书出版后在英国兜售,里保尔特对北美大陆的探险经历引起了英国人的关注。而我们在前文中提及的哈克鲁特在宣传殖民事业方面更是起了推波助澜的作用,他把航海家们在北美探险时的见闻结集成册出版,他把弗吉尼亚描述成世界上最优良、最宜人的土地,那里的富庶程度简直无法想象。哈克鲁特的著作激起了殖民者们来北美捞取财富的欲望。

在欧洲出版的印刷品除了把北美大陆描绘成一个物产丰饶的福地,还兴致勃勃地向人们渲染:这里没有等级划分,没有宗教迫害,没有贫富不均,任何人来到这里只要依靠勤劳的双手都可以发家致富。这对于欧洲大陆的那些新兴资本主义人士以及受到宗教迫害、中下层群体来说具有极大的诱惑力。如探险家约翰·史密斯出版的《详述新英格兰》这本书中,把北美大陆描绘成一个充满平等、自由的天堂:

> 这里(新英格兰)没有冷酷无情的地主用昂贵的地租压榨我们,拿罚金掏空我们的口袋,没有繁复的诉讼程序逼迫我们为求得法律的公正而花费数年庭上辩论……在这里每个人都能拥有自己的土地,成为自己的主人,每个人都能用时很少却获益良多。只要拥有劳动的手,任何人都能大有作为:勤劳就可让他迅速致富……①

受到哈克鲁特、史密斯等人的鼓动,那些在欧洲大陆受到宗教迫害或者阶级

---

① 大卫·斯隆:《美国传媒史》,刘琛等译,上海:上海人民出版社,2010年版,第30页。

歧视的移民们带着家眷、宠物、作物种子、工具还有各类书籍登上了开往北美大陆的轮船。如克雷明所说的，那些来到美洲大陆的人，不论其出身高低贵贱，他们都是文艺复兴时代的人，他们既保有纯正的宗教理想，同时又怀揣文明和进步的渴望，他们带去的这些书籍既是欧洲大陆承续数百年的思想遗产，同时也是开启新世界美好生活的文明火种。

> 在这些书籍中有古代的和基督教的经典，因为如同在其他地方一样，英格兰文艺复兴学者也尊崇那些无法超越的古代经典著作；有同时代的宗教书籍，不论是有争议的还是说教的，因为文艺复兴思想对上帝和人以及二者之间的关系进行了重新界定；有法律、医学、政治、测绘、农业和品行教育的书籍，因为文艺复兴时期的人是务实的，而那些去往美洲的人必须比大多数人更务实；还有数量可能相对较少的诗歌、戏剧、历史，甚至小说，这些书籍会让某些人感觉到生活的文明而不仅仅是生存；最后，还有保证文明在新大陆延续下去的教科书。①

这些书籍在移民们中间广受欢迎，它们成为移民们塑造美德、践行信仰、增进学识的规范手册，而且有助于培养移民们共同的价值观和宗教信仰，对于形成中的殖民地精神发挥了黏合剂的作用，那时在殖民地受欢迎的书籍当中，《圣经》无疑是人们的枕边书，除此以外，还有5本书也很受人们欢迎。

> 有5本值得特别讨论，因为它们都拥有大量读者并且对所有定居点和地区的殖民者都产生了重大影响。它们是约翰·福克斯的《纪念与丰碑》，通常被称作《殉道者书》，刘易斯·贝利的《实践虔诚》，理查德·阿莱斯特里的《人的全部责任》，理查德·巴克斯特的《穷人的家庭书》和约翰·班扬的《天路历程》。这5本书共同为确定17世纪的盎格鲁—美利坚教育理念发挥了重要作用。可以说，它们体现了殖民地最初的教育思想，虽然都源于英国，它们却是了解主导美洲早期教育的传统智慧的现存的最佳指南。②

---

① 劳伦斯·A.克雷明：《美国教育史：殖民地时期的经历》，周玉军等译，北京：北京师范大学出版社2003年版，第3页。
② 劳伦斯·A.克雷明：《美国教育史：殖民地时期的经历》，周玉军等译，北京：北京师范大学出版社2003年版，第16页。

除了这些传经布道的书籍之外,古希腊、古罗马以及近代启蒙思想家们的著作在这里都很受欢迎。移民们还在殖民地建起了图书馆,几乎所有的殖民地图书馆都可以借阅到柏拉图、亚里士多德、西塞罗、荷马、马基雅维利、弥尔顿、洛克等人的著作。要知道,移民们最初没有带去印刷机,为了获得更广泛的阅读机会,他们不断向欧洲索取书籍,或者从刚刚由欧洲过来的轮船上寻找印刷品,或者如果有人去欧洲旅行或者做别的什么事情,那么受人之托最多的情况就是帮人购买书籍。杰斐逊就干过这样的事情,当他在法国担任驻法公使期间,麦迪逊托他购买古希腊和古罗马的著作以及有关经济方面的书籍。无论如何,殖民地最初时期在移民们中间广泛流行的阅读行为扮演了很好的传播知识和教育民众的角色,这些书籍成为在恶劣自然条件下打拼的移民们维持信仰、激情和梦想的"福音书",还成了殖民地此后开展家庭、教会、学校教育所依托的模板。

我们有充分的理由相信,当殖民地成为社区时,这些书籍在表达居民的共同理想时发挥了根本性的作用。它们本身是富有教育意义的,在发展制度的过程中具有深远的影响。况且既然许多书籍为人的品行明确了标准,它们也就不可避免地有助于明确教育的定义,不仅表明了教育过程所期望的结果,还表明了讨论所使用的术语、教育实施的技术以及进行教育的机构。①

二、殖民地时期的出版业

移民们带去的那些书籍和出版物逐渐不能满足殖民地巨大的阅读需求,唯一的办法就是想法把印刷机弄过来。来自"山巅之城"马萨诸塞的清教徒约瑟夫·格洛弗注定要成为北美出版业的先驱,他通过向四方筹款准备从英国进口一台印刷机,印刷机安全地运到了马萨诸塞,然而格洛弗却不幸在路途中丧生——时间是1638年。这台印刷机历经艰难抵达"山巅之城",被人们视为上帝赠送给他们的厚礼,它被放在了坎布里奇的哈佛大学,并由此成立了北美第一个印刷所。这间印刷所最初主要用来印刷传经布道的材料,偶尔也印刷政府文件、学校教材及

---

① 劳伦斯·A.克雷明:《美国教育史:殖民地时期的经历》,周玉军等译,北京:北京师范大学出版社,2003年版,第5页。

其他出版物。格洛弗的冒险精神获得了人们的赏识,人们赞赏他为殖民地所做出的贡献,纷纷效仿他把更多的印刷机弄到殖民地,从而开办了更多的印刷所,出版了更多的印刷品,其对于形成中的殖民地教育理念的重要性不言而喻。

  越来越多寻求教育的殖民地人求助于文艺复兴所带来的那种教育性出版物。到1762年,13个殖民地中的每一个都拥有至少一家出版机构,而整个北美殖民地则有约40家,其结果就是对识字的公众来说,五花八门的报纸、年鉴、杂志、教本、手册、布道书、法典和小册子的数量飞速增长。查尔斯·埃文斯的《美洲书目》列出了1689年到1783年之间当地出版机构发行的18000多种书刊,而且可以让人相信的是实际发行的书刊是这一数字的四五倍,其中包括传单、另外发行的报纸、海报、法律和商业表单以及其他一些昙花一现的印刷品。大多数印刷品,包括一些发行量最大的刊物,都毫不隐晦的具有教化特征,而这种特征被不断增长的那些急欲参与这种教育的读者们所认同。[1]

印刷业在北美大陆的普遍繁荣促成了各种信息、观点和意见的相互碰撞和交流。印刷物不仅可以给人们提供他们需要的各种信息,开阔他们的知识视野,而且在北美大陆还形成了利用印刷品进行政治辩论和交流意见的风尚,"发表多种观点论述的宣传册帮助确立了'思想市场理论'这一日后成为美国出版民主理念哲学的标志。此外,出现在各种文字大战中的小册子、宣传手册和书籍使美国人逐渐形成了是非观,认清了正确的美国经验。诉诸文字的大讨论因此变成美国思想的种子,帮助美国人逐渐摆脱了欧洲传统的影响"[2]。

印刷品中最常见的有三类:宗教宣传、课本教材以及报纸杂志。对那些到北美大陆寻求纯正宗教理想的清教徒来说,他们自然懂得借助印刷业宣传宗教伦理。在所有的宗教读物中,《圣经》有着无可替代的作用,清教徒倡导对上帝的终极信仰,因此每个人都应当有责任亲自阅读《圣经》,而不能像天主教和国教那

---

[1] 劳伦斯·A.克雷明:《美国教育史:殖民地时期的经历》,周玉军等译,北京:北京师范大学出版社,2003年版,第363页。
[2] 大卫·斯隆:《美国传媒史》,刘琛等译,上海:上海人民出版社,2010年版,第39—40页。

样由牧师或主教代劳。"所以一本看得见摸得着的印刷品《圣经》就成为清教徒的个人必备品,一笔帮助阅读者开启天堂王国的宝贵财富。"①在北美大陆印刷的第一本《圣经》竟然是1661年由约翰·艾略特翻译成的印第安语版本。艾略特是一位富有理想和激情的清教徒,他为了教化印第安人,亲自学会了印第安语。他的工作还得到了英国议会的支持,进而成立了"新英格兰福音宣传公司",并支持出版艾略特翻译的印第安语《圣经》。

除了《圣经》之外,受到移民青睐的宗教读物还包括:哈佛大学印刷所成立之初印刷的《一个自由民的宣誓》,这个印刷所由史蒂芬·戴伊主持,殖民地政府规定要求殖民地的每个男性都要阅读这本宗教小册子;此外一些关于宗教辩论的著作也在移民中被广泛阅读,比如1662年出版的《关于受洗礼者和教会间联合的建议》以及1663年出版的《再谈真理的探索》,这两本宗教宣传材料都是关于宗教观念多元化的辩论,这说明那时的清教徒把印刷品作为宣传普及宗教教义的主要媒介,即便在大众化的报纸杂志出现以后,宗教印刷品仍然在出版物中占有重要一席。"殖民地时期的北美移民在寻求精神身份与上帝联系的过程中,印刷品是照亮他们心灵深处的明灯。"②

殖民地出版的课本教材中当属《新英格兰识字课本》最有名了,它于1689年在波士顿出版,如今的原件存放在纽约的普里姆顿图书馆。这本教材在北美大陆使用了一个多世纪,印刷超过三百万册,可见影响之大。美国国会图书馆2012年评选出的88部"塑造美国的图书"中,《新英格兰识字课本》榜上有名。这本教材仅有88页,通篇贯穿着宗教色彩。此外还有一些专门针对特定受众或行业出版的教材,比如"约翰·希尔1694年出版的《年轻秘书指南:或学习快速帮助》,斯莱克夫人1731年出版的《教育指导:或年轻人的最佳伴侣》,富兰克林与霍尔1748年以《美国人指南》为名再版此书"③。这些书为殖民地的年轻人提供了一种旨在帮助他们以职业规划和手艺传授为主要内容的通才教育。

---

① 大卫·斯隆:《美国传媒史》,刘琛等译,上海:上海人民出版社2010年版,第46页。
② 大卫·斯隆:《美国传媒史》,刘琛等译,上海:上海人民出版社2010年版,第50页。
③ 劳伦斯·A.克雷明:《美国教育史:殖民地时期的经历》,周玉军等译,北京:北京师范大学出版社2003年版,第369—370页。

在印刷业渐趋兴旺的局面下,偶尔也穿插过限制出版自由的禁令,最典型的是新英格兰总督埃德蒙·安德罗斯,他是在詹姆士二世上台之后空降到新英格兰的总督。安德罗斯身为国教徒,自然与以清教为基础的新英格兰在思想行为做派方面不能保持步调一致。这是一个态度强硬的家伙。1689年安德罗斯颁布了控制出版物的禁令。此举招致了清教徒们的强烈反弹,正好借助"光荣革命"的余晖,新英格兰首府波士顿的人民冲进总督府,把安德罗斯赶下台,不过,出版许可证制度在北美大陆直到1730年才被废止。

正是因为出版许可证制度的存在,1690年9月25日出版的美国历史上第一份报纸——《国内外公共事件》被波士顿当局取缔,理由是:报道内容涉嫌歪曲政府形象。由于英国当局的限制,那时候的出版商大多为政府官员,18世纪初的殖民地的报纸出版并不发达,主要包括如下几份:波士顿邮政局局长约翰·坎贝尔于1704年创办的《波士顿新闻信札》,坎贝尔的继任者威廉·布鲁克1719年创办的《波士顿公报》,以及布鲁克曾经合作过的印刷商詹姆斯·富兰克林(本杰明·富兰克林的哥哥)于1721年创办的《新英格兰报》。

值得注意的是,这一时期北美大陆最出色的出版商非本杰明·富兰克林莫属。富兰克林曾经在他哥哥办的印刷所当学徒,并且以笔名"沉默的善行"偷偷在他哥哥创办的《新英格兰报》发表文章,身份暴露后,富兰克林不愿意继续在印刷所从事学徒工作,他来到费城,在这里他收购了《宾夕法尼亚公报》,创办了《费城新闻》以及殖民地的第一份杂志——《普通杂志》。

富兰克林作为一个教育家、外交家和科学家的身份已广为人知,然而他更看重自己作为一个出版商的身份,他在为自己设计的墓志铭上写道:本杰明·富兰克林,出版商(像一本旧书的封面、目录、文字和镀金已经被磨损)长眠于此,蛆虫的食物!但是作品本身不会遗失,因为正如他所坚信的那样,书会经过作者的更正与修改,以一个全新的、更精美的版本再次出版。

殖民地的报纸出版一直到18世纪50年代之后才普及起来,较晚的如新泽西州,到1765年才有了第一张报纸。客观地说,连同那些在殖民地出版的杂志,这些报刊并没有明确的用于教育的目的,它们主要以提供经济、商业、政治新闻,偶尔会有科普知识和教育信息的报道。尽管如此,那些从英国本土过来的出版商们在陈述他们的创办报刊动机时,仍时不时流露出崇高的一面,他们声称:"报纸将提供给人们无尽的财富,从中可以萃取到必需的对美德的支持,对邪恶的抑制,知识、智慧和创造力的催化剂等。"①《纽约期刊》的创办人约翰·霍尔特更是直接吐露了报刊作为公众教育的工具职能,他用有些蹩脚的诗化的语言赞美报刊:

> 事实表明(带着对学界的敬意)
> 报刊是知识的发源地,
> 是遍及全国的总来源,
> 涉及每一处当代论坛。
> 哎呀,假如不再有新鲜活力,
> 这个伟大的人民会走向哪里?②

殖民地报刊出版业的发达,自然与教育水平的提高有不可割舍的联系。不过我倒是不太同意埃默里把报刊的普及单方面归于教育状况的改善,他说:"教育状况的改善,而这从来都是造就一个有利于报业发展的社会的因素之一。许多父母这时能够付得起学费送子女上学,在城市中心还开办了神学院和专门学校。不少殖民地的大学,不但造就了教师和牧师这些战胜文盲的劲旅,而且还培养了作家和政治领袖。"③

埃默里显然忽略了报刊的普及对提高教育水平所产生的重要影响,至少报刊与教育是互为表里的。且不说,那时订阅一年的报刊价格不过12先令,而取得哈佛大学的学位则至少需要100英镑,人们的收入水平平均每天只有两个先令,可见并不是人人都有资本送子女接受正规的学校教育。

这种情况下,报刊所担负的公众教育功能就凸显出来了,小酒馆儿成为人们

---

① 大卫·斯隆:《美国传媒史》,刘琛等译,上海:上海人民出版社,2010年版,第55页。
② 劳伦斯·A.克雷明:《美国教育史:殖民地时期的经历》,周玉军等译,北京:北京师范大学出版社,2003年版,第368页。
③ 迈克尔·埃默里、埃德温·埃默里:《美国新闻史:大众传播媒介解释史(第八版)》,展江、殷文译,北京:新华出版社,2001年版,第40页。

最喜爱的聚会交流、阅读报刊的场所。当正规的学校教育无法满足人们的知识需求时,报刊就成为传播思想、获取知识、表达意见最理想的媒介,其传达的最根本的信条就是弗朗西斯·培根爵士的名言:知识就是力量。正如大卫·斯隆在评价报刊与美国社会的成长经历时所言:"报纸折射出一个社会,是美国一道重要的风景线……新闻哺育了美国人民,它是一种力量。"①

三、政党报刊之争

毋庸置疑,新闻出版在北美独立革命的胜利过程中发挥了独特的作用,如果没有印刷业,托马斯·潘恩的《常识》、托马斯·杰斐逊的《独立宣言》以及约翰·迪金森的《自由之歌》等诸多伟大的文献就不会被那么多人所熟知。这些出版物还为一代美国人提供了一次思想上的教育革命,正如潘恩在他的文章《美利坚人的危机》中大声呼吁的:这是考验人们灵魂的时代!为了灵魂而战斗,只有自由和独立才是浇灌灵魂、催发生命的鲜血!托马斯·杰斐逊在《独立宣言》中袒露了北美人民的终极信仰:人人生而平等,造物主赋予他们某些不可转让的权利,其中包括生命权、自由权和追求幸福的权利。

美国建国之后,特别是1789年合众国宪法通过之后,联邦党人与共和党人在执政方针上存在的分歧,他们各自都懂得利用报刊来宣传公共政策,而报刊则成为争取大众舆论最主要的手段。两个党派都因此建立自己的舆论阵地,试图让自己的执政理念获得民意的支持,成为塑造国家政治理想的未来中坚力量,由此形成了共和党与联邦党为双方的政党报刊之争。此阶段的政党报刊之争,尽管掺杂着个人的情感因素,然而根本上,它仍然是两个党派之间因政见不同而展开的政治论争。政党报刊时期在美国历史上是一段非常关键的时期,不同政见之间的公开讨论明确了其后美国的历史发展方向。

政党报刊之争时期对于公众教育的重要性在于:政治理念之间的论争进一步荡涤了美国社会中存在的专制强权思维,公民的基本权利必须得到保障;

---

① 大卫·斯隆:《美国传媒史》,刘琛等译,上海:上海人民出版社,2010年版,第55页。

报刊数量和发行量飞速增长,伴随着合众国兴办学校教育的热潮,报刊成为民众获取知识的一个主要媒介,正如1793年诺亚·韦伯斯特在《美国米娜娃》上发表的一段文字所说的:"大多数美国人不仅识文断字,能够阅读本国的文字,而且他们有强烈的愿望,希望能够用适当的方式购买能够获得知识的载体,在所有的知识载体中,报纸是人们最早购买的,并且也是传播范围最广的。在地球上,没有哪个国家,即便是在大不列颠,报纸也没有像在美国这样,在人民中间得到如此广泛的传播。"①

政党报刊之争的导火索始于英国历史学家埃德蒙·柏克。法国大革命第二年柏克写了一本批评法国大革命的书《法国革命论》。柏克是一位国教徒,典型的思想保守者,他在书中批评法国大革命是人类一切罪恶、暴力和血腥的渊薮,他把自由看作是"一切可能罪恶中最大的罪恶"。柏克的观点在盛行自由主义传统的北美大陆遭到了强烈的反对,托马斯·潘恩马上写了一本《人的权利》的小册子,对柏克的观点进行反驳,为法国大革命进行辩护。

1791年的春天,杰斐逊看到潘恩的《人的权利》这本小册子,对潘恩的观点表示高度赞同。《人的权利》最开始是在英格兰销售,这次准备在北美大陆印刷,首选地为费城。杰斐逊读完之后准备归还给出版商J.B.史密斯,杰斐逊无意中把自己为这本书写的一小段批注文字一同夹在书中,史密斯看到杰斐逊的批注当然高兴,于是他把杰斐逊的批注当作《人的权利》一书的前言。这段批注文字是这么写的:我很高兴看到它重印,还是最终会有一些公开反对近来在我们中泛起的政治异端的东西出现。而且我不怀疑我们的公民会再次在《常识》的旗帜周围团结起来。

杰斐逊在这段文字当中所说的"政治异端"当然指的是联邦党人,矛头直指约翰·亚当斯。作为曾经的密友,杰斐逊与亚当斯如今因政治理念不同而分道扬镳。在潘恩的这本小册子在费城出版之前,亚当斯受汉密尔顿的指使,在约翰·芬诺主办的《合众国公报》上发表了一篇叫作《论达维拉》的文章,批评杰斐逊以

---

① 劳伦斯·A.克雷明:《美国教育史:建国初期的历程》,洪成文等译,北京:北京师范大学出版社,2002年版,第368页。

及共和党人的政治主张。约翰·芬诺及其主办的《合众国公报》，是联邦党人为了掌握公众舆论而扶植的喉舌，这份报纸创刊于1789年4月15日。

亚当斯看到杰斐逊的批注之后当然很恼怒，这事闹到了总统华盛顿那里。其实按照杰斐逊的本意，他并没打算要把这段批注公开发表出来，自己只是当时阅读《人的权利》的时候，一时兴起，就写下了那段文字，没想到不经意被出版商印刷出来。杰斐逊为了平息事端，还写信给华盛顿解释这次冲突的始末：

> 我担心，由于一位印刷商的粗心，把我和我朋友亚当斯先生牵连在一起，而我是把他作为当今最诚实和最无私心的人之一加以尊敬的。……虽然我们有分歧，但这种分歧是朋友之间的分歧。……可以肯定的是，我考虑到12个月中充斥着芬诺报的《论达维拉》的论文，竟没有人反驳，但是，除了我想自己在公开场合加以反驳之外我没有任何进一步的想法。然而使我感到吃惊的是，当这些小册子问世时，印刷商把我的便条的内容也印在上面，而且一点也没有暗示给我。亚当斯先生无疑认为对于政治异端的指控是针对他自己，因为他意识到了他自己按照英国宪法的模式改造美国政府的观点。而且，我担心他会认为我是想损害他在公众眼中的形象。我得知一些盎格鲁人用另一种观点谴责他，因为支持潘恩的原则就容易触怒英国政府，然而，他们真正害怕的是，这本流行的共和派小册子这样大受欢迎，可能一下子全部消灭他们的首领达维拉12月以来一直在传布的违反宪法的理论。我确实从来没有隐瞒我是反对君主制和贵族政治的，但是我也由于这样被推上公共舞台而从内心感到受辱，因为在这个公共舞台上，无论是留下来也好，前进也好，还是退下来也好，同样都是与我热爱沉默安静和厌恶争论相抵触的。[①]

但是，杰斐逊已经无法从这场因为意外而引起的论争中全身而退了，全国多家报刊都转发了杰斐逊那段对《人的权利》的批注，一时在国内舆论中引起轩然大波。因为媒体的推波助澜，作为共和派代言人的杰斐逊与联邦派的汉密尔顿之间的冲突已经在公众面前显露无遗。然而，联邦党人在掌握公众舆论方面赢得了

[①] 梅利尔·D.彼得森编：《杰斐逊集》，刘祚昌、邓红风译，北京：生活·读书·新知三联书店，1993年版，第1106—1107页。

先机，他们的喉舌报纸《合众国公报》成为联邦派发声的主阵地。

杰斐逊自然懂得利用报刊掌握公众舆论的重要性，联邦党人的做法使他不得不考虑建立自己的舆论阵地。而一个好的编辑将成为一份报纸的重要灵魂，杰斐逊看上了当时他的法语翻译——菲利普·费里诺。费里诺在独立战争时期因为创作呼吁自由和独立的诗歌而成名，被称为"革命诗人"，他是一位坚定的共和主义者，与杰斐逊、麦迪逊等人过往甚密。1791年8月，费里诺来到当时的首都费城，杰斐逊联系了费城一家印刷厂准备创办一份报纸，并聘请费里诺担任主编，费里诺欣然应允。1791年10月31日，由杰斐逊、麦迪逊等人出资，费里诺主编的《国民公报》正式创刊。利用自己的国务卿头衔，杰斐逊从各个方面对《国民公报》给予支持，从消息来源、经费支持到用户征订，杰斐逊都亲力亲为，他希望把这份报纸办成共和派的舆论桥头堡，与联邦党人的报纸相抗衡，而费里诺"革命诗人"的名号也非浪得虚名，凭借他过人的才华，《国民公报》大获成功。

在此后的两年时间里，《合众国公报》与《国民公报》之间的政治论争不断升级，而两份报纸之间的争端根本上反映的是联邦党人与共和派之间的执政理念之间的分歧，政党报刊之间的论争甚至引起了总统华盛顿的关注，在华盛顿的眼里，这不仅仅是两份报纸或两个人之间的恩怨，论争的结果很可能由此会主导之后的美国社会发展走向。杰斐逊本人也对这种党派斗争和恩怨开始产生反感，他于1792年9月9日在蒙蒂塞洛给华盛顿写了一封长信，详细阐述了两个党派利用报刊相互攻击的某些细节、他与汉密尔顿的矛盾，并由此而体现出来的两个党派之间的观念差异。

杰斐逊说，汉密尔顿以"一个美国人"为署名在《合众国公报》上发表诽谤他的文章。汉密尔顿在文中指控杰斐逊具有分裂国家的倾向，主要有三条：第一，反对新宪法；第二，怂恿报纸诋毁政府；第三，不偿还外债。杰斐逊在给华盛顿的信中对这三条给予了一一回应，他说之所以反对新宪法，是因为新宪法中缺乏保障公民权利的条款；对于第二条，杰斐逊说他从来没有利用自己的职权干涉媒体的事情；对于第三项，他希望立刻就能还清外债，这在杰斐逊执政之后能够得到证明，他在任期间偿还了大部分的债务。最让杰斐逊难过的是，汉密尔顿及其联邦党人不断在报刊上发布诋毁他的文章，他们指责杰斐逊利用职权对联邦党人进

行漫骂和污蔑,在政府部门中拉帮结派、胡作非为,对联邦党人的这些无中生有的言辞,杰斐逊给出了有力回击:

> 由政府的一名部长匿名为这份或那份报纸写文章或专栏,不是有损于政府的尊严甚至体面吗?任何政府都不可能没有批评者,而在新闻自由的地方,也不会有政府会没有批评者。如果政府正直,它用不着害怕公平的攻击和答辩。在宗教信仰、法律和政治中,自然没有给任何人任何其他的手段来筛选出真理。我认为政府既不去弄清也不去注意谁是它的谄媚者或批评者,是不光彩的。就好像纵容谄媚者或迫害批评者是不光彩的和犯罪的一样。①

杰斐逊厌倦了这种党派之间的相互攻讦,他决定国务卿期满后从此隐退。1793年对美国历史来说也是个多事之秋,美英、美法关系变幻莫测,一场严重的黄热病席卷了费城,很多报刊停办,在杰斐逊辞去国务卿职位后,《国民公报》也随之停刊。

联邦党派与共和派之间的政党报刊之争的第一个阶段随着这场瘟疫的到来,以及杰斐逊的辞职而暂告一段落。回到蒙蒂塞洛的杰斐逊享受了一年的悠闲时光,时间到了1794年。杰斐逊始终对国家事务念念不忘,这一年《杰伊条约》的签订让联邦党人在国内的声望一落千丈,杰斐逊政治上的盟友们向他建议,此时正是出手的好时机,可利用此机会继续打击联邦党人在美国政治生活中的地位。恰逢此时,杰斐逊认识了一位富有才华和办报经验的媒体人艾尔伯特·加勒廷,杰斐逊把加勒廷引荐给《曙光女神报》的创办人——本杰明·富兰克林·贝奇。贝奇是美国元老富兰克林的外孙,1790年只有21岁的贝奇创办了《曙光女神报》,并且与共和派走得很近。通过杰斐逊的引荐,加勒廷在《曙光女神报》上不断发文抨击联邦党人在外交事务方面表现出的软弱无能。

但是联邦党人并未就此罢休,他们也利用自己的报刊鼓吹《杰伊条约》的利好之处,当《合众国公报》迁往费城之后,汉密尔顿、杰伊等联邦党人为了继续扶

---

① 梅利尔·D.彼得森编:《杰斐逊集》,刘祚昌、邓红风译,北京:生活·读书·新知三联书店,1993年版,第1133页。

持联邦派报纸,他们10名联邦党人每人出资150美金创办了《美国智慧女神报》,这份报刊于1793年11月9日创刊,由曾经重印潘恩的《人的权利》的出版商诺亚·韦伯斯特担任主编,汉密尔顿以"凯米勒斯"为署名在该报上撰文支持《杰伊条约》。

杰斐逊敏锐的嗅觉使他意识到,联邦党人不顾国内此起彼伏的对《杰伊条约》的反对而固执己见,迟早要为违反民意而栽跟头。1796年总统华盛顿发布辞职演说,新一轮总统竞选即将开始,此时杰斐逊收到了麦迪逊的来信,麦迪逊希望杰斐逊能够参加总统选举。结果出来后,联邦派的约翰·亚当斯当选,杰斐逊当选为副总统,党派之间的争端仍在延续。1796年初,杰斐逊就写了一篇批评《杰伊条约》的文章先后发表在意大利佛罗伦萨和法国巴黎的报纸上,后来被纽约一家报纸译成英文发表,言辞有些激烈:

> 在热爱自由的地方,在曾经领导美洲人进行独立战争的共和政府所在地,一个英国君主政体贵族式的党冒了出来,它的既定目标就是:如同他们已经把英国政府的几种形式搬过来那样,将英国政府的具体内容扣在我们头上。大多数美国人仍然是共和主义者,但是政府的所有官员利用英国资本的商人、投机者、银行家以及所有那些宁要"专制的平静,不要汹涌的自由海洋"的人,都在拼命地将共和国塑造成英国的模式。我要是告诉你有谁变了节跑去鼓吹这些邪说,你准会气疯的。①

联邦党人恼羞成怒,但此时《美国智慧女神报》的主编韦伯斯特与汉密尔顿之间产生不和,联邦党人急需物色一位新的报人来对抗共和派报纸。威廉·科贝特进入了联邦党人的视野。科贝特是英国人,在英国国内时就已经成为著名的报人,1794年他来到费城。科贝特拥护联邦派,1797年他创办了《箭猪公报》,科贝特在报刊上发表的攻击共和派的文章言辞犀利,本杰明·罗素声称科贝特的报纸是用来"猎取共和派的狐狸、臭鼬还有毒蛇"。科贝特把《曙光女神报》称为"狼心狗肺似的贝奇,公众的害虫,毁灭高雅的灾星"。

---

① 艾德尼:《杰斐逊:设计美国》,呼和浩特:内蒙古人民出版社,1998年版,第613页。

现在我们回过头来看这段时期的政党报刊之争，尽管充斥着比较极端的人身攻击、谩骂或者讽刺，但它们是以诉诸公开辩论的方式展开的。通过报刊之间的争论，民众对两个党派之间的政治理念有了更加清晰的认识，这对美国民众来说就是最好的普及民主观念的教育形式。并且这种通过报刊引发和促进公共辩论的形式成为美国历史的一种传统，让美国人认识到报刊的作用，通过报刊进行公共讨论的重要性，以及允许反对派意见的公开自由表达，如此某个问题才能为各方所知情，并且逐渐奠定了美国人的理性特征，毫无疑问，这是传媒的独特魅力：

> 传媒是美国思想的基础，没有大众传媒的出现和影响，即使是在约瑟夫·格洛弗把印刷机引进到马萨诸塞之间的殖民地早期阶段，美国也将不是美国。毫无疑问，美国的理性特征，之所以能发展得与欧洲模式相异，在某种程度上正是得益于大众传媒的推动和塑造。印刷术的特质——公开性、争论、对形形色色人们的吸引等——无不从开始就渲染着美国理性风采的画卷。在美国发展成为不同于欧洲的独立之邦的过程中，其早期受到的各种影响可谓很多，经由大众传媒展现出的理性观念无疑影响了美国人的天性。①

四、杰斐逊式的新闻自由

政党报刊之争随着1798年的"X、Y、Z事件"趋于白热化。《杰伊条约》签订后，法国人不高兴了，他们在海上拦截美国商船，使得美国的海运遭受重创。这使得一向反感法国的联邦党人找到了反击共和派的契机，他们不断在报刊上发表法国人准备与美国开战的言论，总统亚当斯更是发表了对法的强硬言论，并且开始扩充军事力量，美法之间的战争一触即发。杰斐逊劝说亚当斯派使团出使法国，谈判桌上，法国代表要求美国使者转告亚当斯必须为他强硬言论向法国道歉，并且还要拿一大笔钱来贿赂法国官员。因为法国三名谈判代表的名字首字母为"X、Y、Z"，由此引起的事件被称为"X、Y、Z事件"。

---

① 大卫·斯隆：《美国传媒史》，刘琛等译，上海：上海人民出版社，2010年版，第51页。

消息传到国内,很快就经由报刊传遍各地,一时群情激奋,纷纷支持政府对法宣战。联邦党人把此次事件看作是打垮共和派的绝佳机会,此时还有一件事情让联邦派觉得抓住了杰斐逊的把柄——杰斐逊政治上的盟友洛根私自到法国会见法国政府官员,就美法之间的冲突进行谈判,回国后他告诉联邦政府,法国人希望进行和平谈判。不过此举被联邦党人视为通敌卖国行为,他们认为洛根是受杰斐逊的指使,因而把杰斐逊称作是法国的间谍。

为了打击国内支持共和派的报刊和移民,1798年6月25日,议会通过了《外侨法》和《惩治煽动叛乱法》。《外侨法》规定:外国人若加入美国国籍,在美国居住的时间须由之前的5年延长到14年;当美国处于战争状态时期,禁止给予移民以美国国籍,而总统有权驱逐被认为是危险人物的外国移民。很明显,这些外国移民是在本国受到政治或宗教迫害的民主人士,他们来到美国后自然站在共和派的一方,《外侨法》的出台显然是想打击共和派的群众基础;而《惩治煽动叛乱法》在美国出版自由的历史上算是不怎么光彩的污点——尽管它的初衷是惩治捏造虚假言论。该法规定:

> 凡书写、印刷、以口头或书面方式发表……任何捏造的、诽谤的和恶意的文字……攻击合众国政府,或国会两院中任何一院……或在职总统,或在合众国善良的人民中间煽动反对他们的情绪……或抵制、反对与蔑视此类法律者……惩以2000美元以内罚金并处两年以内监禁。①

此法的出台虽然名义上是为了打击言论诽谤或人身攻击,不过实践起来却有"挂羊头卖狗肉"之嫌。说到底,它最重要的目的就是让共和派的报刊"闭嘴",此后果然发生了数起迫害共和派报人的事件。《曙光女神报》的主编贝奇和杜安先后遭到逮捕或殴打,更悲惨的是,《波士顿独立纪事报》的主编托马斯·亚当斯被捕后在狱中被迫害致死。弥留之际,亚当斯写道:《波士顿独立纪事报》注定将与美国的自由共存亡。

以杰斐逊、麦迪逊为代表的共和派对两项法律的实施感到非常忧虑,特别是

---

① 迈克尔·埃默里、埃德温·埃默里:《美国新闻史:大众传播媒介解释史(第八版)》,展江、殷文译,北京:新华出版社,2001年版,第85页。

《惩治煽动叛乱法》,他们认为这可能构成对美国一向引以为荣的新闻出版自由根本的伤害。因此他们必须予以反击,拯救濒临危险的出版自由,杰斐逊到各州进行活动,他把自己草拟的一份议案交给肯塔基州议员约翰·布雷肯里奇。1798年11月,肯塔基议会通过了杰斐逊的议案,其中有关新闻出版自由的条款规定:

> 对于宗教自由、言论自由或新闻自由的权利,宪法没有授予合众国,也没有禁止各州行使,所有有关此类的合法权利理应保留给各州人民,他们这样表明了由自己保留做出如下判断的权利的决心:在多大程度上削减言论和新闻的放肆而又不减少它们的有用的自由,在多大程度上容忍那些无法与它们的用处分开的弊端而又不毁掉它们的用处。……除了这个普遍原则和明确的宣言之外,宪法第一修正案还做了另一条更具体的规定,它明确宣布,国会不得制定关于建立官方宗教或禁止自由信奉宗教,或限制言论或新闻自由的法律。因此在同一个句子内,用同样一些词汇保卫了宗教、言论和新闻自由;而且是如此的彻底以致无论是什么,只要它侵犯了其中任何一个自由,就是破坏了其他自由的庇护所,以致诽谤、说谎和损害名誉与异端和假宗教一样都不许归联邦法庭管辖。因此,1798年7月14日合众国的国会通过的"命名为惩罚反对合众国的某些罪行的法案的附加法案"因为剥夺了新闻自由,所以不是法律,因而是完全无效的。①

共和派与联邦派之间的分歧从美国制宪会议时期就开始了,当1787年新宪法通过之后,远在巴黎的杰斐逊立即写信给国内的朋友,批评新宪法没有保障人民权利的条款。回国之后,杰斐逊马上联合共和派积极推动《权利法案》的通过,《权利法案》第一条规定:国会不得制定剥夺人民言论或新闻出版自由。新闻出版自由在北美大陆有着坚实的思想基础,1735年的"曾格案"是北美大陆新闻出版自由史上的标志性事件。1733年《纽约周刊》的创办人曾格发表文章批评英国总督,被殖民政府以恶意诽谤罪批捕入狱。1735年此案公开审理,当时的北美大陆著名律师安德鲁·汉密尔顿为曾格辩护并且胜诉,法庭宣判曾格无罪。汉密尔顿的辩词因其为出版自由慷慨激昂的陈述而广为流传,汉密尔顿把新闻出版自由看作是"上天和我们国家的法律赋予我们的权利,是以说真话、写真话来揭露和

---

① 梅利尔·D.彼得森编:《杰斐逊集》,刘祚昌、邓红风译,北京:生活·读书·新知三联书店,1993年版,第483—484页。

反对专制权力的自由。……对于一个思想高尚的人,失去自由,不如死"。

随着1800年的总统大选开始,政党报刊之争的天平开始向共和派倾斜。杰斐逊赢得了总统大选,他把这场选举看得无比重要,因为共和国的自由正在被践踏。他把自己的当选称为"1800年革命",他兴奋地告诉约翰·迪金森"一个自由的政府比其他一切形式的政府更为生机勃勃"。杰斐逊上台之后,首先联合共和党人挫败了联邦党人企图将《惩治煽动叛乱法》延期两年的决定,而后又一鼓作气在1801年3月3日该法到期后废止它,并释放了所有在押的因言论出版入狱的囚犯。

亚历山大·汉密尔顿及其联邦党人不肯就此罢休。《箭猪公报》的科贝特1800年在一起诽谤案中败诉不得已返回英国,联邦党人必须重新寻找他们的舆论喉舌。1801年汉密尔顿亲自创办了《纽约晚邮报》,聘请威廉·科尔曼担任主编。科尔曼具有丰富的报刊工作经验,直到1804年汉密尔顿在与的伯尔决斗中身亡,联邦派垮台之前,科尔曼都是联邦党人的首席发言人。

此时共和派的报刊逐渐开始崛起。之前的《曙光女神报》,杜安接替贝奇成为该报的主编之后,继续坚定不移地支持共和派。即使在联邦派实行《惩治煽动叛乱法》期间以诽谤总统亚当斯为名被捕,也没有改变杜安的立场,杜安出狱后,《曙光女神报》继续站在共和派一边,在1800年的大选中,《曙光女神报》发表了不少声援杰斐逊的文章。杰斐逊出任总统后,他又开始着手创办另外一份共和派报纸,它就是由塞缪尔·哈里森·史密斯主办的《国家情报员》。在杰斐逊任期内,《国家情报员》一直都是忠实的共和派拥护者。此外,共和派报纸还有1800年创办的《合众国公民报》以及1804年创办的《里士满询问者报》等,逐渐形成了共和派阵营。

对杰斐逊而言,尽管他整日遭到联邦派报刊的攻击——在所有的美国总统中,杰斐逊受到的诽谤言论几乎是最多和最严厉的。杰斐逊在总统就职演讲中谈到这种情况时说:"在本届政府任职期间,报界为了干扰施政,一直在猛烈攻击我们,用报界的放肆所能编造或敢于编造的任何罪名来指控我们。"但是杰斐逊并没有像前任政府一样,制定政府干涉或压制报刊言论的任何法令,他始终遵循新闻出版自由的原则,看这些诽谤言论是否能够"用虚假报道和损害名誉的办法来贬低一个热情而纯洁的、以宪法精神真正行事的政府"。杰斐逊相信一个人或一个政府的美德不会长期存在于诽谤的言辞之下,如果因为个人之间的恩怨或私利从而利用公权来打压反对者,将导致公权被滥用,这就从根本上违背了民主的原则。杰斐逊把报刊看作是维护人民自由权利并监督政府的有力工具:

> 我相信人民的健全的见识将始终被看作是一支最好军队,他们也许暂时误入歧途,但是不久就会纠正过来。人民是他们的统治者的唯一监督者,甚至他们的错误也有助于促使统治者恪守他们制度的真正原则。过于严厉地惩罚这些错误,就等于压制公众自由的唯一捍卫者,为了防止人民进行这些不合常规的干预,必须发展新闻事业,通过报纸使他们充分了解国家大事,并且努力使这些报纸深入到人民中间去。既然我们政府的基础是人民的意见,首要的目的就是要保持那个权利。如果让我决定有一个政府然而没有报纸好呢,还是有报纸而没有政府好? 我会毫不犹豫地主张后者,我的意见是:每一个人都应该得到这些报纸并阅读它们。①

杰斐逊把新闻出版自由看作是人的天赋权利,并且是除行政、司法和立法之外的"第四权力",一个政府如果失掉了保障人民言论和新闻出版自由的权利,那么其他的权利将无从谈起。他把新闻自由看作是一个国家的警钟,就像后来的普利策所说的:倘若国家是一条航行在大海上的船,新闻记者就是船头上的瞭望者。他要在一望无际的海面上观察,审视海上不测风云和暗礁险滩,并及时发出警告。自由的新闻出版还是公众教育的有力工具,它让各种受到社会关注的事件以公开的方式在报刊上得到讨论,以不同的侧面逐渐显露事件的真相,报刊观点的多元化得以让公众从不同的角度来理解某个事件的本质,如此,培育了公众多元化和理性化的思维方式。杰斐逊在写给约翰·泰勒大法官的信中,袒露了新闻自由在培养公众理性精神方面的重要性。

> 没有什么实验比我们现在正在进行着的实验更有趣了,我们相信,这一实验最后将取得下面的成果:人可以靠理性和真理来治理。所以我们的第一

---

① 梅利尔·D.彼得森编:《杰斐逊集》,刘祚昌、邓红风译,北京:生活·读书·新知三联书店,1993年版,第980页。

个目标便是向人们开放一切通往真理的道路,迄今为止所发现的最有效的道路便是新闻自由。因此,那些害怕他们的行为受到调查的人首先关闭的就是新闻媒体,人民在抵抗最近的新闻滥用时所表现出的坚定性以及区分真假的识别力,表明人们可以放心地信任他们,让他们听到每一种真话和谎言,并且做出正确的判断。几乎没有什么必要对他们的感官施加影响,或者用浮夸、辉煌或者神气去迷乱他们的心灵。不用这种人为的手段,而让他们使用自己的理性以及常识去检验一切的习惯而得到真正的尊敬,要更为可靠得多。①

杰斐逊执政期间,出版自由的理念已经得到了广泛的传播,这一时期的报刊数量和印刷机构得到了快速增长,全国邮政系统的建立使得报纸杂志的流通速度加快,有越来越多的美国人拥有阅读报刊的机会,而且人们也更加依赖报纸杂志所提供的各种信息,而这些是学校教育所不能做到的。到19世纪20年代,美国的印刷所数量达到近800家,"在许多社区,报纸是大多数居民所能接触到的唯一的文学材料,在其他文化机构发展成熟之前,它们充当了主要的教育工具"②。

---

① 梅利尔·D.彼得森编:《杰斐逊集》,刘祚昌、邓红风译,北京:生活·读书·新知三联书店,1993年版,第1325—1326页。

② 迈克尔·埃默里、埃德温·埃默里:《美国新闻史:大众传播媒介解释史(第八版)》,展江、殷文译,北京:新华出版社,2001年版,第103页。

第九章

图书馆里蕴藏着一个国家的文明

美国华盛顿国会图书馆

图书馆与西方文化并肩而行,从尼罗河到哈德逊河,或从幼发拉底河到亚马孙河。

——艾尔默·D.约翰逊

无论是在现实世界还是在文学领域,图书馆都成为很多名人大家最钟爱的地方,也因此图书馆成为许多有趣故事的发生地。随便举一些例子:巴黎国立图书馆、布鲁塞尔皇家图书馆以及伦敦大英博物馆都留下了马克思"啃书本"的身影;如果不是在波兰瓦尔米亚-马祖里省弗隆堡大教堂图书馆里的一次奇遇,哥白尼恐怕写不出他的《天体运行论》;还有大科学家牛顿,当他18岁考入剑桥大学三一学院,目睹着图书馆里珍贵的典藏文集以及镶嵌在四壁的先哲塑像,油然心生敬畏,从此便立志要追随伟人们的脚步。

图书馆不仅留存着先哲伟人的足迹——他们毕竟在整个人类社会中只是很少一部分人。对一个国家的普通民众而言,图书馆就是哺育人们思想文化的集散地。一个国家范围内公共图书馆的数量,代表了这个国家民众读书求知的兴趣和水平。

赵毅衡先生专门对世界各地居民公共图书馆拥有量做过一个统计:北美国家,如美国、加拿大,大约每10 000人拥有一座;英国与此大致相等;德国每6 600人拥有一座;芬兰每5 000人拥有一座;奥地利每4 000人拥有一座;最出色的是瑞士,大约每3 000人就拥有一座公共图书馆。

两百多年前,总统杰斐逊把知识自由、知识民主与知识平等的理念同样倾注在建立公共图书馆的事业中,众所周知,在他的推动下,以国家立法的形式建造了美国国会图书馆;杰斐逊还主张在各县都成立一座面向普通民众开放的图书馆;他还潜心研究图书馆的管理艺术,从图书编目、馆长设置到购书,都亲力亲为。杰斐逊如此热衷于公共图书馆事业,其目的无非只有一个:让知识自由地传播。

第九章　图书馆里蕴藏着一个国家的文明

一、作为文明储藏室的图书馆

一部人类文明的历史,也是如何储存文献以及文化传承的历史。据可靠的文献记载,自人类文明诞生之时起,就伴随着文献储存的问题。人类文明不断进步,人们需要从过去的历史中吸取经验教训,而前代的历史文献毫无疑问成为可资借鉴的底本。于是产生了由专人负责保存文献的机构,这可能是最早的图书馆的模型。之后随着社会结构的渐趋复杂化和书写文字的不断普及,越来越多的文献需要专门的机构或人员来负责保存,图书馆逐渐变得专业化,数量上迅速增长,开始面向普通民众开放,从过去主要为政府或宗教服务,转而担负起文化教育的功能。但无论如何,文字的形成及运用成为图书馆形成的先决条件,文字对人类文明的重要性不言而喻。

> 带给人类这样多的礼物,文字似乎成了人们的神赐恩物与神圣的东西。在最无意义的时候它成了魔术律则中的要素而最受崇拜……它们不仅是为了达到更清楚的思想,并进而成为更好的社会组织,它们更借教育、知识和艺术作为更好的媒介,使世世代代在心灵上坚固地结合在一起。它们建立一个新的沟通机构,借一种主义或信仰将一个民族铸成一体。它们为传达与沟通观念开拓了新的道路,并无限地加速生活的节奏与扩大生活的内容与里程。还有其他能在威力与成果上相当于普通名词的发明吗?其次是思想的扩展,在语言里视之为最伟大的一项赠品,就是教育。文明是一种积累,是艺术与智慧、风俗与伦理的一大宝藏,个人在他的发展上可以从这宝藏中获取精神生活中所需求的一切营养品。假若每一时代都缺乏了种族上一代为他遗留的定期必需品,文明立即陨灭。①

公元前四千年左右的美索不达米亚平原地区的古代文明中,诸如亚述人或巴比伦人,已开始使用象形文字进行基本的文化交流,其后的索马利亚人把象形文字发展成楔形文字,那时储存文献的方法是把文字刻在经过焙烧的泥板上,并且集中存放,这可以被认为是最早的图书馆的模型,这些经过焙烧的泥板相当结

---

① 威尔·杜兰:《世界文明史:东方的遗产》,幼师文化公司译,北京:东方出版社,1998年版,第50—51页。

实,因而能够保存下来为现代的考古学家所挖掘。毫无疑问,古代文明中图书馆事业最为发达和完善的应当是古希腊时期。公元前五世纪的雅典图书馆中,就可以读到埃斯库罗斯、索福克勒斯以及欧里庇得斯等人的著作。到了古罗马帝国时期,公元前1世纪左右,是拉丁文学辉煌的时期,不但在各个城邦中建立公共图书馆,显贵阶层为了彰显身份,还在自己的别墅内建造私人图书馆。

中古时期的图书馆形式逐渐多元化,修道院、教堂、大学和私人图书馆保存了大量历史文献,但是连年的战争对图书馆及其珍藏的文献造成了巨大的破坏。而在欧洲,最早出现的一批大学中开始设立图书馆,不过藏书甚少,规模简单。图书馆事业获得大规模发展始自文艺复兴之后,古登堡发明活字印刷术是一个转折点。从1500年之后,欧洲的教育事业进入了一个快速发展时期,相应的,图书馆事业也迎来了历史上的一个发展高峰期,法国、英国、德国、意大利等先后在首都成立了国家图书馆。此时的大学图书馆发展速度更为可观,主要是随着修道院被关闭,大部分书籍流入大学,据统计,当时的法国南锡大学图书馆的藏书已达百万卷。

清教徒们来到北美大陆,带来了一些书籍,私人藏书在移民中很流行,马萨诸塞州有一位叫作布鲁斯特的牧师,据估计可能藏有400册的图书。藏书的群体主要集中在牧师、医生、律师以及政府官员。殖民地颇具规模的图书馆应当是1638年哈佛大学成立时,约翰·哈佛捐赠的四百册图书,到17世纪末,哈佛大学藏书已经超过3 000册,而且种类繁多。当移民们逐渐在殖民地的生活安顿下来,组成社区之后,他们开始注重在社区中成立小型图书室,以方便书籍在移民中间流通,增加阅读量。波士顿、纽黑文、康涅狄格相继成立了图书馆。图书馆的书籍主要来自移民们捐赠,大家把各自的藏书拿出来凑在一起组成一个小型图书室。北美大陆的有些大学就是脱胎于这些早期的图书室,如耶鲁大学,1701年,10位牧师从自己的藏书中捐献出共计40本图书作为建立一所学院的资本;1718年,东印度公司的伊莱休·耶鲁先生向该校捐赠了一批钱财以及417本书,学校因此更名为"耶鲁学院"。各个学院的图书馆也成为北美早期公共图书馆的主要构成部分。

第九章 图书馆里蕴藏着一个国家的文明

在殖民地图书馆发展事业中，牧师托马斯·布雷做出了突出贡献，他被任命为马里兰教区的代理主教。当布雷1700年漂洋过海来到北美大陆之后，他发现殖民地的牧师们很难获取传教所需的各种材料，于是在他的主张下成立了布雷学会，主要宗旨就是以购买或接受捐助的方式成立教区图书馆，然后把这些书分发到波士顿、马里兰、弗吉尼亚等，这些书籍包括宗教、神学、文学以及科学方面的著作。布雷本人还亲自撰写了一些关于教区图书馆管理方面的文章。在布雷的努力下，北美大陆总共成立了三十多所这样的教区图书馆。

> 这些图书馆的藏书包括纯哲学、伦理学、经济学、政治学、法律、历史、生理学、医学、数学、贸易、文法、修辞、诗歌以及逻辑学方面的书籍。……十分清楚的是，布雷在选择书目时，他心目中的世俗平民与神职人员都占有同等重要地位，不管这些图书馆怎样侧重于神学和信仰方面的作品，但其藏书仍具有足够的多样性和实用性以使其在拥有这些图书馆的社团之中成为强有力的大众教育媒介。①

除了学院、教区图书馆外，殖民地时期最常见的图书馆是一些个人或团体图书馆。当殖民地的学校教育体系不太充分时，家庭教育的重要性就凸显出来了，因此几乎每个家庭都有藏书的习惯。科顿·马瑟、詹姆斯·洛根都是当时私人藏书中的佼佼者。当杰斐逊14岁继承家庭遗产时，也包括老杰斐逊收藏的几百册图书，这些图书成为杰斐逊日后的精神食粮，并且在其后的人生经历中也养成了收藏图书的嗜好。

而一些团体图书馆的组成通常来自几个相互信任和要好的朋友，富兰克林被认为是这种模式图书馆的发起者。1727年，富兰克林从伦敦回到费城，他与几位工友组成了一个讨论小组，定期集会，针对当前的社会问题展开探讨。但是在讨论过程中，他们发现没有查找资料的地方，于是众人商议决定把自己的藏书拿出一部分放在一起供大家阅读。这个计划没有维持多久。1731年富兰克林创办了费城图书公司，这是一个类似于今天股份公司的机构，当时共有50人参加，每人出资20先令，启动资金总计为100英镑，每年把公司盈利的费用用于购买图

---

① 劳伦斯·A.克雷明：《美国教育史：殖民地时期的经历》，周玉军等译，北京：北京师范大学出版社，2003年版，第306页。

书。这种模式的图书馆来自英国,富兰克林很可能在伦敦学习印刷技术时看到过类似的图书馆,18世纪中期在殖民地成立了不少这种"读书俱乐部"。富兰克林在他的自传中把这个图书馆称为"北美合作图书馆之母",其发挥的功能在于"使美国人的言谈交往格调得到普遍提高,使得普通手工业者和农民与其他国家的大多数绅士一样聪明理智"。

随着商业的发展,还有一种私人图书馆也是值得注意的。这种图书馆由那些经济条件比较丰厚的人开办,以出租图书为盈利目的,这种形态的图书馆在北美出现得比较晚。1765年,约翰·米恩在波士顿创立首家租书图书馆,因为面向一般大众,而且要考虑经济效益,所出租的图书大多为通俗读物。

各种形态的图书馆在殖民地时期传播知识与教育民众方面发挥着重要的作用。一个显著的事实是,购买图书对于当时的一般家庭而言是一笔不菲的开支,而且由于印刷机器和纸张的缺乏,图书发行工作并不通畅,尽管英国王室在1692年在殖民地成立了一套邮政系统,然而它的服务对象主要是政府机构,一般的平民百姓只能通过别的渠道获得阅读的机会。在这种局面下,殖民地图书馆的教育功能就显得尤其突出,它们能够为那些渴求知识的移民提供各种专业方面的知识,甚至因此成立了专为某种职业或群体成立的图书馆,比如律师、牧师、学徒、医生等。在殖民地学校教育还不太发达的时代,图书馆成了传播知识和文化的中心。

二、书税备忘录

美国建国后,图书馆事业并未获得长足的发展,主要是由于受到战争以及火灾的破坏,如哈佛学院图书馆的大约3 000册藏书在1764年的一场大火中损失殆尽,威廉-玛丽学院图书馆的藏书先后遭到过火灾或者被军队盗窃的破坏。直到1790年左右,各学院图书馆才获得初步发展,但并不明显。一个显著的事实是:在藏书相对较多的学院或学校中,图书馆也比较小,一般藏书不会超过两万册,而且大多是旧书,介绍新兴科学或文学艺术的书籍很少见。因此有人说:"北美大陆的图书馆陈列的都是一百年到一百五十年的老古董。"同样的情况也会影响到学校教育的现状,杰斐逊说,如果整天让我们的孩子或年轻人抱着这些陈旧的教材学习,他们的头脑如何与时俱进赶上世界先进的潮流。

造成这种局面的原因来自两个方面。其一,独立后的美国工业和制造业的水平仍然不算世界强国,尽管在杰斐逊执政时期确立了向科学共和国迈进的理想,但由于北美大陆受到长期的殖民统治以及战争的影响,19世纪初的北美工业化水平与英国仍然有较大差距。再加上19世纪初的国际局势动荡,美国与英、法错综复杂的矛盾,海上贸易受到禁运的影响,此种局面下,美国的经济发展偏向依赖国内制造业的带动。从几个方面而言,制造业的发展面临多个瓶颈:

> 美国制造业的成本高,这首先是因为美国的劳动力、资本等生产要素的价格比不列颠高。在整个19世纪,美国的工资率和以利息表示的资本收益率都比不列颠高。如果美国想成为制造业国家,它就必须或者缩小同竞争对手在工资和利息方面的差距,或者真正提高使用这些生产要素的生产率。由于19世纪初市场规模有限,要做到这些是比较困难的。由于市场有限,企业的规模也比较小,企业不得不增加许多功能,要自己制造机器设备,要从生产的最初工序进行到消费者需要的最终产品,而且企业还得批发和零售自己的产品。面对来自不列颠的竞争,这样做对一个企业来说是极其困难的。①

1812年战争结束后,美英签订了平等贸易关系,由于英国工业和制造业的发达,战时所积压的大量商品开始销往北美大陆,毫无疑问,英国的工业品在价格上占尽优势,这对美国国内的工业造成了极大的打压,很多工厂因此而倒闭。越来越多的人开始呼吁美国加强国家主义政策,对外来商品征收关税,实行关税保护政策。肯塔基州的亨利·克莱把这项计划称之为"美国体系",实行关税保护政策在此前已有先例。1791年时任财政部长的汉密尔顿在一份递交国会的《关于制造业的报告》中就提出:应当把保护性关税作为鼓励美国制造业的主要手段之一。面对巨大的贸易逆差,总统麦迪逊在1815年12月召开的国会上提议实行关

---

① M.M.波斯坦、H.J.哈巴库克:《剑桥欧洲经济史(第6卷):工业革命及其后的经济发展》,王春法等译,北京:经济科学出版社,2002年版,第634页。

税保护政策,国会同意了麦迪逊的意见。1816年国会通过关税法,对进口的工业品和商品平均征收20%的关税。

美国政府所实行的关税保护政策影响到了图书馆事业和教育领域。美国在建国之初所确立的教育理念中,多少掺杂功利主义的成分。而所谓的功利主义,无非是因为国内经济发展的需要,迫切要求在教育领域能够培养更多的实用型人才,为了效益最大化,在学校教育中应当教授给学生各门学科最前沿的发展成果。

> 杰斐逊喜欢称之为"有用的美国教育",继而他还会描述这种教育的各个组成部分,即古典文学、数学、伦理学、政治学、文明史、动物学、解剖学、外科学、医学、商学、法学、农学、现代语言(特别是法语、西班牙语和意大利语)、自然史(包括植物学)、自然哲学(包括化学),以及事实上"最高程度的"每一门学问。①

杰斐逊还与亚当斯就此问题在信件中专门讨论过,他们达成的一致意见是:必须在学校教育中贯彻对美国事务有用的学问。

> 他们认为欧洲的传统教育已经过时,不切合具有高尚品德和才能的"自然贵族"所领导的自由人民的需要。于是,他们感到有责任创造一种真正有用的美国教育来取代欧洲传统教育,以提高年轻共和国共同生活的质量。这是一种广泛的、包罗万象的教育,但却注重当前迫切的需要、具体的事物和科学……②

在这种教育理念的主导下,美国建国后在教育领域开展的科学普及工作如火如荼,相继出版了一批介绍科学知识的刊物。在学校举办的通俗科学演讲也比较流行,一些私人性的学术团体免费向公民普及科学知识,提供免费的图书阅览活动。为此,美国人需要接触到各门学科的最高水平的著作,来开阔美国人的

---

① 劳伦斯·A.克雷明:《美国教育史:建国初期的历程》,洪成文等译,北京:北京师范大学出版社,2002年版,第265页。
② 劳伦斯·A.克雷明:《美国教育史:建国初期的历程》,洪成文等译,北京:北京师范大学出版社,2002年版,第266页。

知识视野,增强教育在创新体系中的功能。然而,在杰斐逊看来,由美国国会通过的关税保护政策中包含对"遍及美国的文化机构的目标特别不利的条款"。这些文化机构包括图书馆、学校等主要实施教育的部门。麦迪逊之后的门罗,继续延续了1816年关税保护法,征收关税的对象也包括从国外进口的图书,杰斐逊在《书税备忘录》中写道:

> 在现政府的早期,当我们的国家负债累累,陷身于独立战争之中,而且增加财政收入的方法又没有试用过并且很不确定时,全国的立法机构认为关于征税的对象顾虑重重是不明智的,所以在其他物品之外对从国外进口的图书征收了关税,这项关税一直延续至今,现在对于它的基本成本课以百分之十五的税,加上海关费用之后增到百分之十八,再加上进口商的利润,或许到了百分之二十五,甚至更多。①

杰斐逊一向主张学习欧洲先进的科学技术,他在担任驻法公使期间,就把当时出版的最新科学文化著作介绍到国内。一直以来,杰斐逊对国内图书出版印刷事务都保持极大兴趣,他发现,在国内图书馆收藏或者学校教学中所使用的书籍大多是用本国语言写的,"而古典著作中的有价值的版本,甚至用英文写的学术著作,以及所有的用外国语言写的书籍(每日都在增进其他国家的利益和幸福的科学和艺术中的重要发现及改进的载体)在这里都没有印刷,除非忍受重税的负担,否则是无法从国外获得的"。那时的图书市场不像现在这样规范,还没有版权的概念,因此很多出版商为了免交一笔不菲的书税,往往直接盗印从欧洲进口的书籍。拿文学领域来说,"美国文学史上第一部长篇小说是威廉·布朗的《同情的力量》,出版于乔治·华盛顿就任总统的那一年。此前北美居民所读的小说,均为欧洲作品的翻印本。当时没有版权的概念,英国和欧洲的许多书籍,经北美的印刷商盗印而成为北美的出版物"②。

许多学科的重要著作在图书馆的收藏中很难见到,这让杰斐逊对现存的学

---

① 梅利尔·D.彼得森编:《杰斐逊集》,刘祚昌、邓红风译,北京:生活·读书·新知三联书店,1993年版,第508页。
② 李剑鸣:《美国通史:美国的奠基时代(1585—1775)》,北京:人民出版社,2002年版,第475页。

校教育忧心忡忡，那些国外的最新和第一流著作很难获得，而这些著作在国外的教育体系中已经广泛普及，因此美国学生在教育的起步阶段就已经落在后面，如此并不能保证学习的效果。这样的状况对于美国一直以来所强调塑造的美国式教育不能不说是一个小的障碍，而今一个现实的问题就在于关税的保护性措施把许多一流的国外著作挡在国门之外，实为塞源增流之举。这些重要的书籍不能被当作消费品来对待，应当看到它们本身蕴藏的永久价值，值得永久保存，杰斐逊认为它们"就像我们的房子一样，可以延续许多世纪，关于这一点，在每一个有名的图书馆都能找到例证"。

从国内的居民生活水平来说，贫富差距的现象仍然值得重视，并不是所有的家庭都能把他们的孩子送到学校接受教育。对于一般的居民而言，社区图书馆也是获取知识的重要来源，当他们没有机会接触更多有用的书籍，无论是学校教育还是公共教育都会蒙受无法估量的损失，因为需要支付额外的税赋，这让本来有机会接受教育的人的教育状况大打折扣。因此杰斐逊在他呈交给国会的《书税备忘录》中向国会请愿，希望立法机关能够本着从为公共利益考虑的角度对书税实行优惠政策：

> 科学对一个共和国人民的价值不容忽视，它通过启迪它的公民的心灵而赋予自由以保障，它提供了防御外国强权的防御，它反复灌输美德，它推动在科学上最先进的国家为荣誉而进行的公平竞赛。总之，它与力量、道德、秩序和幸福的一致性（这些使得科学，而不是压迫性的税值受到巨大的鼓励），是你们的请愿者不需要向明智的国会议员极力强调的课题，因为在国会议员们的心里这些考虑总是存在的，并且受到正当的重视。
>
> 所以他们以祈求作为结束，祈求国会将乐于给予这一重要问题以它所应得到的注意。并且适当解除我们中间那些致力于使自己有资格成为他们的同胞公民的教师和保护人这一光荣的目标的科学候选人的痛苦。①

---

① 梅利尔·D.彼得森编：《杰斐逊集》，刘祚昌、邓红风译，北京：生活·读书·新知三联书店，1993年版，第510页。

三、流动图书馆

殖民地时期北美大陆就有建立流动图书馆的传统，这种传统当然源自英国，在北美践行这种尝试的首先是富兰克林。1731年在费城，富兰克林与几位政治上的密友为了商谈北美的独立事业，决定共同成立一个供几位成员使用的小型图书馆，这个小型图书馆设在俱乐部的会议室里。由成员们出资作为图书馆的启动资金，其中所购买的图书以实用性为主，并且对外开放租书业务。富兰克林在费城的尝试后来相继传到其他城市，这种形式的小型图书馆为那些渴望学习知识，但又无力购买图书的公众来说具有极大的吸引力，他们每天只需支付很少的钱就可获得阅读各种图书的机会。"由订阅者来维持一个图书馆以普遍提高、共同获益的想法为18世纪北美殖民地教育提供了一种有益的工具，并且在革命后的几年之中就有十几家这样的图书馆涌现出来。"①

受到战争的破坏，殖民地时期所成立的一些小型流动图书馆的藏书大多在战火中遗失，建国之初的图书馆以学院、学校、某些专门或私人图书馆为主。学院方面，哈佛学院图书馆仍然一枝独秀，因为在战争之初学院迁移到康科特镇，它遭受的破坏相对较小。到1790年，受到政府和社会人士的捐助，该馆藏书大约为两万五千册，不过主要为宗教、神学著作，有部分欧洲文学著作。耶鲁学院图书馆到独立战争胜利时，藏书不过两三千卷，且大多为陈旧版本图书。宾夕法尼亚大学图书馆由于在战后受到法国国王以及州政府的捐助，在同时期的学院图书馆中算是发展得不错。19世纪之前的中等学校图书馆发展情况，一般的文献中并没有记载，这也意味着那时的中等学校图书馆在学校教学中未得到应有的重视。19世纪初，在公立学校运动的推动下，各州政府才开始在财政上支持中学的图书馆事业。如纽约第一公立中学，每年可得到州政府五十美元的购书费支持。

这一时期的专门图书馆数量并不多，其中藏书以宗教或神学为主，如托马斯·布雷在殖民地组织成立的教区图书馆，除此之外，也有医学、商业性的专门图书馆，但因此时的图书馆管理并不完善，专门性图书馆与普通图书馆的差别并

---

① 劳伦斯·A.克雷明:《美国教育史:建国初期的历程》，洪成文等译，北京:北京师范大学出版社，2002年版，第374—375页。

不大。一些以营利为目的的流动图书馆大多是几个藏书较丰富者与图书经销商、印刷商共同开办,在这些图书馆中,经营者会考虑图书收藏的类型以及面向的读者。

> 投资者们集体进行选择,或者由他们指派某个代表或某些代表来从事真正的挑选工作。然而随着用户范围的扩大,或随着捐资者们有意地将图书馆的服务对象扩展到他们这些人以外的用户,如学徒、技工或商业职员时,在对读者需求的判断与对最益于读者的内容的看法之间势必存在着矛盾。如果这种精神食粮缺乏吸引力,就没有读者;如果它只迎合大众的需求,就没有提高。教育过程即存在于二者的平衡之处。它通常既受到市场因素和机会的影响,也取决于精心规划的教育项目。因此,19世纪初,社会图书馆的藏书类似于期刊出版社的出版目录、历史、传记、旅游和纯文学的书籍是主要的收藏类型。1815年后出现的专业化倾向仅仅反映了图书馆为了满足图书客户的需要而付出的努力(为儿童提供青少年读物,为学徒提供业务手册),与杂志开始迎合特殊读者的方式很相似。而流动图书馆的藏书由于依赖于每本书的租金,对客户的需求更为敏感,因此小说、纯文学作品、历史和传记类书籍在藏书中更占绝对优势。①

在所有这些形式的图书馆中,除了学院、学校或者某些为政府部门服务的图书馆,面对一般民众开放的图书馆以私人或私立为主。在普及知识方面的不足是,其一,每年的订阅价格不菲,大概在每年一英镑左右;其二,图书馆的管理不够规范,图书种类较少,缺乏资金支持。因此,在杰斐逊的公立学校计划中,他提出在每个县都成立一所由政府扶持的流动图书馆。小型流动图书馆面向一般的社会民众开放,购买图书的资金主要来自政府的财政支持,同时也接受私人捐助。

每个县都成立一座这样的小型图书馆大大增加了农村民众获取知识的来源,因为建国之初,受到战争的影响,农村地区的学校教育处于瘫痪的状态,在相对闭塞的乡村生活中,人们主要的精力放在生产劳动以及养家糊口上,没有太多的时间和机会接触各种各样的书籍,如果有的话,大多是宗教类的读物。因此,在这些小型流动图书馆中,应当收藏那些经过精心选择的,能够让一般民众

---

① 劳伦斯·A.克雷明:《美国教育史:建国初期的历程》,洪成文等译,北京:北京师范大学出版社,2002年版,第329页。

第九章　图书馆里蕴藏着一个国家的文明

了解本国的地理和历史、农业和科学知识,如此不仅能够弥补城乡之间的教育水平差异,还能够引导一般的民众获取更多的社会科学知识,这对他们自身以及整个国家的发展都是有好处的。在自由传播和获得知识方面,每个人都具有平等的权利,杰斐逊在给约翰·威奇的信中写道:

> 每一个国家的人民是他们自己权利的安全的唯一保卫者,也是能够被利用去毁掉这些权利的唯一工具。而且的确,如果他们没有被欺骗,他们是绝对不会同意这样被利用的。为了避免这样,他们应当受到一定程度的教育。我经常想,没有什么办法比在每个县建立一个小型流动图书馆更能以少数的花费获得更广泛的好处了。这种图书馆应藏有为数不多的精心选择的书籍,借给本县的人民,并制定规则以保证图书及时完好地归还。这些书籍应当是可以使他们一般地了解其他国家的历史,特别要了解他们本国的历史,可以过得去的地理知识、自然哲学原理、农业和力学的原理。①

杰斐逊多年来一直都有收藏图书的爱好,他从父亲的遗产中继承了几百册的图书。很可惜的是,1770 年冬天夏德威尔的一场大火把所有的藏书都烧毁了。在写给好友佩奇的信中,杰斐逊表达了对失去书籍的伤感,他近年来所收藏的所有图书和信件都在这场大火中消失殆尽,这些书的价值有大约 200 英镑。搬到蒙蒂塞洛之后,杰斐逊重新修筑了一个图书收藏室,并且从伦敦订购了一批书,他每年用在买书方面的花费占去了种植园收入的两成。两年后,他就收藏了大约一千多册图书。杰斐逊不仅喜欢收藏图书,他还懂得如何读书,认为针对不同的读者群体,应当让他们阅读适合自己的书籍。

流动图书馆中的藏书种类比较多,就是考虑到了适合不同的读者阅读。文学艺术方面的书有佩恩的园艺学著作、莎士比亚的戏剧、欧西安的诗歌作品、艾迪森的戏剧、菲尔丁的作品、皮亚奇的诗歌、欧吉维尔的诗歌、斯威夫特的文学作品等;政治学方面的著作包括孟德斯鸠的《论法的精神》、洛克的《政府论》、斯图亚特的《政治经济学》、马蒙泰尔的《贝利萨留斯》等;历史方面的著作有费尔托

---

① 梅利尔·D.彼得森编:《杰斐逊集》,刘祚昌、邓红风译,北京:生活·读书·新知三联书店,1993 年版,第 1404 页。

特的《罗马革命史》、罗伯逊的《查理五世》、斯蒂斯的《弗吉尼亚史》、费沃斯的《达维拉》、洛林的《古代史》等；自然哲学类的书籍包括富兰克林的《论电气》、马奎尔的《化学概论》、霍姆的《农业原理》、布冯的《博物学》、诺尔斯的《医学和外科概论》等。

这些小型的流动图书馆在普及基础知识方面有着不可替代的作用，当北美大陆的印刷业和教育事业蓬勃发展、欣欣向荣之时，各个地区的流动图书馆扩大了当地居民的阅读范围和接触知识的途径。这些小型流动图书馆具有公益的性质，它们为满足当地读者的阅读兴趣提供实用的科技、高雅的艺术等方面的图书而广受欢迎。

四、心系国会图书馆

美国的图书馆事业之发达与图书馆类型之繁多与联邦政府的管理有着很大的关系。建国之后，在联邦政府以及各州政府的推动下，美国逐步建立起了由学校图书馆、公共图书馆、政府图书馆、专门图书馆等比较完善的图书馆系统。其中，由国家立法机关成立的第一个美国政府图书馆——国会图书馆，以其悠久的历史、丰富的藏书、完善的管理、良好的口碑成为美国文化的一个象征。

1800年11月，时任第二任总统的约翰·亚当斯，这位杰斐逊曾经的朋友——如今政治上的敌手，完成了在美国历史上一件影响深远的大事，他决定把首都从费城迁往华盛顿。迁都前夕，亚当斯签署了《为美国政府的搬迁及所需设备进一步做好准备法案》，其中的第五款规定：拨款5 000美金用于购置位于华盛顿市的国会所需添置的图书，并为收藏这批图书配备适当的库房。

实际上，国会图书馆的历史不仅仅限于1800年。从1776年建国之初，新政府就使用纽约以及费城图书馆的资料作为办公之用。只不过在1800年迁都之前，未能成立一座专门供国会使用的图书馆，随着亚当斯做出批复购置图书的决议，设立国会图书馆的意向才逐渐成形。但是，国会图书馆在成立之初，只有少

第九章　图书馆里蕴藏着一个国家的文明

量的藏书,据统计,第一批从伦敦采购的书籍只有七百余册,还有为数不多的地图。

而真正热衷于国会图书馆的建设,并且在完善国会图书馆的管理方面做出奠基性贡献的则是杰斐逊。迁都不久,美国就迎来了总统大选,杰斐逊击败了亚当斯成为美国历史上第三任总统。杰斐逊对教育事业和知识自由的传播所做的努力有目共睹,对图书馆事业的关注亦由来已久,在其1787年撰写的《弗吉尼亚纪事》中,杰斐逊就建议在法案中增加开设公共图书馆的议案。在杰斐逊设计的教育系统中,传播知识的机构应当包括学校、出版社、图书馆等,他曾经提议在里士满设立一座公共图书馆,只可惜因为战争这一设想未能成形。

杰斐逊上台之后,首先为国会图书馆配备了专门的藏书室。在新建成的国会大厦中,专开一室用于储存国会图书。杰斐逊深知,若要国会图书馆发挥应有的功能,必须有好的管理。1802年1月26日,杰斐逊批准了限定国会图书馆任务和职能的法案。据此规定,国会图书馆须设立专门的馆长职务,该职务由总统任命,馆长应当负责国会图书馆的各项业务,制定相应的规章制度规范图书馆的管理。不过,在国会图书馆成立之初,它的服务对象仅仅限于总统、副总统以及国会议员。国会图书馆的第一任馆长是杰斐逊曾经的好友约翰·贝克利。

国会图书馆在其建馆以来的最初几年里就是由总统和国会来决定其进程的。杰斐逊总统对国会图书馆的业务始终保持着密切的关注,甚至亲自为该馆编制了一份急需购置的图书目录,这份目录事实上为该馆早期采购图书奠定了基础。1806年,国会图书馆委员会主席塞缪尔·拉萨姆·米歇尔强烈要求扩建国会图书馆,他指出:"可供国家立法机关使用的人文科学和自然科学图书总是不够丰富和充裕,这使我们在每周一次的例会上越来越感到懊恼和不安。"这位纽约州参议员进一步解释说:"应当采取措施向国会图书馆提供能使政治家们在调查研究时做出正确判断的图书资料,使它成为一个与博学和科学研究相称的图书馆,从而赋予真理以崇高的尊严和更光辉的色泽。"[①]

[①] 约翰·Y.科尔:《美国国会图书馆展望》,乔凌等译,北京:书目文献出版社,1987年版,第5—6页。

杰斐逊采纳了米歇尔的建议,他批准了国会向国会图书馆增加财政拨款的议案,用于购置国会所需图书,此后,国会又批准每年向图书馆增加拨款一千美金,连续五年不变,这些经费由国会图书馆的联合委员会监督管理。但是在国会图书馆的服务对象上,众议院和参议院仍未能达成一致,众议院曾经提议将国会图书馆的服务范围扩大,不过遭到了参议院的否决。这种状况在此后的岁月中得到了改善,在国会的批准下,普通民众和一般读者只要交纳一定的保障金,就可获得批准借阅国会图书馆的图书。

国会图书馆在初期的发展历程中并非一帆风顺,它和许多早期的图书馆一样,战争和火灾成为图书馆事业发展致命的杀手。1812年,英美之间的对立越来越尖锐,在杰斐逊看来,"时间、耐性和爱好和平的一切希望都已竭尽,我们所剩下的唯一抉择就只是战争和可耻的臣服了"[①]。1814年9月,英军攻占了美国首都华盛顿,纵火烧毁了包括国会图书馆在内的许多建筑物,国会图书馆损失严重,里面收藏的三千多册图书毁于一炬。美英战争结束之后,美国政府开始着手重建国会图书馆,此时的杰斐逊已经退休隐居在蒙蒂塞洛,他写信给当时的陆海军司令塞缪尔·史密斯:"我从报纸上看到我们的敌人在华盛顿野蛮地蹂躏了科学和艺术,因为他们破坏了公共图书馆以及藏书的壮丽的大厦。"因为战火的破坏,杰斐逊打算把他珍藏一生的图书卖给国会图书馆。此时的杰斐逊正陷入严重的经济困境,他想以此获得的费用来偿还他的债务。杰斐逊在给史密斯的信中说道:

> 我相信重新开始搜集图书当是国会的早期目的之一。在战争继续进行,与欧洲的交通伴随了许多危险的时候,这将是一件颇难的工作。你是了解我的藏书情况和藏书范围的,我已经收藏了五十年,为了使它成为现在的规模,我不惜任何劳累和费用,不放过任何机会。在寓居巴黎期间,有一两个夏天,闲暇无事的每个下午我都到书店去查书,把所有的主要书店都查遍了,用我的手去翻每一本书,把与美国有关的每一本书都积存在一起,而且也把稀有的和有价值的每一种科学书籍都积存在一起。此外,在我旅欧的整个期间,我和欧洲的主要图书市场,特别是阿姆斯特丹、法兰克福、马德里和伦敦建

[①] 张友伦:《美国通史:美国的独立和初步繁荣》,北京:人民出版社,2002年版,第117页。

立固定的订购关系,购买在巴黎看不到的与美国有关系的著作。……在这同一期间,以及在我返回美国之后,我也不得不购置与掌管国家高级政务的人们的责任有关的一切书籍。因之这些我估计在九千到一万册左右的藏书,虽然包括一般的在科学和文学方面有价值的书籍,但是涉及美国政治家的各种图书特别多。在外交和议会部门,藏书特别丰富。很久以来我就感觉它不应该继续是私人的财产,并且决定在我死时国会有按照它们的价钱优先购买的权利。但是他们现在所蒙受的图书损失,使得现在便是收买我的藏书的适当的时候,而不必考虑少许的剩余的时间以及这些藏书对我的用处。因为我利用它并没产生什么效益,因此我请求你帮忙替我向国会图书管理委员会提出,而我本人是不认识组成委员会的成员的。信中附上藏书目录,这将使他们有可能判断它的内容。①

杰斐逊向国会图书馆出售图书的愿望在国会内部引起了争论。在国会图书馆的最初藏书中,主要是关于历史和法律方面的书籍,而杰斐逊的藏书涵盖的范围包括地理、历史、自然科学和文学等,这对于政府部门来说可能不太切合实际应用。但是在杰斐逊看来,作为政府职能部门中的工作人员,他们接触的知识范围应当涵盖范围更广,他们应当了解各个方面的知识以便能够更好地为民众服务。杰斐逊说道:"我不了解其中包括国会所不想要收藏的任何科学部门的图书,事实上,其中没有一部一位国会议员没有机会查阅的书,但是这个愿望不会与我想防止这些图书被拆散的目的一致。"国会有关购买杰斐逊收藏图书的争论通过投票表决获得了通过。第四任总统麦迪逊于1815年1月30日签署了一项法令,批准拨给国会图书馆23 950美金作为购买杰斐逊藏书的经费,最后,国会图书馆从杰斐逊的大约一万册藏书中购买了6 487册,国会付给杰斐逊大约25 000美金,这笔钱大大低于这些书原来的价钱。当看到成箱的书籍被搬上马车运走之后,杰斐逊对这些他一生中所珍藏的宝贝心疼不已。但不论如何,国会做出购买杰斐逊藏书的决议对国会图书馆其后的发展影响甚大。

---

①梅利尔·D.彼得森编:《杰斐逊集》,刘祚昌、邓红风译,北京:生活·读书·新知三联书店,1993年版,第1586页。

赞成购买杰斐逊图书馆藏书的人认为,该馆的藏书将成为"国会图书馆最令人羡慕的藏书基础"。这句话表达了当时美国正在兴起的新民族主义的文化要求。很多人感到美国在文化上过于依赖欧洲,他们急于要建立本国的文化传统和机构。在匹兹堡《信使》杂志上刊出了一篇具有民族主义倾向的图书馆文章(该文后来在华盛顿的《全国通报者》上重新发表),详细阐明了这种民族自豪感的一个方面。文章指出:"联邦议员反对购买杰斐逊图书馆的藏书当然不只是令人震惊,而且也表现出他们思想偏狭和对本民族文化特点的极大蔑视。还有什么能比国家立法机关成员认为哲学著作不宜于他们阅读这样的奇谈怪论更使人感到羞耻的呢!"

  购买杰斐逊图书馆的 6 487 册藏书不仅使国会图书馆的藏书增加了一倍,它同时也改变了该馆藏书和机构的性质。图书馆藏书范围的不断扩大始终是该馆既为国会又为全国其他部门和读者扩大服务的基石。购买杰斐逊图书馆的藏书是国会图书馆历史上最重要的藏书建设。①

杰斐逊将大部分的藏书卖给了国会图书馆,他仅仅保留了少部分的经典著作,正如杰斐逊自己本人所说的,留下一些书籍以供晚年自娱。杰斐逊向国会图书馆出售他的藏书,体现了他让知识自由传播的理念。在杰斐逊看来,国会图书馆应当成为一个集博学、科学研究和为政府服务的综合机构,普通民众和一般读者也应当有接近使用它的藏书的自由和权利。当然,杰斐逊对国会图书馆的贡献不仅仅限于此,在图书馆的管理上,杰斐逊对此后的整个美国图书馆事业都有着不可磨灭的贡献。

1815 年,乔治·沃特斯顿被任命为重建后的国会图书馆馆长,他本人也是一名出色的小说家和新闻记者,与杰斐逊有着良好的私人感情。他努力想把国会图书馆建设成为"世界文献的巨大宝库"。在图书馆的管理工作中,沃特斯顿有着宽广的国际视野,他看到了欧洲各国对图书馆视野的重视和支持,因此认为应当借鉴某些先进的图书馆管理经验来加强国会图书馆的建设。而沃特斯顿知道杰斐逊本人知识丰富,况且杰斐逊在欧洲多年,通晓那里的图书馆管理业务。因此自上任伊

---

① 约翰·Y.科尔:《美国国会图书馆展望》,乔凌等译,北京:书目文献出版社,1987 年版,第 7—8 页。

第九章　图书馆里蕴藏着一个国家的文明

始,沃特斯顿就与杰斐逊保持着密切的联系,经常就图书馆业务方面向杰斐逊请教。

比如在图书目录的编排上,当时图书馆普遍采用的是按照字母顺序排列。杰斐逊在给沃特斯顿的信中认为这种编排方法已经非常落伍,因为当藏书量达到一定程度之后,按照字母的顺序编排就会显得杂乱无章,一本书的作者常常不容易记起。如果按照学科排列的话,很容易从中挑选出与学科内容相关的图书,这样很令人感到愉快,杰斐逊本人的藏书就是按照这个原则编排的。这种图书分类原则是杰斐逊从培根爵士那里学来的,但是杰斐逊对此做了一些改动。比如,根据图书的开本,把对开本、四开本、八开本和十二开本的图书分别编排,每一本书上都贴上标签,标明它所属的目录的章,以及该书在同一开本中的次序。此外,在学科目录下,杰斐逊还把图书作者姓名按照字母顺序排列,这样的编排方法给图书借阅者提供了极大的方便。

杰斐逊所设立的国会图书馆馆长制度也沿袭至今,成为图书馆管理制度上的一大创新。杰斐逊无论是在总统职位上还是在蒙蒂塞洛隐居的日子,始终牵挂着国会图书馆的发展,他积极推动国会图书馆功能扩大化和多样化。这一理念在国会图书馆其后的发展历程中得到了贯彻。1976年国会图书馆馆长特别工作组向馆长递交了关于国会图书馆"目标、组织和规划"的报告,提出国会图书馆不仅要为国会服务,更要为全国服务。在这项报告中提出了国会图书馆的目的、特权和职责:

> 国会图书馆的目的是为国会及全体人民提供在执行法律和各自的职责时所需的一切参考、研究、咨询和解释说明性的服务。为执行这一职能,国会图书馆被授予其他图书馆所没有的特权,包括为增加馆藏而接受呈缴本、采购联邦文件的法律条款以及采购外国文献的特别协定条文等。伴随这些条文而来的是国会图书馆要承担作为记载美国文化发展的主要收藏机构、世界科学文化知识的重要收藏机构、文化教育的源流,迅速提供为学术研究用的馆藏和向全体公民提供参考和情报服务等项义务。这些特权也使该馆担负着全国书目中心和领导采访、编目、图书保护和参考等工作的合作这样一些职责。这些特权还把一些有关的国际责任加到该馆身上,包括始终保持知

识和情报在美国和世界其他各国之间的畅通无阻。[①]

如今的国会图书馆已成为世界上规模最大、功能最完善、服务对象最广泛的图书馆之一,后人为了纪念杰斐逊对国会图书馆所做出的贡献,把其中的一座大楼命名为杰斐逊大楼,里面还藏有杰斐逊手写的《独立宣言》草稿。

[①] 约翰·Y.科尔:《美国国会图书馆展望》,乔凌等译,北京:书目文献出版社,1987年版,第135—136页。

第十章

政"教"分离

托马斯·杰斐逊纪念馆内雕像

> 我们绝不要忘记,使英裔美国人的社会得以建立的,正是宗教。因此,在美国,宗教是同整个民族的习惯和它在这个国土上产生的全部情感交织在一起的。
> ——亚历西斯·德·托克维尔

宗教与科学是西方现代社会文明发展的两个转轮,杰斐逊重视科学知识在国民教育中的重要位置已经人尽皆知;同时另一方面,杰斐逊亦看到了宗教在传播知识和塑造国民信仰方面的重要性。在教育法案中,他限制学校中神学教授的职位,但并不取缔宗教在教育中所扮演的重要角色。毫无疑问,宗教在传递古典文化知识方面有着无可替代的作用。杰斐逊积极推动宗教自由改革,鼓励人们审视自己的信仰,让宗教与政治、教育与政治相分离,最大限度地保障知识自由地传播,保障公民宗教信仰的独立,保障公民意见的自由表达。在杰斐逊倡导下制定的《宗教自由法案》为上述公民宗教信仰和意见观点的多元化和独立性提供了切实的法律依据,其对于日后整个美国高等教育的发展有着难以估量的影响。

一、北美大陆的清教主义

殖民地时期的教育机构和地点,除了家庭之外,最显著的莫过于教会了。教堂是那个时期最常见的知识传播机构,到独立战争爆发时,北美 13 个殖民地的大约 260 万人口中,有七成以上在清教徒家庭中长大。清教徒漂洋过海到北美大陆寻求建立一种纯正的宗教信仰,清教尽管来自旧世界,它却在北美新大陆重新焕发了生命力。清教对美国整个教育乃至整个国家文化生活方式的塑造发挥着黏合剂的功能,这种功能如托克维尔所指出的:"从第一个在美国海岸登陆的清教徒身上就看到了美国后来的整个命运,犹如我们从第一个人类祖先身上看到了人类后来的整个命运。"清教徒身上体现着一种追求自由和独立的精神气质,帕灵顿把这种精神气质描述为卡罗莱纳自由主义:

> 就其深刻的目的来说,清教凭借新生的个人主义,以及这种个人主义必

然引起广泛的社会调整,向英国传统制度生活的一统社会公开提出了挑战。如果认为现代社会的进化分为两个阶段,一是由统一的封建秩序瓦解成由非军团的个体成员组成的社会,另一些是由这些自由的个体努力组织成新的社会自治政区,那么,英国清教的历史意义也许就显而易见了:恰恰是英国清教这样一股颠覆力量瓦解了传统的政教一统,创造了提倡个体权利的革命哲学,其目的就是要把作为基督徒和庶民的个体从固定的团体地位中解放出来。①

清教徒追求纯正的宗教信仰,而作为基督教教义的源泉,《圣经》无疑在清教徒的心目中代表着最高的权威和最崇高的信仰,因此能够读懂《圣经》是每个清教徒必修的科目。前提是人们必须识文断字,具备一定的教育背景和知识水平才能理解《圣经》所蕴含的深刻思想。因此,到北美伊始,清教徒就把接受教育看作人生头等大事,认为只有掌握了一定的知识,才能深刻理解《圣经》的教义,才能在实践宗教虔诚和维系宗教信仰方面成为上帝的合格选民。清教徒坚持独立自主的个人主义精神,他们倡导不依赖牧师能够亲身读懂《圣经》,为此接受教育、掌握知识就成为清教徒们来到北美大陆后考虑的首要事情,"清教徒的生活伦理奠基在新英格兰整个大众教育体系上。据此,每个人必须受到教育,阅读和理解《圣经》,教育被视为一种神圣的职责"。

抱着这一信念,清教徒们致力于在北美大陆开办学校,培养有美德和信仰的公民。他们看不起英国本土宗教生活的腐化与堕落。马瑟在阐述移民北美大陆的动机时说道:"欧洲的教会已经遭到破坏,移民是为教会发展做出贡献,建立一所保卫基督徒的堡垒。"与此相伴的还有英国本土的学校教育体系,这也是清教徒们移民的一个主要动机,他们不忍目睹那些天性善良和资质聪颖的儿童在如此污浊的环境中成长,马瑟说道:"讲授科学和宗教知识的学校办得太差,以致使大部分儿童,特别是最优秀和最有才华的儿童,在耳闻目睹的大量坏榜样和周围的腐化现象的影响下学坏了。"②

---

① 沃农·路易·帕灵顿:《美国思想史:1620—1920》,陈永国译,长春:吉林人民出版社,2002年版,第8—9页。
② 亚历西斯·德·托克维尔:《论美国的民主》,董良果译,北京:商务印书馆,1991年版,第495—496页。

清教徒怀着神圣的宗教虔诚,打算在殖民地创立一种崭新的、与母国截然不同的学校教育理念。"在距宗主国3 000英里之外,他们把自己看作是最终使殖民地成为真正基督世界德行的化身。在同野蛮坚定的抗争中,他们着手把这些德行教给所有人。"①在东部新英格兰地区,清教徒在社会生活与教育体系中发挥的角色尤为明显。与南部弗吉尼亚等地不同,在新英格兰地区,17世纪30年代就出现了由教会开办的学校,具体而言,指的是1635年成立的波士顿拉丁文法学校。文法学校以培养学生的语言和文学功底为主要目标,"一般应让学生在七年之内熟练地掌握拉丁文,并且具备希腊文和希伯来文的基本知识"。可以看出,文法学校的开办旨在提高居民的识字率,教会他们阅读古典和宗教文献。

在普利茅斯、纽黑文、马萨诸塞等地,清教徒们开办学校教育的热情高涨,并且各地相继出台教育法令以保证儿童接受学校教育。例如,普利茅斯1690年的关于建立初等学校的法令规定:议会建议所属各市镇应严肃认真地考虑一件事,这就是每个市镇都应采取某种步骤,挑选一位教师,教孩子们读和写。其中1647年马萨诸塞州颁布的《老骗子撒旦法》被认为在推动殖民地学校教育方面效果显著。该法令认为无知是魔鬼撒旦的帮凶,只有通过教育教授人们掌握知识才能驱除它,这个法案被认为是美国学校教育的一个里程碑,它明确了学校教育的性质、功能,此后被其他殖民地相继效仿。1683年宾夕法尼亚第二次议会规定:无论穷人和富人都应当接受良好的学校教育,这比获取任何的物质财富都重要。为此,殖民地的所有孩子都应当接受教育,以保证他们到了一定的年龄就具备阅读《圣经》和书写的能力,如果有儿童监护人疏忽了孩子的教育,则要受到一定的惩罚。在清教徒们的努力下,学校教育在17世纪末期逐渐成为一种体制贯彻在大多数殖民地。

到1650年,学校作为一种体制已经被牢固地移植到北美大陆,虽然人们对它的热情程度不一。在弗吉尼亚,本杰明·辛姆斯捐助的免费学校已经开始运行,并至少有一位观察者提到有"其他的简易学校"存在。马里兰有一所由拉尔夫·克罗齐(一位与纽顿的耶稣会传教团有密切联系的平信徒)执教的教授人文学科的学校。新荷兰在新阿姆斯特丹开办了一所城镇学校,而且

---

① 劳伦斯·A.克雷明:《美国教育史:殖民地时期的经历》,周玉军等译,北京:北京师范大学出版社,2003年版,第329页。

第十章 政"教"分离

根据克里斯蒂娜女王关于扶植牧师和学校教师的训谕,在新瑞典也可能建立了学校。在新英格兰至少有一打学校有能力教授拉丁语法,而且还有许多学校由一位男教师和女士教授读和写。也是到了这一年,马萨诸塞和康涅狄格都通过了开拓性的法律,要求所有较大的社区都要建立学校,虽然他们关于简易学校的要求常被忽视,但原则却保持不变。此后学校的发展从这些开端中就可以预见到:到1689年,弗吉尼亚拥有约6所学校,马里兰至少1所,纽约11所,而马萨诸塞则约为23所。[①]

在殖民地这些由教会创办的学校中,宗教内容占据教学中的很大部分,以虔诚和道德教育儿童。比如,著名的《新英格兰识字课本》,在这部教材中通篇贯穿着宗教性的内容,通常以诗歌或歌谣的方式将《圣经》中的故事告知给儿童,让他们从小懂得敬畏上帝,怀有仁爱与慈善之心。而教授孩子们的教师则来自各种渠道,有文法学校的毕业生,也有来自本身具有较高的文化素养而被乡邻推荐或者经地方政府任命的教师。但无论来自何种渠道,教会学校对教师的要求主要包括:具备真诚的新教信仰,生活品行端正,具备相当程度的古典和宗教文化知识。政府当局对学校教师管理严格,如新阿姆斯特丹在1661年出台的一项管理教师的法令中规定:教师必须在课堂上照顾好来学习的孩子们,引导孩子们学习基督教的教义,学习基督教的各项礼仪,吟唱圣诗和圣歌,教师还兼有收取学费的职责,但是对于那些家庭经济条件贫困的儿童,则应在上帝慈爱光芒的哺育下,免收学费。而马萨诸塞州1654年颁布的教育法令更是对教师的任职资格提出了严格的考察:学校的监察员和市政管理当局负有责任,应当把那些没有纯正宗教信仰、生活品行不端正、不能满足基督律法的教师从教师队伍中剔除出去,以免教给孩子们不健康的宗教信仰和不洁的生活理念。

因为清教倡导人人平等和独立自主的观念,他们也把这一观念渗透在学校教育中。在新英格兰地区,允许妇女和黑人接受初等学校教育。在清教的观念中,妇女也应当掌握一定的文化知识,能够阅读《圣经》。作为繁衍人类的母体,妇女们对基督教信仰的忠诚决定了她们的后代是否会成为合格的上帝选民。而黑人

[①] 劳伦斯·A.克雷明:《美国教育史:殖民地时期的经历》,周玉军等译,北京:北京师范大学出版社,2003年版,第139页。

和奴隶接受教育则又是清教徒们对北美教育的一大贡献。"1704年圣公会外方福音宣教会传教士建立了第一所黑奴学校,到美国革命时期,各派教会都先后在南北方的主要城市建立了这类学校,向黑奴和被解放了的奴隶传授读写技能及简单的算术和宗教知识。摩拉维亚教会和教友会也积极投身于这项事业。教友会甚至认为,宗教教育是奴隶解放的第一步"①。教会的人道主义教育理念在中南部殖民地遭到了很多白人种植园主和奴隶主的反对,相当多从事黑奴教育的教师在艰苦环境下顶着巨大压力继续着传授知识的教育活动。

清教在美国高等教育的发展史上有着奠基性的贡献,著名的哈佛大学就是最初来到马萨诸塞的清教徒移民们创建的。在那批清教徒移民中,大约有一百余人分别毕业于英国的剑桥大学和牛津大学。这些学识丰富的人被清教徒们寄予厚望,他们打算在殖民地也成立与英国剑桥大学类似的高等教育机构。1636年于坎布里奇创办学校,最初命名为剑桥学院,1638年因接受牧师哈佛先生的捐助改名为哈佛学院。1643年在伦敦发行的《新英格兰的早期成就》的单行本中记录了学院创建者们的心路历程。在这本小册子中,清教徒们提出:是上帝把我们带到新英格兰这样一个充满神圣宗教信仰的地域,所有来自肉体的磨难我们都会坦然面对,除此之外,"我们渴望和关切的和即将要办的事情之一是推动学习,传之后世,永远地传下去,当我们现在的牧师与世长辞之时,不给教会留下一批无知的牧师"。我们可以从这本小册子中看到哈佛学院对学生的管理规则和戒律:

让每个学生得到清楚的指示,认真地促使他们很好地考虑:他们生活和学习的主要目的,是"认识你独一的真神,并且认识他所差来的耶稣基督,这就是永生"。因而以基督为根基,作为全部健全知识和学问的唯一基础。让每个学生明了,只有上帝能给他以智慧,让他严肃地"呼求明哲,扬声求聪明"。

每个学生应这样训练自己,每天诵读《圣经》两次,按照导师根据个人的能力所提出的要求,准备提交一份关于他掌握《圣经》情况的报告,包括在语言和逻辑方面和理论上的见解,以及实践上和精神上的真实情况,因为"你的语言一解开,就发出亮光,使愚人通达"。

---

① 刘澎:《当代美国宗教》,北京:社会科学文献出版社,2001年版,第336页。

他们应避免亵渎所有上帝的名字、象征、圣经、宗教仪式和礼拜的行为，以良好的道德心从事学习，心中牢记上帝和对他的真理的热爱……①

学生在学校教育中除了接受严格的宗教教育之外，他们还会学习实用的科技知识。综合来看，宗教教育与普通教育兼而有之，让每个人掌握社会生活所必需的基本技能，走出学校之后能够独立自主地生活，也是清教的基本理念之一。儿童到12岁之后，除了具备阅读《圣经》和读写的基本知识之外，还必须学会一些有用的手艺和技能，如此，在离开学校之后，"穷的可以靠工作谋生，富的即使变穷了也不至于生活没有着落"。在殖民地还有很多面向穷人家庭和孤儿开办的学徒学校，如弗吉尼亚州早期制定的教育法令中，规定孤儿的监护人应当尽最大的努力"用基督的精神和基础知识去培养和教育他们"，学徒学校的管理者不能以任何原因拒绝那些因家庭贫困而无力支付学费的儿童，市政当局和学校都有照顾贫穷儿童的责任和义务，应让他们在学徒学校中习得相应的生存技能。

清教在殖民地时期的教育体系中所扮演的另一个主要角色体现在家庭教育中。文艺复兴后随着家庭观念的日益增强，作为儿童监护人的父母担有教育孩子的最主要的责任。这种观念在英国本土的都铎王朝时期被大大强化了，"都铎王朝重新确定了基督教家庭对子女进行基本的宗教教育的传统责任"②。神职人员和牧师有责任督促和监督父母向他们的孩子传授基督教信仰和基本生存技能。宗教改革运动中，清教把家庭教育看作是社会改革的方案中的重要一环。在清教的观念中，家庭是所有社会体系中的一个关键，如果作为父母能够向他们的孩子提供圣洁的教育，那么就会给建立良好的社会秩序打下坚实的基础，社会上的各种不良善和恶的行为将会因此大大减少，因此，家庭教育不仅仅是家庭这个小范围内的私事，聚沙成塔，家庭是关系到整个社会构建信仰、品行和美德的基石。在殖民地的许多州颁布的教育法令中，甚至以立法的形式规定父母们必须担负起教育子女的责任和义务，如果疏忽了对儿童的教育和管理，他们将会面临严重的惩罚。

---

① E·P·克伯雷选编：《外国教育史料》，任宝祥等译，武汉：华中师范大学出版社，1991年版，第324页。
② 劳伦斯·A.克雷明：《美国教育史：殖民地时期的经历》，周玉军等译，北京：北京师范大学出版社，2003年版，第85页。

一般认为,清教在殖民地实施的各项教育举措主要是为了宗教的目的。以今天的眼光来看,这种观点似乎有些偏狭,不管宗教成分在教育体系中占据多大的程度,哪怕是纯粹的宗教内容,其影响恐怕都超出了宗教的范围。"任何一种宗教,并不是以教义、教规、礼仪和组织构成自己的全部内容,它还有从教义引申出的特定的价值体系。就与社会的关系而言,宗教价值体系所具有的与社会的长久联系和对社会的广泛渗透,常使其重要性远远超过宗教实体——教会。"①清教所倡导的价值伦理将通过各种教育渠道渗透在北美大陆社会生活的方方面面,清教对北美大陆社会个体的深刻影响,托克维尔把它描述为"不断地促使人的灵魂凝视来世,而能把人引向来世的,正是宗教"。换句话而言,清教伦理所倡导的文化价值观奠定了北美大陆人民的内心信仰,它还直接导致了美洲精神的形成。因此,看似在家庭、教会和学校教育中实施的小范围的教育举措,单就教育方面所做出的贡献而言,没有清教徒,就没有其后的整个美国教育大业的繁荣;从缔造公民信仰和个人伦理而言,路德的一句话或许最能代表清教的价值追求和个人信仰:只有一件事对基督徒的生活来说是必要的,那就是正义和自由。

二、宗教与古典文化教育

就个人的阅读经历来说,杰斐逊比大多数同时代的人具有更广的阅读范围,早年相对优越的家庭条件和严格的家庭教育让他获得了更多接触书本的机会,之后在威廉-玛丽学院的求学机会开阔了他的知识眼界。杰斐逊对古希腊、古罗马以及基督教的古典文献情有独钟,他崇尚古典文献中蕴含的人文主义气质,并且被其深深感染,古典文献带给杰斐逊的是对清修节俭生活、虔诚理性信仰的思索。他向往自然的贵族生活方式,认为古典学问能够带给人们高雅的思维品性和严谨的生活态度。

得益于父亲的教诲,在教育自己孩子的过程中,杰斐逊亦非常注重培养孩子们阅读古典学问的能力。特别是历史方面的文化典籍,杰斐逊认为学习历史应当进行大量的文献阅读,古希腊和古罗马的历史著作充满了学者们对人类文明的睿

---

① 柴惠庭:《英国清教》,上海:上海社会科学院出版社1994年版,第200页。

智思考,此外还需要阅读英国史,了解这个国家强大的历史背景,还要阅读美国史,对自己的国家有深刻的认知。古典的道德哲学和伦理哲学也是阅读内容中必不可少的,这些思想大师的言谈,将会教给一个人如何拥有一颗诚实的心灵、完美的道德和纯洁的信仰。

杰斐逊还常常委托朋友从伦敦订购古典学问方面的书籍寄给他的孩子们,这些书目一般包括:希罗多德、修昔底德、色诺芬的古希腊、远征记、回忆录,西塞罗的著作,八列蒂的西班牙英语字典,马丁的哲学要义和大英哲学,贝左特的数学,德·拉·兰德的天文学,马斯臣布洛克的物理学,昆塔斯·古求斯、查斯丁尼的著作,以及一些西班牙文和法文著作。所以,学习语言也是杰斐逊家庭教育中的必修课,希腊文、拉丁文、法文、西班牙文等在阅读古典文献方面为人们提供了良好的工具。杰斐逊还会教给孩子们阅读的方法——要善于做读书笔记和反思,因古典文献所蕴含的思想的丰富性在阅读过程中必须不断进行反思,与他人进行交流,才能对古典文献的内涵有更深刻的认知,通过反思与交流,能够培养自我的品德修养和理性思考能力。

古典文化教育能够教会人们遵守恰当的行为举止和礼仪。关于礼仪和美德培养的书籍在殖民地时期的教育体系中就很受欢迎。教堂作为教育机构的一部分,其中所举行的各种宗教仪式天然地充满了教化色彩。殖民地的文法学校通常会教授孩子们使用希腊文和拉丁文进行阅读,这为他们以后阅读古典文献打下了基本的语言基础。文法学校要求学生们用拉丁文或希腊文进行写作,以及进行基本的古典文献阅读,如《伊索寓言》《荷马史诗》以及欧里庇得斯、赫西俄德、维吉尔、西塞罗等人的作品。从初等学校到高等学校的教育体系中,学习和阅读古典文献都是必不可少的内容。

像英国一样,殖民地文法学校的课程也以拉丁文为重点,但还包括希腊文,偶尔还有基础的希伯来文。教学渴望能达到的最佳程度体现在1655年哈佛大学的入学要求中,它明确规定学生要有阅读和理解西塞罗、维吉尔或"其他著名的古典作家作品的能力",要朗读和写作拉丁文散文和诗歌,要能"翻译并符合语法的拆分常用希腊文,如希腊文《圣约书》、伊索克拉底和较次要诗人的作品"。拉丁语法教学一般采用众多版本中的一种,或辅以其他的课本,如夸美纽斯的《世界图解》、约翰·布林斯利的《拉丁词法》和查尔斯·胡勒的《拉丁语法初阶》,然后学生们通过《基础句法》,加图的《俳句》《伊索寓言》,伊拉斯谟和科尔斯鲁德的《谈话录》练习语法分析和翻译。在这些初级材料之后他们就开始学习奥维德、西塞罗、维吉尔、赫拉斯和尤维纳里斯的精选作品。①

杰斐逊本人是西塞罗著作的痴迷者,他很早就阅读过西塞罗的政治论说集和讲述道德哲学的作品。从西塞罗那里,杰斐逊获知作为一个政治家应当具有的学识和美德。杰斐逊还是一位古典文献出版和印刷方面的专家,即使他在总统的位置上时,也与很多出版社保持联系,一些印刷商还会把印好的古典文献寄给杰斐逊,请他撰写批改意见。当1818年威尔斯把出版的西塞罗著作寄给他时,杰斐逊无比高兴,他称赞他们把西塞罗的作品印刷得如此漂亮,相比于其他很多版本,这个是他所见到过最好的版本。

建国之后的美国从上到下达成了建立美国式教育的一致意见,这种教育体制旨在为了培养具有美德和理想、独立和自主的新时代公民,"这一目标,其实就是新共和国的公民,他们品格优秀,富有爱国之心和深邃的智慧,通过教育成长为独立而又忠诚的公民。"为此,传授新科学、讲授新知识成为教育内容中被着重强调的部分。相应的,宗教和神学内容在教学内容中所占的比例就会缩水。但与此相对的是,杰斐逊并没有因此忽略古典学问的价值,在他所设想的教育体系中,仍然要坚定不移地开设与古典文化有关的课程,比如在学校教育的第一阶段主要阅读历史书籍,通过阅读历史书籍可以让人鉴往事知来者,学习过去的历史经验,发现人类过往的优秀品质以及所犯的过错。此外,神学和基督教会史的著作、文学和修辞术、伦理学和道德学的著作都是学校教育中必修的课程。

杰斐逊在研究希腊语和拉丁语方面颇有造诣,大多数古典文献都是以希腊语和拉丁文印刷的,因此,要钻研古典学问,掌握希腊语和拉丁文是必备的基础。杰斐逊认为古典学问蕴含着丰富的价值,总结起来主要包括:古典学问是典雅文体的典范,人们至今能够有幸阅读到这些珍贵的古典文献,要归于希腊文和

---

① 劳伦斯·A.克雷明:《美国教育史:殖民地时期的经历》,周玉军等译,北京:北京师范大学出版社,2003年版,第141—142页。

拉丁文作为古典学问的载体,它们使得那些文学经典、历史典籍、哲学政论能够传承下来。

杰斐逊在写给友人的信中说:"如果没有这些典范,我们大概会继续我们北方祖先的夸张的文体,或者东方的夸大其词的、模糊的文体。"古典学问的另外一层重要的价值在于,人们在阅读它们的过程中,能够分享和感受这些伟大先哲作品中所蕴含的美感和思想的深邃。这算是一种精神上的奢侈,比任何富足的物质生活和感官满足都来得重要,在这一点上,杰斐逊要深深感谢他的父亲。在父亲的教诲下,杰斐逊从阅读学习古典学问中奠定了他之后的人生理想。杰斐逊坦言:"我认为在这一点上我要感谢我的父亲,要比起他出于舐犊之情让我享受的其他一切奢侈生活来说更甚,而且现在比年轻时更甚,因为在年轻阶段更容易从其他方面获得乐趣。当年迈时精神方面的精力衰弱时,古典的书页可以充实无聊的真空,并且成为即将走进坟墓的人们的甜美的安静剂。"古典学问第三个方面的价值在于,从中人们可以获取真正的科学,传统的天文学、地理学、博物学通过古典语言得以传承下来并且继续在累积人类文明的进程中发挥作用。杰斐逊说,新时代古典学问依然有其自身的存在价值,在各个不同的研究领域它们都有可能重新焕发生命力。

对于道德学家来说它们很有价值,因为它们可以提供受到高度重视的伦理方面的著作,虽然在我看来近代人在科学的这个方面远远超过了他们。而神学学者在希腊语言中发现了它的原始法典的译本,这对他来说比原著更重要,这是因为更容易理解。而且在同一语言中他还发现了更新的法典,以及最早时期的神父们的理论,这些神父们是在这个最慈善最纯粹的道德体系创建者的简单朴素的戒律变成微妙和神秘的东西,并且隐藏在人们所不能理解的隐语之中以前生活和写作的。因此,现在他必须回到这些最初的源头,以便恢复他的宗教的处女纯洁性。法学家在拉丁语言中发现最能与在人与人之间建立的主义原则相符合的民法体系,而其中有许多东西被吸收到我们自己的民法中来。医生则在拉丁语言中发现最好的医术法典,医学理论和体系从善良的希波克拉底起到善良的拉什的时代为止一直在发生变化,但是其中哪一个是正确的,无疑的,现在的东西只要是现在的,就要存在下去,但是必须让位给下一个新奇的事物,于是这个新奇事物就成为正确体系,并且会标志自从希波克拉底以来医学的巨大进步。我们的处境的确受益于某些新的和很有价值的医药的发现,并且用这些去代替他的医学中的某些东西(连同事实的宝藏),以及他所记录的某些正确的观察(确实与他当代的愚蠢的言行混合在一起),于是我们几乎就有了现代医疗技术的总和。政治家将在这些语言中发现历史、政治、数学、伦理学、雄辩术、爱国,对这一切他还必须加上他的当代科学,因为其中哪一个他不知道呢,而且所有的科学都必须在词源和正确理解其基本术语方面借助于古典语言。……因此,总括起来可以说古典语言对大多数学问来说是一个坚实的基础,对所有的学问都是一个修饰。[1]

杰斐逊重申古典学问的教育在建国之后的教育论争中获得了大多数教育改革家的赞同。教堂和教会作为教育机构的组成部分,它们带给美国人心灵上追求圣洁和神圣的自我修炼,牧师们的传经布道"在培养出一种健康、平衡和全能全知的虔诚方面所担当的崇高责任,这种虔诚将拓展人类的思想、感情和欢乐"。新制度和新时代下的美国人不能只限于紧紧拥抱新科学、新知识,在建构"美国梦"的宏伟蓝图下,美国人需要汲取欧洲大陆传统的文化典籍。曾经,它们在美洲大陆掀起了追求自由、理性和独立的大觉醒运动,而今,当美国人可以主宰自己的命运之时,古典文化不能被马上扫地出门,美国的历史没有欧洲大陆那么悠久,但是作为一个兼容并包、开放自由的新大陆,美国人需要在一种更为宏观的视野中将传统与古典文化纳入自己的思想宝库,它们是成色十足的金子,尽管历经的岁月和时光偶尔会让它们蒙尘。然而任何时候,它们都不会失掉身价,只要一个人实实在在地拥有了它们,它们将会以穿透蒙昧与晦暗的力度照亮潜隐在人们心底的梦想与激情。正如大科学家牛顿的话所言:人类历史的任何进步,都是站在巨人的肩膀上。

三、大学教育中的宗教

在改组威廉-玛丽学院的章程中,监察员们考虑到为了向学生教授更多实用的技能和知识,因而取消了学院中存在的神学教授职位,增加法律、医学等教授

---

[1] 梅利尔·D.彼得森编:《杰斐逊集》,刘祚昌、邓红风译,北京:生活·读书·新知三联书店,1993年版,第1671—1672页。

职位。杰斐逊在《弗吉尼亚纪事》中,曾有一段文字对此做过说明:神学教授的职位是为了教育印第安人让他们信仰基督教而设置的,但是这种状况让准备进入学院学习新科学的年轻绅士们感到不满,他们不愿意进入威廉–玛丽学院,在这里学不到那些有用的科学,因此,学院的监察员们考虑到实际需要,便排除了两个神学教授职位。在其后创建的弗吉尼亚大学中,杰斐逊在提交的报告中,也没有设置神学教授的职位。

杰斐逊也因这项举措遭到了他的反对者的攻击,反对者到处宣扬说杰斐逊的教育理念是非宗教的甚至是反宗教的。反对者们指责杰斐逊是一位无神论者由来已久,在1800年总统大选中,杰斐逊就因为他的宗教信仰受到对手的质疑,一位叫作威廉·里恩的牧师指出,杰斐逊不是一个正统的基督徒。

> 假如我们的总统公开表明他不信,那么围绕在他身边的将都是异教徒。假如我们的总统在安息日整天宴乐、出访或接待客人,或在国外悠游,那么定期的公开礼拜将变得无足轻重。在生活的各个层面,不敬虔将成为家常便饭,而接踵而来的是普遍的淫乱……

> 那么,我的同胞们,在这么多证据面前……你们还愿意投杰斐逊的票吗?……就我自己而言,即使杰斐逊先生与我有最亲密的血缘关系,即使我对他负有成千义务,我仍是既不愿也不能投他的票。我绝不会将我的手按在他头上,立他为国家元首。①

更多的人指责杰斐逊是自然神论者,他们对此疑问道:在一个充满宗教信仰的国度,能够容忍一位自然神论者来当他们的总统吗?同时,杰斐逊的支持者们对此进行了有力辩解,他们说杰斐逊从来就没有拒绝过基督教的信仰,尽管杰斐逊从未在任何公开场合表达过他的宗教信仰,但是毫无疑问的是,杰斐逊虽然是一位启蒙主义的追随者,他崇拜培根、洛克和牛顿等人,然而他的这些哲学和科学的偶像都是正统的基督徒。在杰斐逊看来,启蒙运动所带来的理性主义与基督

---

① 威廉·里恩:《关于总统选举的几点思考》,转引自约翰·艾兹摩尔:《美国宪法的基督教背景:开国先父的信仰和选择》,李婉玲等译,北京:中央编译出版社,2010年版,第198页。

教的信仰并不冲突。在他撰写的《独立宣言》中,杰斐逊多次提到对上帝的信仰:人人生而平等,他们被造物主赋予他们固有的不可转让的权利,为了支持这个宣言,我们互相以我们的生命、我们的财产以及我们的神圣荣誉共同宣誓,我们坚决相信上帝的保佑。对于外界的这些争论我们暂且搁置一边,不妨来看看杰斐逊本人的心声,在1816年致查理·汤姆森的信件中,杰斐逊声称他是一位真正的基督徒。1823年在写给约翰·亚当斯的信件中,杰斐逊驳斥了外界传言他是一位无神论者的论调。

但是杰斐逊并不完全笃信基督教的全部内容,他信仰上帝的存在,却反对基督教中的"三位一体"观念。他认为人的理性不能被"三位一体"观念所压制,在这一点上,杰斐逊的思想与当时的自然神论有相似之处,但另外一方面,他又相信上帝作为宇宙万物的创造者。迪金森·亚当斯对杰斐逊的信仰做出了比较中肯的评价:

> 杰斐逊信仰的基石是对独一神论的坚定不移。他坚定地相信有一位神存在,这位神是宇宙的创造者、维序者,也是其他一切存在的最终基础……杰斐逊有一点十分确定:人类应当敬拜和尊崇的那一位真正的上帝并非基督教所说的三位一体的神。对于三位一体的原则,他嗤之以鼻。他认为这个说法本身自相矛盾,无异于变相的多神论,他甚至嘲笑其"凭空捏造出一位像冥府看门狗一般的三头一体之神,实在荒唐至极"。在他公开指出的基督教的各种问题之中,这一问题是他最为敏感也最常抨击的。[①]

由是观之,那些攻击杰斐逊是一位反宗教的人的观点似乎有些牵强。杰斐逊自己也表明过对基督教道德体系的钟爱。他并不反对在学校教育中开设基督教的课程,除此之外,其他教派同样可以在大学中宣扬他们的理念。杰斐逊在给托马斯·库珀的信中说:

> 在我们向立法机关提交的年度报告中,在基于宪法的理由表示反对

[①] 转引自约翰·艾兹摩尔:《美国宪法的基督教背景:开国先父的信仰和选择》,李婉玲等译,北京:中央编译出版社,2010年版,第206页。

由公家建立任何从事宗教教育的学校之后,我们建议鼓励不同的宗教派别在这个大学范围内各自建立他们自己宗教信条的教授职位。距离是如此之近,以致他们的学生可以在那里听课,并且自由使用我们的图书馆,以及其他一切我们能够提供的膳宿设备。但是保留它们对我们的独立性及互相的独立性,这样就可以堵住反对我们的大学的人的嘴,因为他们把不讲神学课程看作是一个自称是传授一切有用科学的大学的缺点。我认为某些教派从坦率的动机出发会接受邀请,而其他教派从嫉妒和竞争的心理出发也会接受邀请的,把他们和其他学生群众混合起来,我们就可以软化他们的粗暴,放宽他们的心胸,并且缓和他们的偏见,从而使得一般的宗教变为和平、理性和道德的宗教。①

可见,杰斐逊在大学中推行的是政治和宗教分离主义的模式,并且主张的是非常宽容和自由多元的宗教政策——任何的教派都可以在大学中自主设置讲席,宣扬各自的信仰。杰斐逊的这个设想至少打破了基督教在学校教育中一统天下的局面,自由多元的宗教政策彰显的是对宗教信仰者内心主体意识的尊重,即每个社会个体在心灵上都是自由的,他们不受任何教条或神灵的束缚,在选择自己的宗教信仰问题上,不必屈服于某种权威,而是听命于自己内心的选择。总体上来看,杰斐逊在大学中所推行的宗教自由政策与传统的强调宗教正统的教会学校有明显区别:

其最大的变化就是学术自由和宗教宽容的程度大为增强,教授本人的教派背景已不像过去那样受到重视。……对于学生来说,宗教课仍然是必修课,但目的不是为了向学生灌输本教派的神学观,而是为了使学生对宗教有基本的了解。学校对所有人开放,学生的宗教信仰是什么并不重要。②

杰斐逊在大学教育中推行的宗教自由政策延续了他一贯推崇理性和自由的信念,在研读英国史的过程中,他看到了当年查理二世推行的宗教统一法令对学

---

① 梅利尔·D.彼得森编:《杰斐逊集》,刘祚昌、邓红风译,北京:生活·读书·新知三联书店,1993年版,第1722—1723页。
② 刘澎:《当代美国宗教》,北京:社会科学文献出版社,2001年版,第345页。

校教育的迫害。对杰斐逊而言,他认为美国的大学教育中应当淡化早期浓重的教会色彩,把大学教育从传统的由宗教控制的旧有的教育体制和教育观念束缚下解放出来,伴随着19世纪初兴起的科学技术革命,大学应当越来越承担起学术研究,为社会培养实用型人才的功能。高等教育的目标主要在于为增进国家福利,培养年轻人理性思考的推理能力以及正确行动的习惯,用新科学的思想和知识引导他们探索自然的奥秘和社会进步的力量。而高等教育中的宗教内容则在于坚定他们的信仰,培养他们向善的德行以及浓郁的人文主义气质,从而成为德才兼备的有用人才。

四、宗教自由法案

无论何种形式的宗教,它天然的就是一种教育体系,通过传播教义、宗教读物,举行的宗教仪式,无形中对教徒的思想观念发生潜移默化的教育功能。然而当宗教被赋予政治色彩,用来作为统治者的工具,并且渗透到学校教育之后,其影响不言而喻。查理二世曾于1662年颁布英国国教统一法令,规定全国国教会的牧师们在礼拜仪式上必须遵从这本《通用祷词手册》,如果有人违反它,将被取消一切教会职务和资格,颁布此法令的目的在于将那些不信奉国教的牧师们驱逐出去,它所涵盖的范围囊括了所有大学、学院、教堂甚至是家庭教育中的牧师。所有的牧师都要签署一份承诺书,宣誓不违反国王的法令,结果此举严重挫伤了牧师们进行教育活动的积极性,导致了17世纪末英国中等学校教育质量的下降。这种试图建立全国统一的教育体系的尝试从都铎王朝时期就开始了,这种教育体系由王室及其任命的牧师和神父们控制,对学校和教会的教师、课程和教育方法都进行了严格的规定。蒙特莫伦西说:"如果只允许政治上的和宗教上的伪君子们当教师,人们是不愿意当教师的。"[①]

而17世纪的美洲大陆则完全不同,这里汇聚了各色的宗教人士,"除了英国圣公会教徒、独立派、清教徒、贵格会教徒之外,还有法国和西班牙天主教徒,瑞典路德派教徒,荷兰加尔文派教徒,法国胡格诺派教徒,西班牙犹太教徒,更不

---

① E·P·克伯雷选编:《外国教育史料》,任宝祥等译,武汉:华中师范大学出版社,1991年版,第288页。

要说信奉古老部落神的印第安人和非洲人"。但是在这些各色宗教派别中,毫无疑问,来自英国的宗教传统和风格占据优势,他们与英国本土并没有完全隔断联系,按照英王的授意,要把基督教作为驯化美洲土著人的重要工具。詹姆士一世在提到如何治理弗吉尼亚时明确表示:"依据在英格兰我们所信奉和确立的教旨、权利和信仰,宣讲基督教,让它扎下根,被定居者所信奉,并以此对野蛮人进行教化。"①因此,在中部和南部殖民地,英国国教成为重要的教派,而在新英格兰地区,则是清教。他们分别与当地的市政当局"联姻",推行不同程度的宗教信仰强制措施,如马萨诸塞1635年规定,任何人都必须去教堂做礼拜,同时对那些不主动为教堂捐献财物的人实行一定程度的惩罚。从某种程度上来说,清教与圣公会在新大陆成为一种新的国教。

但是在殖民地,清教和圣公会受到来自其他教派的冲击,为了维系它们在新大陆的核心位置,它们不得不在家庭、教会和学校教育体系中推行大范围的宗教普及教育,各州相继出台法令规定在学校中首要的便是要教孩子能够阅读《圣经》,在授课内容上不断重复向学生灌输基督教的内容,其目的是为了保持宗教的统一性和神圣性。

  教理问答的过程是枯燥的,一成不变的,它的主要教育方法是重复。但在这一过程中的许多年轻人,无论愿意与否,就像在家庭中一样,通过对照文字和口头重复的教理学会了阅读。而且由于从教理问答到更广泛的教育中间只隔了一小步,许多牧师肯定时常起到教区内孩子的老师的作用,在教堂或牧师住宅,甚至是在单独的校舍内,为他们讲解教理问答和经文,并长期教导他们各门学问和古代语言。

  另外,牧师还对他的教民进行非正式的教育,给他们的个人事务提建议,引导他们努力增长美德,对他们的错误进行告诫,偶尔还以开除教籍或受法庭审判的惩罚威胁(甚至对他们实施),而且由于他调动教堂助理(圣公会)

---

① 劳伦斯·A.克雷明:《美国教育史:殖民地时期的经历》,周玉军等译,北京:北京师范大学出版社,2003年版,第109页。

或长老(公理会)以及整个教众来加强教育。这一做法在强化更系统的教育方面具有强大的力量。事实是,对于17世纪大多数美洲移民来说,教堂是家庭之外他们所参与的最重要的社区圈子:它是一个交换观点的论坛,是进行交易的市场,是交换信息的讲坛。这样,它有自由性,因为它为个人提供了直接与不同于自己的生活方式接触的机会。但它也是限制性的,因为在牧师教诲的背后隐含的是对全社区的约束。而这一点也正是"教堂纪律"这一词语的意义所在,它把纪律和命令作为指示的古典含义,与作为教堂规范成员行为的体系的宗教含义糅合到了一起。①

杰斐逊对这种宗教政治化的运作方式并不认同,尽管宗教在学校教育中的普及对塑造公民的信仰和美德方面功不可没,但是其所推行的统一化和规范化措施并不利于培养公民的理性精神和独立判断能力。从始至终,杰斐逊都主张推行政治与宗教、政治与教育分离主义的模式,鼓励公民宗教信仰自由。在《弗吉尼亚纪事》中,杰斐逊就已经表达了对英格兰教会在弗吉尼亚推行的宗教垄断政策的不满。英格兰教会对于其他教派而言处于全面的统治地位,它们拥有"制定、管理和执行法律的权力,英吉利教会在这个地区对于移入北部管理区域的他们的长老会派兄弟们也同样不宽容,可怜的教友派从英国的迫害下逃出来,他们把目光投向这些新的国土,把它们看作是公民和宗教自由的避难所,但是他们发现这些国土对于统治教派是自由的。弗吉尼亚州议会曾经先后几次颁布法令,强制青年人接受基督教的洗礼,并且迫害、排挤教友派。

当杰斐逊成为弗吉尼亚州州长之后,他便开始着手改革这种政教一体的现状。1776年5月的议会上,代表们在《弗吉尼亚权利宣言》中达成了共识:宗教自由是一项真理,也是一项不可动摇的自然权利,宗教信仰应当是自由的。此后通过议会逐渐取消了之前州政府制定的一系列迫害宗教自由的法令,并且规定政府不得以任何形式干涉公民的宗教信仰。在杰斐逊看来,公民的宗教信仰权利不能交给任何人,它只属于公民自己,政府的合法权力只能对损害他人的利益行为进行干涉,而不可以以任何缘由限制公民的宗教信仰自由。否则,在政治打压下的

---

① 劳伦斯·A.克雷明:《美国教育史:殖民地时期的经历》,周玉军等译,北京:北京师范大学出版社,2003年版,第109页。

宗教信仰将会导致人心变坏，因为它的强制措施导致了社会上相当多伪君子的出现，他们不能忠于自己内心的信仰，而不得不屈服于政府的强权，便有可能为了暂时利益出卖自己的灵魂。而实行宗教信仰自由的政策，则会让各种不同的观点和意见自由流通，让那些谬误在真理面前显现出原形。

实行宗教信仰自由，一个更为主要的方面在于，它为全体公民提供了心灵上的洗礼和教育，人们头脑中的知识和思想将不会僵化在某一个教条之下从而变得故步自封。任何社会的进步都离不开公开的讨论和交流，并且善于接纳新事物的出现。杰斐逊举例说，假如罗马政府不允许自由研讨的话，基督教绝不可能被引进来；假如在宗教改革时代没有自由的交流，基督教的腐败就不可能被清洗干净。如果现在我们逆历史的潮流推行宗教专制政策，旧有的腐败将得到保护，而新的腐败将得到鼓动。只有谬误才需要政府的支持和保护，而真理是不害怕面对公众意见的讨论的，既然如此，为什么要让意见受到政治的高压统治呢？新的时代并不需要意见的整齐划一，宗教信仰同样如此，不同宗教派别的此消彼长有利于培植公众的理性精神。

而几百年来的宗教专制政策已经导致了无数人受到迫害，有此沉痛的历史代价，宗教强制的后果"使一半世人成为愚人，另一半人成为伪君子，这等于在全世界维护欺骗和谬误"，这是杰斐逊所极力反对的宗教强制政策的理由。同样，在学校教育中这种宗教强制政策具有更大的危害，因为它所面对的对象都是那些日后成为国家栋梁的青年人，宗教强制政策会让他们失去独立判断的能力和理性思考的精神，失去创造性，缺乏内心信仰，从而变得暮气沉沉。

在杰斐逊的主持下，弗吉尼亚州议会于1777年和1779年两次制定了宗教自由法案，从而以立法的形式为维护公民的宗教信仰自由提供了保障。宗教自由法案的颁布基于这样的前提：

> 人们的见解和信仰并不决定于他们自己的意志，而是不由自主地追随，向他们的心灵提示的证据。全能的上帝创造的心灵是自由的，而且他表明他的最高愿望就是：使人继续自由，而不使其受到任何羁绊。以世俗的惩罚或重压来影响他，或用民事法规剥夺其活动能力的办法来影响他的一切企图都只

能使人们养成虚伪和卑鄙的恶习,是违背我们的宗教的神圣的创立者的宗旨的。他作为肉体和心灵的主宰,不喜欢使用强迫肉体或心灵的手段来传播宗教,尽管全能的他有能力这样做,相反,他仅仅依靠他对理性的影响力来传播和扩大宗教。①

受到教育的公民有理性判断的能力,他们的观点不应成为政府干涉的对象,如果政府以任意手段插手公民思想信仰领域,此举不论出于何种目的,对于公民的宗教信仰自由来说都是一种危险的践踏。因为政府的观点并不总是正确的,它不能按照自己的意愿来要求的它的公民履行某种单一的思维模式,如此,有可能在谬误的路途上越走越远。而经得住实践检验的真理是在公民们自由讨论和辩论中产生的,若给它以自由,它便天然成为谬误的斗士。在这样一种理念下倡导的宗教信仰自由政策,"不得强迫任何人去教堂做礼拜或出钱为其教会提供经费,也不允许根据他的宗教见解或信仰对他的人身或财产实行强制、限制,侵扰或使其承受负担,也不得用其他方法折磨他。所有的人都可以自由地表明他的信仰并且据理坚持自己的宗教见解,不能因为他们这样做而削减、扩大或影响他们的公民权"②。

《宗教自由法案》制定颁布的过程并非一帆风顺。它遭到了来自宗教顽固势力的阻碍,他们不肯就此让出在宗教中的统治地位,好在进步的力量终于战胜了顽固势力的反对。杰斐逊在其自传中,对这段经历予以了说明,杰斐逊写道:我是本着理性和正义的精神起草《宗教自由法案》的,它虽然遭到了反对,不过除了前言的地方做了修改之外,最终它获得了通过,它最主要的目的就是反对宗教领域的强制政策。前言宣称强制是背离了我们的宗教的神圣的创始人的计划,但是有人想把"耶稣基督"这个词加进去,读作"背离耶稣基督,我们的宗教和神圣创始人的计划"。这个建议遭到了大多数人的反对,这证明大多数人想把犹太人和非犹太人、基督教和默罕默德教徒、印度教徒以及各派异教徒,都放在它的保护之下。

---

① 托马斯·杰斐逊:《宗教自由法案》,梅利尔·D.彼得森编:《杰斐逊集》,刘祚昌、邓红风译,北京:生活·读书·新知三联书店,1993年版,第369页。
② 托马斯·杰斐逊:《宗教自由法案》,梅利尔·D.彼得森编:《杰斐逊集》,刘祚昌、邓红风译,北京:生活·读书·新知三联书店,1993年版,第371页。

第十章 政"教"分离

美国建国之初,由于邦联制的弊端,并没有将各州纳入有效的管理体系中,对教育的管理权也主要由各州负责。建国之初的学校,特别是高等院校主要为教会的力量所控制,一组数据很能说明问题:

> 到18世纪末,美国已有了27所学院或大学。其中18所是1780年以后建立的,较之革命前虽然发展得更快些,但规模仍很小。所有高等学校教师总共不过百人,学生总数也不逾两千。神学和古典语言仍在课程中占主要地位,也无一所学校招收女生,教派和私人仍是控制大学的主要力量。当时27所高等院校中,只有6所不属特定教派控制,4所是州立大学。①

这与建国之初全国上下对教育的大讨论所达成的共识和理念相冲突,人们一致认为,共和国的教育体系应当为增加国家和全体人民福利为主要目的,在大学中应当倡导自由的人文主义理念,但是教会的独占和专制妨碍了高等教育为社会培养人才的功能,因此,必须采取措施使得高等教育更加世俗化,在学校中以教授学生现代技能和科学知识为主要培养目标。杰斐逊、富兰克林都是这种教育理念的积极倡导者和推动者,为了打破教会在高等教育中的权威,杰斐逊在多个场合表明了在高等学校中实行宗教自由的政策,并且不允许政府以任何形式和理由干涉高等学校中的宗教信仰自由。1808年杰斐逊在写给塞缪尔·米勒牧师的信中再次重申了宗教自由政策:

> 我认为宪法禁止美国政府干涉宗教组织、它们的教义、教规或仪式,这不仅是因为宪法规定不得制定有关建立宗教或自由运用宗教的法律,而且也是由于它规定没有委托给合众国的权力都保留给各州。的确,全国政府并没有被授予制定任何宗教仪式或者在宗教教规方面行使的权限。所以这个权力一定是属于各州,只要它能够处在任何人类管辖的权限内。但是有人只是建议我应当推荐而不是制定一个斋戒和祈祷日。这就是说,我应当间接地让合众国行使宪法直接禁止合众国行使的对于宗教仪式的权限。这一定也是意味着,这种推荐具有某种权限,对那些忽视它的人要施行某种惩罚,当

---

① 滕大春主编:《外国教育通史(第三卷)》,济南:山东教育出版社,1990年版,第361页。

然不是罚款和关押,而是舆论方面的某种程度的禁止。难道改变一下惩罚的性质就能使这种推荐对于那些人(这种推荐就是向他们提出的)不够一部制约行为的法律了吗?我认为邀请行政长官去指导宗教仪式、宗教教规或它的教义是不符合宗教的利益的,授权全国政府去实现它们在时间和事物上的一致也不符合宗教团体的利益。①

在杰斐逊《宗教自由法案》的推动下,美国高等教育中的宗教色彩在 18 世纪末出现了显著的变化,学校中设置了越来越多的更加贴近和服务于经济发展的学科,各州政府加强了对高等学校的管理,教会权力进一步被削弱,大学在录取新生时也不像过去那么注重宗教派别。

---

① 梅利尔·D.彼得森编:《杰斐逊集》,刘祚昌、邓红风译,北京:生活·读书·新知三联书店,1993 年版,第 1376 页。

第十一章

对印第安人和女子的教育关怀

托马斯·杰斐逊纪念堂背面

> 就西部发展而言,他(杰斐逊)是首位也是影响最大的总统。
>
> ——詹姆斯·P.朗达

从《弗吉尼亚纪事》详略的记载中,我们看到了一个心系北美大陆的杰斐逊,然而从杰斐逊内心世界所袒露出来的,并不仅仅限于他对弗吉尼亚的热忱。杰斐逊心中装着的帝国概念至少两面都为大洋所环绕,那是一幅地域广袤、沃野千里的迷人风情画。成功从法国人手里以低廉的价格购得路易斯安那一直被称为杰斐逊政治上的最大成就,自此,他还组织了克拉克等人的西部探险活动,开启了建构帝国的扩张主义模式。当然,这种扩张主义非原始的武装殖民,杰斐逊承继了一贯地从文化教育方面开化土著人的策略,某种程度上,杰斐逊骨子里多少还有种族文明差异的谬论,他的西部扩张策略一方面扩大了白人文明的覆盖范围,同时,另一方面加速了印第安原始文化的衰落。而在女子教育方面,杰斐时期并没有取得本质的突破,那个时代普遍存在的男权思维成为阻碍杰斐逊在女子教育问题上做出突破性进展的主要瓶颈。

一、购入路易斯安那

英法七年战争期间,法国战败,为了防止路易斯安那地区落入英国人之手,法国秘密地把路易斯安那地区交给西班牙人打理。1800年,拿破仑以武力威胁从西班牙手中重新获得了路易斯安那地区的所有权,阿巴拉契亚山脉以西的整个广袤地域都处在法国人的控制之下。这让时任总统的杰斐逊忧心忡忡,因为拿破仑时代的法国军力强大,他们随时都有可能唆使西部的印第安人发起武装叛乱,由此构成对整个北美大陆的威胁,为此必须想方设法把路易斯安那地区收入美国政府管辖之下。不但如此,在杰斐逊的治国理想中,他需要获得大片的土地来支持他最初的"农业理想国"的梦想,他想把在弗吉尼亚充满浪漫色彩的乡绅生活复制到整个美洲大陆。

第十一章　对印第安人和女子的教育关怀

关于西班牙和法国之间在路易斯安那问题上的秘密协定，大约过了一年之后，杰斐逊才得知其中的详细内幕。他致信给驻法公使利文斯顿分析了法国掌控该地区的危险性。杰斐逊说，西班牙把路易斯安那和佛罗里达地区割让给法国严重地伤害了美国。一直以来，美国因为独立战争的原因，都把法国看作是亲密的盟友，但是谁也想不到，如今法国在西部地区对北美大陆虎视眈眈，摆出一副向美国挑衅的姿态，而且西部地区土地肥沃，物产丰富，如果能够拥有该地区将使现在的美国领土和人口扩大一倍以上。如果是西班牙人掌握路易斯安那地区不会对美国构成什么威胁，但是"法国人性情鲁莽，有朝气蓬勃和永不安定的性格，这些都与我们处于永久性的冲突的状态，因为我们的性格虽然平静，爱好和平并追求财富，却十分高尚，蔑视靠侮辱和损害人的竞争取得财富，我们像地球上任何民族一样具有进取心和活力，所有这些情况使得美国和法国在一个如此敏感的地点相遇时，再也不可能继续做长期的朋友了"。

一旦做出购买路易斯安那的决定，杰斐逊立即展开行动，他派遣利文斯顿和门罗作为代表去和法国人谈判。最初的时候，杰斐逊并没有那么大的野心，他原本想首先购买新奥尔良和佛罗里达地区，没想到法国代表主动询问利文斯顿是否有意购买整个路易斯安那地区。这让利文斯顿喜出望外，没想到原本设想一场艰难的外交谈判如此顺利。原来，此时的法国人内外交困，想集中主要力量专注于欧洲事务，为此，与其被路易斯安那地区拖着，还不如顺手送个人情。就这样，1803年4月30日，美法签订购买合同，包括路易斯安那以及新奥尔良地区大约260万平方公里的土地，美国人只支付了大约1 500万美金。这是一笔相当划算的买卖，美国国土面积增加了一倍多，人口也增加不少，这让塑造帝国梦情怀的杰斐逊激动不已，有了土地和人口作为物质基础，他可以壮志豪情地宣称，这对于美国民众未来的福祉是一项宏伟大业。

我指望这次国土的倍增会扩大像我们这样自由和节俭的政府，并且把这看作是对于实现未来的大宗福利事业的一大成就。我们是留在一个联邦内，还是建立大西洋联邦和密西西比联邦，我认为对于双方中任何一方的幸福都不关重要。西部联邦的居民与东部联邦的居民同样是我们的子孙后代，将来对那个国家和对这个国家一样，我将都会有认同感，即使我现在预见到将来有一天会发生分离，然而我感到有责任并渴望促进东部的利益，为在我的权力范围内的我们未来家庭的两部分谋一切福利。①

购买路易斯安那不仅让当时美国的国土和人口大幅增长，而且这些地区无论从气候、土壤还是物产方面都具有相当丰富的资源。杰斐逊估计：光是新奥尔良地区所生产的农产品就能养活美国一半以上的人口。路易斯安那的获得为美国日后的西部扩张扫清了道路，其重要性不言而喻，"路易斯安那变成了向佛罗里达、得克萨斯、新墨西哥、加利福尼亚、俄勒冈和阿拉斯加扩展的走廊。②"

实际上，杰斐逊早就对北美大陆的西部地区有着明晰的认识，在那之前，他派遣刘易斯和克拉克到西部进行探险活动，获得了关于西部地区的一手资料和知识，杰斐逊在任时，组织了几次到西部的地理勘察活动。路易斯安那加入合众国的版图之后，大批的移民从东部蜂拥而至。因为那时交通条件的限制，人们进入西部地区主要依靠水运，沿着俄亥俄河、卡诺瓦河以及坎伯兰河陆续出现一些居民点，随着社会的不断发展，相应的文化教育机构也开始逐渐建立起来。这些初期的居民点尽管刚开始时各种设施都比较简陋，但是它们承载着西部移民们的许多梦想。在移民潮中，媒体的报道发挥了相当大的宣传鼓动作用，是报刊的宣传使得这些初期的居民点为普通人所知，事实上，美国开拓西部的运动从18世纪末期就开始了。首先在西部地区建立的文化教育机构主要是报刊，在西部地区创建的第一份报纸是约翰·斯卡尔于1786年创办的《匹兹堡公报》，到1800年，阿巴拉契亚山脉以西已经有二十余家报纸出现。就像当初欧洲向美洲移民一样，经过报刊的极力宣传，这些初期的居民点吸引了越来越多的人前往，他们给蛮荒的西部地区带去了最初的文明。

从购买路易斯安那开始，美国就开始了一系列的领土扩张活动。但是美国在开拓西部的过程中，科技和教育作为必备的动力发挥了重要的功能，联邦政府先后颁布一系列法律吸引掌握科技和农业知识的人才移民西部。在西部只需付出很少的费用就能获得大片的土地，这项举措吸引了不少优秀人才，而且联邦政府规定各州政府必须划拨一定的土地用来修建学校。从19世纪20年代起，在美国

---

① 梅利尔·D.彼得森编：《杰斐逊集》，刘祚昌、邓红风译，北京：生活·读书·新知三联书店，1993年版，第1319页。

② S. F.比米斯：《美国外交史（第一卷）》，叶笃义译，北京：商务印书馆1985年版，第152页。

兴起的公立学校运动也波及了中西部地区,各州纷纷出台教育法令推动公立学校的发展,保障学校教育的普遍实施,如1816年印第安纳州宪法的教育条文规定:

> 在全社会普及知识和教育,是维护自由政府的要素,而扩大本州各地区的受教育机会和良好的教育条件,则大大有利于达到这一目的。州议会的职责就是依据法律改进地产的提供,或者今后可能的话,敦请联邦政府拨给本州地产以作学校所需的费用,并利用从这些地产或其他方面所筹集的资金,来实现他们所确定的或设想的重要目标。然而根据本州所规定的权限,在1820年以前,作为学校和学院的资金的地产不得出售。为了上述目的,从出售此类地产或通过其他途径所获得的钱,必须留下一笔基金,除了用于促进人们对文学和科学的爱好外,还要用来支持学院或公立学校。州议会要经常制定法令,如采用颁发奖赏和提供特权的办法来促进艺术、科学、商业、制造业和博物学的发展,鼓励智力、科学和农艺的改进,支持和赞扬博爱、勤劳等美德。①

从法国人手里以低廉的价格购买到路易斯安那,被认为是杰斐逊一生中最出色的政治运作。此后这里盛产的丰富的粮食作物和矿产资源为美国向现代化转变提供了坚实的物质基础,由此开启了大规模西进运动的序幕。在西进运动和开拓边疆的进程中,逐渐培育了一种影响美国民族性的"边疆精神"或者是"西部精神"。有专门研究美国西进运动史的学者将此命名为"边疆论",最著名的莫过于美国历史学家弗雷德里克·杰克逊·特纳教授在《新西部的崛起》和《美国历史上的边疆》中所阐述的"边疆假说"。特纳认为:一部美国史可以被认为就是一部对大西部的拓殖历史。不论特纳教授的"边疆假说"论引起了历史学家们的多少争议,但是就整个西部地区的开拓来说:

> 西部对于美国这个新生国度的发展产生了深远的影响。有关这种影响的重要性,自从弗雷德里克·杰克逊·特纳教授提出边疆是培育了美国独特民族性的政治和社会实验室的观点以来,就一直争论不休。特纳指出,那些翻山越岭的男男女女之所以愿意经历拓荒生活的艰难困苦,是因为他们不满于原先

---

① E·P·克伯雷选编:《外国教育史料》,任宝祥等译,武汉:华中师范大学出版社,1991年版,第474页。

居住地的生活。当人们一起受苦和面对危险时,他们往往不计较以往的风俗习惯、特权和处世态度而团结起来,他们指责那些掌权者没有考虑他们的问题。当他们在政治上和经济上变得足够强大时,他们往往会迫使旧有的社会采纳他们的观点。因此,特纳学派坚持认为,边疆引发的许多政治和社会实验,促进了美国民族性和社会结构的形成。

历史学家理查德·霍夫施塔特写道:"历史学家们一直长期以来激烈争论着,边疆论究竟确有深刻的价值,这根本就是在误导他人,以至于存在着看不到两者兼而有之的情形。"他进而又说,即使是特纳学说最尖锐的批评者,也不会否认他的理论精髓——边疆对美国生活的显著影响。[①]

美国在开拓西部过程中,也是东部相对较为发达的文化向西部拓展的历程。若在西进运动中,没有文化教育机构的大规模兴建,以此为开拓西部提供数量众多的科技教育人才,很可能西进运动将对蛮荒的西部不会产生本质的影响。19世纪初,美国蓬勃发展的报刊在西部地区落地生根,它们的广泛宣传扩大了西部的影响,吸引了众多优秀的人才来到西部地区淘金;美国政府不断出台一些优惠政策,比如低价出售土地,对那些致力于发展农业的农场主和企业主也具有相当大的吸引力。此外,19世纪初的公立学校运动的范围惠及整个西部地区,初级中学、职业学校、高等院校等较为完善的学校教育机构在西部地区逐渐成形,这为发展西部地区输送了众多掌握实用技能和科技知识的人才,西部各州也纷纷出台教育法令保证学校教育的普及。总而言之,西进运动本质上是一场科技、文明和文化的开拓史。众多学者只注意到了开拓西部对美国经济发展的重要性,须知,若西进运动不建立在教育普及、科技创新、文化融合的基础上,其后果将导致一种粗暴的掠夺式经济增长。从现在来看,美国有相当一部分著名的公立大学位于中西部地区,比如密歇根大学、印第安纳大学、迈阿密大学、密苏里大学、俄亥俄大学、普渡大学、明尼苏达大学、堪萨斯大学、威斯康星大学等。由移民、宗教团体设立的私立大学同样不落下风,像著名的芝加哥大学、西北大学、圣保罗大学、底特律大学、圣路易大学等。

[①] 迈克尔·埃默里、埃德温·埃默里:《美国新闻史:大众传播媒介解释史》,展江、殷文译,北京:新华出版社,2001年版,第98—99页。

二、开化印第安人

　　印第安人才是北美大陆真正意义上最早的移民,在欧洲殖民者来到北美大陆之前,印第安人就从亚洲或太平洋等地迁徙到北美大陆,他们广泛分布在北美大陆各个地区,繁衍生息有上万年,在悠久的刀耕火种的历史中,印第安人创造了属于他们自己的独特文明。他们主要以渔猎和农耕为生。印第安部落众多,因此形成了丰富多彩的多样性文化特征,各个部落的商业活动、礼仪庆典和原始工艺都独具特色,他们过着自给自足的原始生活。如果没有欧洲殖民者的入侵,印第安人平和、宁静的生活还会继续维系下去。然而,公元1500年之后的世界逐渐打破了地域格局封闭,各种文化开始出现相互交流和碰撞的局面。印第安人因其相对自足的文化形态在这种世界文明发生交汇的状态下,开始显现出了自身的局限:

> 印第安人文化在它所处的环境中是完整而自足的。虽然印第安人在技术和工具方面十分粗糙,人口得以生存繁衍,然而,1500年以后的世界进入了一个文化猛烈撞击、民族频繁往来的时代。在不同的文化接触中,物质势能的强弱决定着一种文化的命运。当欧洲人进入北美后,印第安人的悲剧性历史,便是源于其技术与组织的劣势,始于物质对抗力量的失败。他们的文化赖以运行的外部环境遭到根本性破坏,而欧洲文化成分的传入,又极大地损害了其文化的原有功能。这些因素交织在一起,不断将印第安人推向灾难的深渊。①

　　在欧洲殖民者的思维中,白人文化才是世界文明的正统文化,而印第安人以及其他少数族群则代表着异类。在英国殖民者之前,西班牙、葡萄牙等对北美印第安人采取了极为恐怖的暴力殖民方式。17世纪初,到达北美大陆的清教徒们为了宣扬他们纯正的宗教信仰,采取了对印第安人实行文明开化的教育策略。在欧洲殖民者之前,印第安人的部落中有属于自己的教育形式,主要以口头形式传授历史、仪式、农耕和狩猎知识,这些传统的教育形式主要在家庭内部展开,当然主要是针对男孩。男孩还在七八岁的时候,他们的父亲就会教授他们学

---

①李剑鸣:《美国通史:美国的奠基时代(1585—1775)》,北京:人民出版社,2002年版,第44页。

习各种狩猎技能,并且磨炼他们的意志,培养他们独立自主生活的能力。而女孩主要在母亲的教导下学习种植农作物和操持家务的能力。无论是男孩还是女孩,他们的父母、长辈或者部落首领都会教导他们做人要诚实、勇敢、善良,一种旨在培养孩子们拥有美德的价值观念会灌输在家庭教育中。但是印第安人的教育形式既没有学校,也没有文字,单纯依靠语言的口头传播。语言的丰富性和多样性,是印第安人文明的一个主要特征。据统计,被殖民前后的印第安各个部落中使用的语言大概有三百多种。

清教徒们非常重视对印第安人的教育策略,他们希望借助教育祛除印第安人固有的野蛮文化成分,从而让他们逐步向温文儒雅的欧洲文化靠拢,并以此实现"基督教化"。因此,宗教成为早期开化印第安人最主要的教育形式。英王詹姆士一世还下令拨出专款在北美大陆建立学校和教堂。杰斐逊的母校威廉-玛丽学院当时一个主要的职能就是为当地的印第安人提供教育。印刷商们在这方面的努力也不遗余力,正如前文我们所提到的,艾略特为了向印第安人传经布道,竟然学会印第安语,并且翻译、印刷了印第安语的《圣经》。大多数殖民地负责开化印第安人的牧师心中都认为自己是上帝忠实的选民,是一名合格的基督徒,因此他们负有拯救那些处在愚昧、野蛮和落后的荒芜之地的印第安人的责任,必须把他们解救出来带到上帝的面前接受神圣的洗礼,皈依基督,把他们改造成新世界的文明人。

清教徒们的理想虽然美好,但是他们没有考虑到新旧两个世界相遇时所产生的巨大文化鸿沟。当带着某种程度的文化优越感去审视另一个群体的文化时,自然会产生不可抗拒的偏见,由于清教徒追求非常严格的宗教信仰,他们想把这种信仰通过教育和传经布道复制到印第安人身上,但是因为语言和文化的巨大差异,基督徒们的努力在初期并没有获得成功。

新英格兰人对于信仰问题的看法中掺杂着公理会严格的教规,它认为改信皈主不但是接受洗礼,而且在某种程度上是对基督教信仰和行为规矩的承认,还意味着通过对经文的深入学习而达致赎罪获救的经历。直到1663年约翰·艾略特出版阿尔冈昆文版《圣经》之前,一个要改信皈主的印第安人要么得掌握足够的英文来阅读《圣经》并理解其精微的教义,要么就得有精

第十一章 对印第安人和女子的教育关怀

通阿尔冈昆语的教士来教给他清教的教旨。依据联合教堂的信念,一个真正的基督徒的生活应该完全符合经文的要求,因此任何信仰的转变必然也意味着以清教徒的衣着和举止为标准的社会生活方式的转变。这就难怪到1640年,在整个新英格兰只有有数几个印第安人皈依了基督教。①

直到后来清教徒们改变布道策略,在印第安人中间培养意见领袖之后,才有越来越多的印第安人皈依了基督教。这种通过文明开化对待印第安人的方式在美国独立战争后得到了延续。刚刚独立的美国,面对来自内政外交上的各种困境,因而华盛顿政府对印第安人采取了怀柔的笼络策略,他们承认印第安人与美国政府属于平起平坐的政治和贸易伙伴关系。到了杰斐逊执政时期,开化印第安人的政策更为完善,如果说在华盛顿、亚当斯时期,还兼有采取武力的形式对待印第安人,那么杰斐逊则是一位自然权利论者,他既认为每个民族都有追求其幸福生活的自然权利,但同时又认为在印第安人身上的确存在着野蛮文明的色彩。而对此不能付诸武力形式,杰斐逊反对运用暴力的形式改变印第安人的文化现状,唯一所能采取的形式就是通过教育来开化印第安人。

杰斐逊政府为此还专门成立了促进印第安部落开化和进步协会。该协会的主要宗旨就是通过在印第安部落推广教育的形式促进印第安人知识、技能的增长。晚年的杰斐逊还对这个协会的工作念念不忘,他在写给莫尔斯的信中说:

> 我现在要对于提议把荣誉地位送给我先前的弟兄以及我本人以表彰我在创办促进印第安部落开化和进步协会方面所起的作用一事表明我的看法。所表达的宗旨,和该协会的宗旨一样,也是我当政期间牢记在心中,始终想找机会加以促进的。甚至现在,在晚年和退休的宁静生活中,没有比一个提高那个可敬的和不幸的民族的地位,使其摆脱物质上和道德上的悲惨处境的值得赞许的计划,更能激起我的强烈兴趣的了。②

这个协会中的人员,包括总统、副总统,所有行政部门的主要长官,国会议

---

① 劳伦斯·A.克雷明:《美国教育史:殖民地时期的经历》,周玉军等译,北京:北京师范大学出版社,2003年版,第117—118页。

② 梅利尔·D.彼得森编:《杰斐逊集》,刘祚昌、邓红风译,北京:生活·读书·新知三联书店,1993年版,第1710页。

员,大学及神学院的校长、教授和牧师。这个协会开化印第安人所依据的计划就是通过实施普遍的教育——这被认为是最有效和最节省财力的策略。杰斐逊也是一位热衷于印第安人教育的总统,在其1801年向国会提交的第一个年度咨文中,他就建议增加对印第安人事务的拨款,用于在印第安部落中兴办学校。在杰斐逊的倡议下,美国政府通过与印第安人签订协议的方式在印第安部落中建立了20多所学校。在这些学校中,美国政府派白人教师进行管理和授课,主要使用英语进行教学,采取强制性的方式让印第安儿童接受白人的文化价值观。此外,传教也是一项主要的教育策略。在开化印第安人协会中,杰斐逊建议会员中应当大部分都是教士,在印第安部落中传教的教士也得到美国政府的资助。在杰斐逊政府的积极努力下,至19世纪初,印第安部落的教育状况得到了较大程度的改善。

> 19世纪20年代以后,印第安人教育加大发展步伐,美国政府创办和维持的学校不断增多。1830年,各类印第安人学校达到52所,在校学生1 512人。到19世纪40年代中后期,体力劳动学校有16所,学生800余人,寄宿学校和地区学校87所,学生3000人。同时,美国政府用于印第安人教育的支出也有所增加。1830年与乔克托族签订的条约规定,美国在20年内每年支付2 000美元作为三所学校教师的经费。美国根据1836年与渥太华族和奇珀瓦族签订的条约,每年支付5 000美元,用于雇用教师、修建校舍和购买书籍。1845年美国政府当年按条约支付教育经费68 159美元,外加12 369.5美元的"文明开化基金",总额在8万美元以上。①

在担任华盛顿政府国务卿时,杰斐逊就注重加强对印第安人各部落之间的文化交流。他对那些来访的印第安部落首领一直在传递这样的观念:我们都是美国人,都生存在相同的土地上,有相同的利益关系,因此我们必须加强双方的友谊与合作,竭尽可能为双方的利益提供帮助。杰斐逊对印第安部落首领承诺:一旦条件允许,合众国将向他们提供生活所需的物品,并且派教师教授印第安部落中的孩子们学习科学文化知识和生产技能。杰斐逊主张对印第安人实行文明开化策略主要出于几个目的。

---

① 李剑鸣:《文化的边疆:美国印第安人与白人文化关系史论》,天津:天津人民出版社,1994年版,第114页。

第十一章 对印第安人和女子的教育关怀

其一,维护边疆稳定,保证国家安全。新生的合众国在各个方面实力不济,如果处理不好与印第安人的关系,引起他们的反抗,那么合众国的形势将岌岌可危。杰斐逊从华盛顿时期所采取的对印第安人的武力政府中吸取了教训,武装政府遭到了印第安人的极力反抗,这让当时的华盛顿政府财力不堪重负,此后不得不采取与印第安人和睦相处的策略。而杰斐逊时期,同样在外交关系上与英法矛盾重重,国内财力紧张,在北非还受到弹丸小国的劫掠。如果此时不维护好与印第安人的关系,那么美国将陷入内外交困的窘境。杰斐逊多次写信给印第安各个部落的酋长,不断重申美国政府与印第安人在利益关系上的一致性。1803年,杰斐逊在写给巧克陶部落首领的信中强调:

> 我们很久以来就听说贵部落是一个人口众多的、和平的和友好的部落,但是这是它的伟大人物对于我们政府所在地的第一次访问。我们欢迎你们来到这里,高兴地和你们握手,并且向你和贵部落保证我们是他们的好朋友。出生在同一块土地上,我们应该像兄弟一样生活,尽我们全力去做一切对彼此有益的事,而不听试图使我们互相为敌的凶恶的敌人的话。在和平中生活,我们就能够互相帮助和繁荣;进行战争,我们就会破坏和屠杀双方的许多人。而那些活下来的人们也不会因此更为幸福。因而,兄弟们,愿我们之间永远维持和平和睦邻关系。我们17个州构成一个伟大而生机勃勃的国家。他们的子女和树的叶子一样,风使树叶覆盖着森林。我们都是正义的,从不夺取任何国家的东西……在我们之间根据互相同意建立起来的界限,应该是神圣不可侵犯的,并且将保障你们的土地使其免受我们自己人或其他任何人的侵犯。①

其二,杰斐逊想把他执政初期的"农业理想国"扩大到印第安人那里。早期的杰斐逊追求在美国范围内建立一种田园牧歌式的理想国,这种理想国以农民作为主体,因为他们具有淳朴的思想和道德。这个理想国自然也包括广大的印第安人,杰斐逊想把他们也纳入农业理想国的范围,因为印第安人主要以狩猎为主,农业生产方式陈旧。杰斐逊多次写信给印第安部落的首领,向他们强调农业生产的重要性,为此他愿意为各个印第安部落培养发展农业的人才,向他们传授农业

---

① 梅利尔·D.彼得森编:《杰斐逊集》,刘祚昌、邓红风译,北京:生活·读书·新知三联书店,1993年版,第596页。

生产的技能知识。同样在写给巧克陶部落首领的信中,杰斐逊再次重申了农业生产的重要性,这其中不乏表现出杰斐逊所倡导的农业文明与印第安人的狩猎生活相比所流露出来的优越感:

> 兄弟们,我高兴地听说你们打算成为土地的耕作者,以便养活你们的家口。请相信,靠饲养家畜和生产粮食,以及靠纺织布匹,比靠狩猎更能使你们的人生活得好些,而且花费更少的劳力。耕种小块土地,并且用少许劳力,将比成绩最大的狩猎获得更多的食物。而且一个妇女靠纺织制造出来的衣服,比一个男子通过狩猎得来的用于蔽体的兽皮更多。与你们相比,我们住在这块土地上时间更短,好像昨天刚来似的,然而看一看我们靠勤劳和运用你们和我们所共有的智慧生产出来的物品,比你们多出多少啊,那么,兄弟们,效法我们的例子吧,而且,我们将很高兴地帮助你们。①

其三,杰斐逊多少怀有一种拯救印第安人的人道主义情愫。他想通过文化教育的开化政策,把印第安人从蒙昧原始的状态中解救出来,让他们成为新世界的文明公民。杰斐逊对印第安人怀有一种特殊的感情。他的父亲曾经与印第安人建立起良好的感情,也时常教导杰斐逊,印第安人是可靠和信赖的朋友。杰斐逊对印第安人的文化有非常明晰的认识,并且与印第安多个部落的酋长都有交往。在杰斐逊的眼中,印第安人有人类最纯粹的原始文明,他们的文化生活因为没有受到外来文化的侵扰而显得无比淳朴,印第安人有着良好的天性、善良的品质以及对朋友忠诚、友爱的情感,在一个无政府的社会中,他们能够紧密团结在一起过着自由自在的生活。所有这一切都让杰斐逊认为印第安人天生就是共和主义者,他们的存在完全不依赖于向任何统治者俯首称臣,而是基于一种最自然、最纯真的人类情感。另一方面,杰斐逊又认为,从物质上来说,印第安人的生活境况不容乐观,必须帮助他们改善他们的生活状况。从文化上来说,他们最需要的是系统的教育体系以帮助他们提高生活技能。因此,当"杰斐逊称赞土著民族的潜力的时候,他也接受了野蛮与文明二元对立的观点"②。在晚年写给亚当斯的信件中,杰斐逊表明了他对印第安人的看法:

---

① 梅利尔·D.彼得森编:《杰斐逊集》,刘祚昌、邓红风译,北京:生活·读书·新知三联书店,1993年版,第598页。
② 彼得·S.奥鲁夫:《杰斐逊的帝国:美国国家的语言》,余川华译,上海:华东师范大学出版社,2010年版,第22页。

第十一章 对印第安人和女子的教育关怀

> 印第安人这个民族我在我的早年是很熟悉的,养成了一种对于他们的爱慕和怜悯之情,而这种感情从来也没有怜悯过。在革命前,他们习以为常地,而且成群地来到我们政府所在地,在这里我时常与之共处……对于那些取得进步的部落,英国人的诱骗是不起作用的。但是落后的部落将屈服于英国人的诱骗,因而更加落后,这些部落将堕落到野蛮状态和悲惨境地。①

杰斐逊在对印第安人怀有一种普遍的同情感时,时刻没有忘记他的白人身份。对于印第安人"野蛮"和"无知"的刻板印象是杰斐逊无法彻底清除的思维痼疾。他认为,白人与印第安人之间的文化差异是显而易见的,若要建立一个理想文明的统一帝国,把印第安人从野蛮落后的状态改造为文明进步的群体是必要的阶段。而为此付出的代价就是:印第安人必须接受白人的现代文明,否则他们将会在历史进步这个义正词严的堂皇理由面前被扫进历史的垃圾堆里。

而杰斐逊正是利用了这一点,在其关于人的自然权利和建构伟大帝国梦想的冲突中,经过激烈的思想斗争,像大多数统治者一样,选择了后者。当然,这种抉择也可能完全并非出自杰斐逊本人的意愿。当被推向那个位置的时候,杰斐逊将时刻受到来自外界的普遍压力,那就是:作为美利坚的主要领导人,你必须带领这个民族不断发展壮大,你是在白人文化的哺育下成长起来的国家领导人,因此你的任何举措必须反映白人世界的利益。而历史上,白人文化中心论的强调从来就没有消退过,杰斐逊逃不掉这种论调的枷锁。他在1824年与威廉·勒德洛通信阐述社会进步的问题时,再次表明了他的文化精英主义立场:

> 你在你的7月30日来信中所表达的关于社会从原始状态向它现在所达到的状态进展的思想,似乎与我猜想的大致情况相一致。的确,关于这一点,我们见到相当多的证据。让一位好学深思的观察家从落基山脉的野蛮人区域开始向东旅行,一直到达东海岸。他会看到这些野蛮人处在社会联合的早期阶段,他们没有法律,而生活在自然状态下面,用野兽的皮毛裹身。其次,他会看到在我们的边疆地区发现他们处在牧畜阶段,饲养家畜以供应狩猎之不足。接着他会看到我们自己的处于半野蛮状态的人民,文明进展的先

---

① 梅利尔·D.彼得森编:《杰斐逊集》,刘祚昌、邓红风译,北京:生活·读书·新知三联书店,1993年版,第1474页。

驱者，这样他在他的旅行途中会遇到人的逐步改进的情境。这样他会看到我们的沿海城市的迄今最为进步的状态……而且我注意到这个文明的进步是从沿海开始的，像光亮的云一样从我们头顶上过去，增加了我们的知识和改进了我们的状况到这样程度，以致我们此时此地在文明上比童年时的海港城市更为先进。而这种进步在什么地方停止，没有人能够说出来。在此期间，野蛮状态在稳步的改进面前后退，我相信总有一天将从地球上消失。①

对印第安人实施的文明开化策略，对印第安人的传统文化和观念产生了明显的影响。那些受过白人学校教育的印第安青年人，无论所受教育的效果如何，他们走出学校之后，多少都会带有白人文化的影子。通过教育，一部分年轻的印第安人掌握英语，这为他们接近白人社会提供了一种便利的交流工具。并且，他们在学校中习得的技能有可能帮助他们在社会上谋得一份不错的工作。但是另外一方面，对印第安人的教育开化政策并没有取得预想的效果，根本的问题在于文化语境的差异导致了印第安人的不适应和反感。另外，白人社会始终没有放弃对他们的偏见，这种预想的文化融合缺乏有效的黏合剂，以至于最后在社会进步掩盖下的文明同化政策把印第安人原始的部落文化冲击得七零八落。在此后百余年的西进运动中，印第安人遭受了空前的排挤和边缘化，这便是所谓现代社会"文明"的副作用：

> 不过，在杰斐逊自己的国家——这个不再是新生的国家——我们终于认识到"文明"并不一定是绝对的好东西。对于美国人来说，就像让杰斐逊和这个新生的国家变得如此富裕的人口贸易一样，杰斐逊在对印第安民族发动的长时间、具有破坏性的攻击行动中发挥了重要作用，但对"进步"与"文明"提出了尖锐和令人窘迫的挑战。在"美国世纪"走到尽头的时候，我们或许也会问，美国决策者们信奉的普遍价值，是否不是有时候，而是往往成了表达不那么值得赞美的国家利益的掩饰或借口。②

---

① 梅利尔·D.彼得森编：《杰斐逊集》，刘祚昌、邓红风译，北京：生活·读书·新知三联书店，1993年版，第1761页。
② 彼得·S.奥鲁夫：《杰斐逊的帝国：美国国家的语言》，余川华译，上海：华东师范大学出版社，2010年版，序言第19页。

三、对女子教育的关怀

两性之间的地位差异一直伴随着西方文明的发展进程。关于女性的教育问题,可能始于古罗马时期。在历史文献的记载中,古罗马妇女虽然较之以前有了较高的地位,在罗马城甚至设有一座妇女俱乐部。但是那时的女性地位仍然主要局限在家庭当中,他们对丈夫忠贞不渝,不论丈夫可能会做出怎样背叛她们感情的行为。尽管在古罗马社会中出现了不少懂得宗教、艺术和文学的女性,但是她们所受的教育主要来自家庭,母亲或者祖母教育女孩子从小就应懂得必备的礼仪和做家务的技能,总体来看,主要是为了家庭而服务。

改变女性受教育机会的努力来自基督教。早期的基督教倡导男女平等的社会地位观,因为耶稣的信徒不仅包括男性也包括女性,因此与古希腊、古罗马相比,基督教在教育的问题上,宣扬一种男女平等的观念。教会学校招收男女儿童入学,但是随着教会的势力越来越大,男女教育不平等的现象也凸显出来,男孩在经过初步的家庭教育之后,可以进入教会接受进一步的教育。而女孩的教育机会则只局限在家庭当中,由母亲传授她们手工艺、美德修养与《圣经》有关的知识。

16 世纪末,到北美大陆探险的第一批人都是男性,这也决定了殖民地的性别观念与欧洲大陆一脉相承。虽然在新英格兰等地成立的教会学校招收女童入学,但是接受基本的初等教育后,她们最终还是要回归家庭,其主要职责在于繁衍后代、照顾子女、操持家务,而像参与政治和社会事务类似的抛头露面的行为则是男性的专利。女性的生理特征被认为是不适于参加繁重的体力劳动的,此外还流传着女性缺乏男性在思索问题上所具有的理性和逻辑能力的说法。由此,长久以来,在西方社会中形成了男权至上的观念,女性在大多时候被排除在了公共和社会事务之外,她们的活动范围主要局限在家庭之中。但是这种男女不平等的状况主要发生在白人世界中,反观某些具有原始特征的部落,女性往往具有较高的社会地位,如在一些印第安人部落中,女性是部落的首领。

自 17 世纪以来的殖民地教育中,女性的教育仍然主要是以家庭教育为主,对女性教育和培养的目标,是为了日后成为家庭妇女所需的基本技能和学识,而不是为了让她们日后在社会上谋得一份养家糊口的工作。

  在普通的家庭,女子的一切教育和训练,都是以培养合格的家庭主妇为指向。18世纪有人写道:当一个年轻人请求父亲同意他和自己挑选的女子结婚时,父亲不问该女子的贫富,而只关心她是否勤劳,是否熟悉一个好家庭主妇所应承担的责任。那些有身份和地位的家庭,对女子则有更高的要求和更多的限制。17—18世纪有一些介绍男女规范的书籍和手册,要求女子必须了解男女地位和责任的差别,同时具备许多重要的品质:优雅贤淑、贞洁自爱、温柔文静、虔诚信教和服从丈夫。在这种"性别指南"一类的书籍中,理查德·布拉韦斯特的《英国绅士》、理查德·阿拉斯特里的《男子的全部义务》和《女士的天职》、哈利法克斯勋爵的《女士的新年礼物:给一个女儿的忠告》、无名氏的《女士文库》、威廉·肯里克的《妇女的全部义务:16—60岁女性指南》,影响甚大,一再重印,广为流传……让女子了解男子的义务,目的是明了男女差别和服从的必要性。这些读物还告诉妇女如何穿着打扮,如何准备晚餐,如何与人交际谈话,如何选择恰当的游戏。一个颇有意味的事实是这些读物的作者均为男性,由男子来教导妇女如何做人、如何生活、如何娱乐,这本身就是一种性别差序的表现,更何况这里所定的种种行为规则,都是以男性的标准为出发点,并且以男性的利益为核心,并没有考虑妇女的人格尊严和权利。①

男女教育上的不平等反映出的无疑是那时整个社会范围内的男女差异的现状。殖民地时期的女性没有财产独立权,她们被教导所做的唯一的事情就是对丈夫服从;在婚姻关系之外的私生子问题上,女性要受到法院传讯,而男性则可以逍遥法外;家庭关系中,男性占据绝对的统治地位。在一本流行的《观众》杂志上,把男性在家庭中的地位描述成:"在男人的脑子里,没有什么比权力和统治欲更令其感到满足的了……我就是一个这样的家长,在家中,我既是一个国王,又是一个牧师。"

在杰斐逊的成长经历中,这种传统的父权制思想不可能不对他产生影响。从其传记和自传中,我们可以看到,杰斐逊在多个地方表明了他的教育所受到的父

---

① 李剑鸣:《美国通史:美国的奠基时代(1585—1775)》,北京:人民出版社,2002年版,第401—402页。

亲的影响,而对于母亲的记叙很少,这反映了一个传统家庭中男女社会地位的差异。从小,杰斐逊就被父亲教导要承担照顾和保护家庭的责任和能力,最重要的是要具有一种独立自主的行事风格。当父亲去世后,杰斐逊展现出了作为一个男子汉刚强的一面,无论是种植园的生意还是家庭生活,他都打理得井井有条。

成为父亲后,杰斐逊十分关心对女儿的教育,他先后把两个女儿接到法国,让她们接受与国内不同的教育风格。但是杰斐逊并没有打算把女儿培养成政治家或演说家,从其对女儿的教导来看,主要是想把她们培养成标准的"淑女"。在写给大女儿帕西的信中,杰斐逊给她列出的学习计划主要包括语言和艺术方面的内容,这些学习课程主要是为了增加自身修养,并没有多少实用的科技知识。

杰斐逊在总统任期内,女子教育并未获得本质的突破,仍然局限在殖民地时期的水平。杰斐逊仍然秉承了传统的男女有别的教育理念,认为在社会中男性与女性所承担的责任具有差别。甚至,在总统任期内,杰斐逊从未细致地考虑过女子教育的问题,他所构想的一系列教育主张,主要针对的对象是男童。只是到了1825年在与鲍威尔的通信中,杰斐逊才偶然提到女子教育的问题:

> 我从来没有系统地考虑过女子教育的计划。迄今为止,只是由于偶尔考虑到我自己的女儿们的教育才注意到这个问题。因为考虑到妇女应该被放在国家地位上,而且在这里很少得到外来的援助,我认为重要的是应该给她们一种实实在在的教育,以便使得她们在当母亲的时候教育她们自己的儿女,并且指导孩子的行为,假如失去父亲或者父亲无此能力或对此不甚注意的话。因此,我仅存的唯一的女儿(许多女儿和儿子的母亲)把对他们的教育作为她的生活目的,而且对于实际问题比我自己判断得更好。[①]

而关于女子教育应当阅读哪些书籍,杰斐逊也提出了他自己的看法,这些书籍主要包括:与道德有关的,比如马蒙泰尔所著的道德故事,一些诗歌作品也是必要的,莎士比亚、汤普森、莫里哀等人的文学作品有助于提高女子的审美修养。语言学习作为一种交际的工具,杰斐逊特别提到了法语,并且认为法语"作为国

---

① 梅利尔·D.彼得森编:《杰斐逊集》,刘祚昌、邓红风译,北京:生活·读书·新知三联书店,1993年版,第1655页。

际一般的交往语言,是一切科学的储藏库,是对于两性教育的一个不可或缺的部分"。此外,穿衣打扮和休闲娱乐也是女子教育中的必修科目,主要以音乐、舞蹈和绘画为主。舞蹈能够塑造女性柔美的身段,让女性变得更加优雅和具有吸引力。学习绘画主要是为了教育孩子之用。音乐主要是在一天的劳累之后,提供精神上的放松和消遣。此外,勤俭持家的能力也是必需的。"一个家庭的井然有序和节俭对于主妇来说,和农场的井然有序和节俭对于主人来说,都同样是体面的。"从杰斐逊建议的女子教育所修的科目来看,他仍然是一位典型的男权主义者,其所固有的思维限制了他在女子教育问题上取得突破性的进展,直到19世纪40年代之后。随着女性主体意识的觉醒和女权运动的兴起,1836年玛丽·里昂创办了美国历史上第一所女子教育高等学院,1848年召开的第一届妇女权利大会通过了《权利和意见宣言》,该宣言的主题就是为争取女性获得平等受教育的权利。此后,美国女子教育事业开始获得长足的发展。

四、杰斐逊的局限

我们在本书中已经反复强调过这一点:在缔造民主理想共和国的蓝图中,杰斐逊力图追求方方面面的完美,但是,理想与现实之间的差距,让杰斐逊不可避免地在某些方面留有遗憾。这既是历史的局限,也是杰斐逊本人的遗憾,自然非他一人所能掌控,比如,他历来所主张的自然权利观、自由平等的思想,主要局限在白人世界中,并且带有浓厚的性别差异色彩。在对待教育的问题上亦如此,在印第安人、女性以及黑人奴隶的教育平等问题上,杰斐逊尝试在某些方面做出改进的努力,但是其影响十分有限。

杰斐逊在印第安人和女子教育问题上的偏见,我们前文已经对此有不少论及,现在我们把视线转向北美大陆的另一个主要的少数族群——黑人奴隶。北美大陆的黑人奴隶主要来自于始于17世纪的非洲奴隶贸易,当然也有来自北美大陆本土的黑人奴隶,不过,数量只占很小的一部分。为了约束和管理黑人奴隶,殖民地当局不断出台一些法规限制他们的自由,让他们逐渐服从种植园主和农场主的命令。但是因为地域、文化和生活方式的差异,奴隶们经常逃跑,或者反抗奴隶主的管理。因此,殖民当局或奴隶主想方设法对他们进行开化:第一,语言的培训。由于第一批黑人奴隶不懂英语,他们和奴隶主无法交流,更谈不上融入本地文化。第二,制定奴隶法典控制他们的行为。第三,教会在黑人奴隶中传播基督教,从宗教信仰方面教育他们要学会服从。在奴隶主和种植园主的压迫和控制下,黑人奴隶的社会地位低下,遭受了严重的不公正待遇:

> 北美黑人来自非洲不同地区,文化多种多样,而且居住分散和隔离,文化融合的进程十分缓慢。从外表看,他们是一个独特的种族和文化群体,但其内部并无统一的文化。最初黑人之间的交流只能借助于手语,后来他们逐渐以英语作为通行的交际工具,但在词汇、语法和发音方面具有自己的特点。他们保留了许多来自非洲的音乐、舞蹈、游戏和民间故事。奴隶主担心黑人联络反叛,禁止各种植园的奴隶彼此往来,故黑人内部缺乏联系和沟通,难以形成群体意识和文化认同。①

杰斐逊自小就对黑人奴隶有深刻的印象,当他的父亲还在世时,在他们家的种植园里有大量的黑人奴隶劳作。杰斐逊很同情他们,并和他们的关系处得不错。杰斐逊接管种植园之后,也蓄有大量的奴隶,这成为他的政敌攻击他的一个把柄。这让杰斐逊开始考虑如何把黑人奴隶从压迫和剥削中解救出来,他开始思索一系列的解放奴隶的计划。尤其到了晚年,杰斐逊花费更多的时间和精力来反思奴隶解放的问题:

> 我在黑人奴隶制问题上的思想感情长期以来就为公众所熟知,而时间只能有助于这种思想感情更加强烈和牢固。热爱正义和热爱国家都同样使人们同情黑人的解放事业,他们为此申辩了那么长的时间而徒劳,以及这些努力没有产生丝毫的效果,这对我们是道义上的谴责,不仅如此,而且我担心人们还不太认真地、心甘情愿地想把他们和我们自己从我们当前道义上的和政治上的非难下解救出来。从在我进入政治生活亦即我们与英国的争论只是处在纸上阶段时年龄已经成熟的上一代人的愿望中,我很快地看到是没有希

---

① 李剑鸣:《美国通史:美国的奠基时代(1585—1775)》,北京:人民出版社,2002年版,第220页。

望的。由于天天习惯于看到那些不幸的人们肉体和精神上的堕落情况成长和受教育，而不考虑那个堕落很多是他们自己和他们的祖先造成的，很少有人怀疑过他们是合法的财产……在我当选议员后的立法机关的第一届和第二届会议期间，我促使最资深、最能干和最受人尊敬的议员之一布兰德上校注意这个问题，于是他同意在议会上提议把法律的保护适当地扩展到黑人身上。①

杰斐逊把解放奴隶的希望寄托在美国的年青一代身上，他认为他们接受过崭新的教育，思想开明，热爱平等，憧憬自由，在他们的观念中，没有上一辈人思想的因循守旧，因此努力解放的事业"应该让年轻人来做，让能够把这个事业贯彻到底，使其完成的人们来做。"杰斐逊曾经系统地提出过解放黑人奴隶的计划，这个计划包含两个目标。第一，在非洲沿海地区建立殖民地，教给那些土著黑人农耕技术、科学技能，并且在这些地方设立教会，通过传教的方式引领土著黑人摆脱原始蒙昧的生活方式。第二，为了减轻黑人奴隶们所遭受的痛苦，从人道主义的立场出发，有必要在美国本土建立一些避难所，用来遣送那些通过贸易被贩来或者思想上不十分开化的黑人奴隶。这样，"就把他们作为一个单纯的、自由的和独立的民族置于我们的庇护和保佑之下。"

从杰斐逊所提出的解放黑人奴隶计划中，我们可以看到，他仍然延续了一贯的对印第安人的开化政策，这也意味着，他自始至终就没有将黑人奴隶与白人放在平等的位置上。怀着某种先天的种族文化优越感，杰斐逊试图把黑人奴隶作为美国政府保护、教育和怜悯的对象。从杰斐逊对黑人奴隶的看法中，处处可以见到他所持有的偏见。在自传中，杰斐逊认为黑人奴隶与白人作为不同的种族，如果获得同样的自由，他们不可能在同一个政府形式下面和谐相处，"性格、习惯和见解已经在他们之间划下了不可磨灭的区别界限。"在《弗吉尼亚纪事》中，杰斐逊提出黑人奴隶与白人在种族文化上的差异：

> 在比较黑人、白人的记忆、理性及想象力时，我发现在记忆方面黑人与白人相等；在理性思维方面，黑人比白人低劣得多，我认为几乎不可能发现

---

① 梅利尔·D.彼得森编：《杰斐逊集》，刘祚昌、邓红风译，北京：生活·读书·新知三联书店，1993年版，第1574—1575页。

一个黑人能够探索和理解欧几里得的学问；在想象力方面，他们是迟钝的、无鉴别力的和反常的。为了研究这个问题，跟着他们到非洲去，未免不公平，我们考虑的是在此地，与白人在同一个舞台上的他们，而且在这里作为判断的依据的事实并不是不足凭信的，把条件、教育和交往及他们活动于其中的领域的不同排除在外是对的。

除了理性思维，杰斐逊还认为黑人缺乏一定水平的艺术思维。尽管在他们的原始文化中经常可以见到各种各样的图案、雕像，但是在杰斐逊看来，至今还没有一位黑人发表过超出一般水平的、有思想的作品，黑人创作的优秀的诗歌作品也是很少的，他们的宗教信仰是愚昧的，不能激发人的创造力和想象力。这是杰斐逊对于黑人在先天条件与文化素养上的认知，他认为最好的解决办法就是让黑人接受白人文化的教育，通过教会传经布道，塑造黑人对基督的虔诚信仰，通过学校教育，增长黑人的文化知识，让他们摆脱野蛮原始的思维方式，通过传授给黑人先进的农耕技术，让他们过上比先前幸福的生活。所有这一切，都反映了杰斐逊思维中拯救黑人奴隶的想法。当然，这是基于一种不平等的种族和文化差异的思维方式。杰斐逊相信：" 黑人在身心方面的改进，在他们与白人杂居后不久，就被每个人看出来了，并且证明他们的低劣不单纯是他们的生活条件的影响。"

显而易见，依靠别人的施舍换来的只能是自身权利和尊严的丧失，黑人奴隶若要争得与白人拥有平等地接受教育的权利，必须依靠自身意识的觉醒。1787年马萨诸塞州的黑人奴隶代表向州政府提交了争取教育平等的请愿书，他们希望州政府把他们作为平等自由人来看待，并且希望获得与白人平等的受教育权利：

> 请愿者们与本市本州的其他自由民被同等看待，而他们从不畏缩尽其义务而承担起劳务负担。正是由于我们心甘情愿地担负其他自由民同样的重担，因此我们敢陈鄙见，我们有权享受自由民的权利……即关于我们子女的学校教育问题，在波士顿，目前我们的子女不能进入免费公立学校受教育，我们认为这是极不公平的，因为根据我们的痛苦体验，我们现在痛感公共教育之极端必要。因此，我们担心见到，在福音降临的这片土地上，我们正成长中的后代将陷于愚昧无知之境地，而这只是因为他们是黑人从而没有

和其他白人子女一样享受到按规定应享受的权利……①

与女子教育相似,黑人教育在19世纪40年代之后,才获得了一定程度的发展。19世纪60年代南北战争结束后奴隶制的废除,进一步为黑人奴隶接受平等的受教育权利扫除了制度上的障碍。

---

① 乔安妮·格兰特:《美国黑人斗争史:1619年至今的历史、文献与分析》,伍江等译,北京:中国社会科学出版社,1987年版,第62页。

第十二章

弗吉尼亚大学的缔造者

托马斯·杰斐逊设计的弗吉尼亚大学圆形大厅

美国现代教育之父托马斯·杰斐逊

> 杰斐逊在弗吉尼亚夏洛茨维尔建立的大学,是美国历史上第一所真正的州立大学。从一开始,它的目标就是比已有的学院提供更高级的教学,允许学生专业化和选科自由。
>
> ——约翰·S.布鲁贝克

自身努力加上机缘巧合,成就了杰斐逊富有传奇色彩的一生。在其丰富的人生经历中,杰斐逊扮演了许多个令人艳羡的角色——律师、议员、州长、国务卿、总统等。哪个身份是杰斐逊最引以为荣的呢?如果从这些光彩华丽的角色中挑选一个,杰斐逊选择的大概不是作为曾经的弗吉尼亚州州长或者美利坚合众国的总统。杰斐逊不止一次向世人宣告:此生之荣耀在于亲手创建了弗吉尼亚大学。在弥留之际,他仍对作为弗吉尼亚大学缔造者的身份念念不忘。对于美国的教育大业而言,这是杰斐逊最后的遗产。

一、构想一所大学的蓝图

建国之初,美国的开国先父们都无一例外地表现出对教育事业的热衷,以至于在全国范围内掀起了一场广泛热烈、影响持久的教育改革大讨论,人们希望借助于国家统一、民心凝聚的时机建立真正的美国教育。其根基将完全地立足于"美国的土壤,奠基于美国的语言和文学,浸透着美国式的艺术、历史和法律,致力于美国文化的形成"[①]。换言之,人们寄希望于通过美国式的教育缔造完全不同于欧洲传统的国民性格,在此进程中,联邦政府必须站出来担当更多的职责。由是,一种兴办教育的国家主义理念开始浮出水面,成为诸多教育改革家讨论和实践的对象。

[①] 劳伦斯·A.克雷明:《美国教育史:建国初期的历程》,洪成文等译,北京:北京师范大学出版社,2002年版,第4页。

担任驻法公使期间,曾有法国朋友建议将日内瓦学院的教育体制移植到美国,这个计划一度引起了杰斐逊的极大兴趣。不过当他考察了美国与欧洲的教育体系后认为,日内瓦学院的教育体系并不适合美国的年轻人,理由如下:美国青年只熟悉他们本国的母语,不具备使用其他语言接受教育的条件;教育经费的投入将不会获得民众的同意;日内瓦学院的规模与弗吉尼亚州人口现状不太吻合。基于上述原因,欧洲的大学教育体制和理念并不能完全移植到美国社会,因而必须从美国的教育现状出发,探索一条具有本土意识和理念的高等教育体制。

基于教育改革的国家主义理念,建国之初的教育家们对创办国立大学的兴趣十分浓厚。本杰明·拉什作为杰斐逊的好友,将无限的精力投入到建立免费学校和公立大学的运动中。他与杰斐逊有着一致的教育理念和梦想,那就是通过教育和知识的普及,缔造具有良善品德的美国公民,革除掉沉浸在国民性中的陈规陋习。为了达致上述目的,拉什提议在当时的首府费城设立一所公立大学,在各州成立州立大学,用一种统一的教育制度将美国人的共和理想紧密相连、团结一致,让公民的原则、道德以及举止行为与政府形式相一致,国家主义成分应当成为主导大学教育的有力杠杆。

不止一位教育家致力于创办国立大学的努力尝试,但是联邦政府和州政府对教育的积极介入也引发了某些争论。一个显而易见的问题是,教育机构中融入过多的国家主义色彩是否会对美国的民主自治传统构成威胁。19世纪初的达特茅斯学院案成为这一时期美国高等教育结构变革中的典型案例。

达特茅斯学院创办于1769年,是一所由教会创办的私立学院,创办人是维洛克。1779年,维洛克去世。他的儿子担任院长之后,与学院董事会之间的矛盾逐步公开化,按照特许状,学院董事会解聘了小维洛克,推举新的院长候选人。此时,政党政治开始介入学院的管理事务,民主党在该州的大选中获胜,州议会决定将学院改组为达特茅斯州立大学,对学院董事会进行改革,增设学校监事会,校长需要定时向州长汇报学校发展情况。

学院原有的董事会对州政府的决议不服,他们不愿看到达特茅斯学院被改组为州立大学,如此就伤害了高等教育中的自由原则。董事会就州政府介入学院改组提起法律诉讼,这场官司一直打到美国最高联邦法院那里。经过将近一年时间的审判,联邦最高法院判决达特茅斯学院董事会胜诉。当时宣判此案的马歇尔大法官认为,达特茅斯学院本身属于教会私人学校,与政府没有任何关系,不应当受到美国政府的任何干涉,州政府的行为实际上已经涉及侵权,与美国宪法的现有原则不符。因此,达特茅斯学院仍然属于独立办学机构,其私立性质不变。

达特茅斯学院案对建国之后的美国高等教育产生了许多方面的影响,首先,该案的判决结果实质上是肯定了私人办学的权利,自此之后,私立大学不断出现。其二,对于那些怀有国家主义办学情愫的教育家们来说,他们从达特茅斯学院案的判决中看到,运用政治手段简单地将原有的私立大学改组为公立大学不够现实,这也触发了教育家们创办州立大学的热潮。

与新罕布什尔州政府改组达特茅斯学院相似,杰斐逊担任弗吉尼亚州州长时也曾试图将威廉-玛丽学院办成一所州立大学,同样遭到了学院董事会的强烈反对。类似的案例在建国初期美国发展高等教育的事业中屡见不鲜,而且毫无例外地都没有成功,凝结在美国人骨子里的自由和独立观念,使他们不希望看到政府以任何手段介入教育。因此,那些致力于创办公立教育机构的教育家们只能丢弃原有的幻想,为了谋求教育的多元化,他们必须从头开始。

改组威廉-玛丽学院的尝试失败之后,杰斐逊开始着手在弗吉尼亚创办一所新型的大学。1800年他写信给英国科学家约瑟夫·普利斯特里博士,提出创办大学的构想。普利斯特里博士作为英国的科学家和教育家,一直以来与杰斐逊保持着友好的关系。杰斐逊写道:

> 在那个州我们有一所学院,其被捐赠的基金足以刚刚维持可怜的存在,而这是一个可怜的章程造成的。更糟糕的,它的位置在偏远地区,当地人易患胆汁病,就像所有的低洼地区那样。所以,既为公家所放弃,不受公家关照,在很大程度上也被它的居民所抛弃。我们希望在高的和更健康的地区,更靠近本州的中心,建立一所学科面广、开明和现代化的大学,以便值得用公费去支持它。也能够吸引其他州的青年到这里来,畅饮知识之泉,并且与我们建立兄弟关系。第一步是要有一个好的计划,那就是说,明智地选择学

科,切合实际地加以组合和分支,使得教授职位适合于我们的需要和我们的财力。在一所主要讲求实用的大学里,某些以前受到尊重的学科现在可以省略,同样,一些现在在欧洲受到重视但对我们将来较长时间内也没有用的学科也可以省略……为了尽可能减少你对我们目的认识的模糊性,我甚至将冒昧列出边写边想到的似乎对我们有用的和实际的学科:植物学、化学、动物学、解剖学、外科学、医药学、自然哲学、农学、数学、天文学、地质学、地理学、政治学、商学、历史学、伦理学、法学、艺术、美术。①

在这个构想中,杰斐逊还提出进行学科分类,并且由懂得学科的教授专门负责学科的建设和管理。至于学校的教师,杰斐逊主张以优厚的条件从全国甚至欧洲吸引那些优秀的人才来校任教。学校的教授应当把主要精力用于教学和培养人才方面,杰斐逊在他所设想的大学里,秉承了他一贯的教育理念,那就是:如果人的状况可以得到逐渐改善——正如我们天真地希望和相信的那样——教育必须是实现这一点的主要工具。教育作为一个自由社会的基础,将成为保障民主的最重要武器。

1805年,杰斐逊更为详细地构想了这所大学的蓝图。首先它应当是一所包含广泛学科的大学,人民作为自由唯一的保卫者,只有当他们自身的知识状况达到一定的程度,人民的自由才能得到切实的保障。而为了达到这种目的,就需要有教育机构实施广泛的教育,大学应当担当这样的使命。在大学里教授所有的学科,赋予人类心灵所能达到的最高水平。一所大学要在每个州培养少数拥有杰出才能的人才,对于社会上的普通民众,也能够掌握一定的知识,在面对复杂的社会状况时,他们具有明晰的判断力和阅读力。

创办弗吉尼亚大学的第一步应当由立法机关通过一个建校法令的特许状,这个法令应当涉及的问题包括创办弗吉尼亚大学的目标、学校的选址问题、学校资金的捐赠、学校的管理问题。对于上述问题,杰斐逊亦表达了他本人的意愿。关于创办弗吉尼亚大学的目标,杰斐逊认为,这所大学应当以讲授一般的有用科学作为办学目的,这也就是说,大学应当紧跟时代步伐,不能故步自封,像之前

---

① 梅利尔·D.彼得森编:《杰斐逊集》,刘祚昌、邓红风译,北京:生活·读书·新知三联书店,1993年版,第1224页。

一些学科,在现时代如果没有多大的实用价值了,就应当用别的学科来代替它。这方面,大学的监察员负有重要的责任。关于学校的选址问题,立法机关确定一个大概的位置之后,学校的创办者们应当进行实地考察,以便选择最合适的办学地点。关于学校资金问题,杰斐逊主张把股票转换成不动产形式,因为它们不会像股票一样眨眼间就会贬值。关于学校的管理权问题,毫无疑问,应当由学校监察员来管理。监察员由学校董事会提名,立法机关任命,他们必须是学识渊博之人,并且具备正直的品性。监察员是没有报酬的,他们只会感受到这一工作的荣誉感。

当立法机关颁发特许状、选出学校监察员之后,建校的第二步工作主要是具体的校址选择、成立教授讲座、学校的建筑都包含哪些。学校的监察员负有挑选在当前被认为是对这个国家有用的任何学科,并且确立讲座教授的数目。杰斐逊想方设法搜集到爱丁堡大学、日内瓦大学和法国国家学院的规划,提供给监察员们,希望他们能够从中得出创办弗吉尼亚大学的灵感。杰斐逊还认为,必须花费较大部分的资金吸引优秀的人才加盟,以此来提高弗吉尼亚大学的知名度。杰斐逊说:"第一批教授的薪金应当很丰厚,这样我们就可以吸引欧洲一流人物到我们的大学来,使这个大学一开始就名声显赫,以吸引各州的青年到这里来,使弗吉尼亚成为他们怀念和热爱的母校。"为了弗吉尼亚大学能创办成功,杰斐逊甚至愿意捐出他所收藏的大部分价值不菲的书,这些藏书是杰斐逊旅欧期间在法国、荷兰、德国和西班牙等地搜寻的结果,它们的价值大约为15 000美元。

二、洛克费什山口报告

杰斐逊提出创办弗吉尼亚大学的构想得到了州立法机关委员会的同意,为此组成了一个专门的弗吉尼亚大学筹备委员会,其成员包括托马斯·杰斐逊、詹姆斯·麦迪逊、克里德·泰勒、约翰·泰勒、菲利普·彭德尔顿、托马斯·威尔逊等21人。1818年8月1日到4日,弗吉尼亚大学筹备专员们在洛克费什山口的酒店举行会议,就成立弗吉尼亚大学进行一系列问题的讨论。筹备专员们就五项主要议题取得了一致意见,由杰斐逊写成《弗吉尼亚大学筹备专员们的报告》。

第十二章 弗吉尼亚大学的缔造者

第一项议题是为成立弗吉尼亚大学在本州选取一个合适的建校地点。该议题主要考虑的问题包括建校地址是否有益健康和相邻地区经济状况如何。委员们提出了三个建校地址，分别是洛克布里奇县的列克星敦、奥古斯德县的斯汤顿和阿尔贝马尔县的中央学院。从有益健康和经济发展程度来说，三个地点都符合要求，只不过此时的人们仍然在教育方面抱有种族偏见，因此委员们集中讨论的问题在于：建校地址是否位于白人人口的中心。就这点来说，阿尔贝马尔县的中央学院是一个再合适不过的地点。

第二项议题是关于大学的建筑。委员们认为，大学的建筑应当由独立的房舍或楼阁组成，这些建筑之间应当保持一定的距离，位于草坪的一侧，每一所房舍都有一间教室，包括两到四套公寓，供一名教授和家人居住。学生的宿舍能够居住两名学生，这样的安排被认为有利于道德、秩序和不受干扰的学习。这样的建筑每栋花费在 5 000 美元左右，学生宿舍的花费大约 350 美元，学生餐厅的花费大约为 3 500 美元。在布置学校的建筑时，首先应当考虑的问题是：具有防火和防止传染病的安全性，教授与学生的宿舍分离开来，可以保证相互不受干扰，以利于彼此能够享受安静的环境。这样的建筑规划之后可以随着大学的规模不断扩大继续扩建，可以在学校中央建立一所规模更大的综合建筑，里面包含礼拜堂、公共考试教室、图书馆等。

第三项和第四项议题是该大学应当教授的学科以及它所需要的教授的人数和条件。在讨论这个问题时，委员们首先争论的是大学教育的出发点是什么。很明显，新成立的大学应当以提供实际有用知识为目的，委员们达成了这样的共识：使得每个公民有能力处理他自己的事务所需的基本知识；能够进行的基本计算、阅读和表达自己的观点，管理自己的日常生活账目和财务；通过接受知识具备基本的道德水平；了解他对邻里和国家的基本义务；明白自己所享有的基本权利，并且能够运用法律知识去捍卫它。基于以上要求，杰斐逊提出了高等教育的目标，它们是：

　　培养政治家、立法者和法官，因为共同的繁荣和个人的幸福很大程度上依靠他们。

解释政府的原则和结构，解释调整国家间交往的法律，解释在国内为我们自己的政府而制定的法律以及健全的立法精神，这一精神由于消除对个人行动的专横和不必要的限制，将使我们自由地做任何不侵犯他人的平等权利的事情。

协调和促进农业、制造业和商业的利益，靠知识渊博的政治经济学见识给公众以自由发挥其勤奋的机会。

培养我们青年人的推理能力，扩大他们的胸怀，培养他们的道德，向他们灌输德行和道德的戒律。

用数学和物理科学教育他们，因为这些科学推动工艺发展和促进人类健康，提高他们的生活舒适度。

总之，培养他们正确思考和行动的习惯，使他们成为与人为善、自身幸福的榜样。[①]

在谈到高等教育委员们的事业时，委员们在"私立"与"公立"之间有不同的意见。杰斐逊认为，高等教育事业涉及各种不同的职业、学科和知识范围，如此宽广的领域，由私人去管理显然是超出个人能力范围的。因此，高等教育事业必须依靠公共资源的投入。不管与会委员们在这个问题上的争论如何，大家针对兴办教育的热情是一致的，教育对一个国家和民族的重要性不言而喻，杰斐逊的这段话，至今读来，仍旧觉得其鞭辟入里。

教育培养勤勉和办事有条理的习惯以及对德行的热爱，并且靠习惯的力量控制我们道德机体中任何内在的邪恶。我们也不应该相信那种令人沮丧的说法，即人按其本性的规律在一定的时刻就固定不变了，人的改善是幻想，使我们自己变得比我们的前辈更聪明、更幸福或更善良是虚妄。这不啻等于劝人说，迄今只能结出酸果的果实的野生的没有培育过的树，永远也不能被改造得结出更好的果实。然而，我们知道，嫁接技术可以将一棵新树插

[①] 梅利尔·D.彼得森编：《杰斐逊集》，刘祚昌、邓红风译，北京：生活·读书·新知三联书店，1993年版，第493页。

到野生树干之上,生产出品种和等级上都是最有价值的果实。教育以同样的方式将一个新人嫁接于土生土长的血统中去,把本性中有邪恶和怪癖的人改造为有德行和社会价值的人。事情只能是这样的:每一代人都继承了他们的前辈所获得的知识,并且把自己所获的知识和自己的新发现加进这个知识宝库中去,再把这个知识宝库一代一代传下去,每一代人都把新的知识储存到这个知识宝库中,这样就一定会推动人类的知识和福利向前发展。①

总而言之,没有什么能比教育更能促进一个国家繁荣的了。在新成立的大学中,应当广泛地设置各种与当前实际应用相关联的学科,这些学科分成如下几个大类:

1. 古代语言学科:拉丁语、希腊语、希伯来语
2. 现代语言学科:法语、西班牙语、意大利语、德语、盎格鲁-撒克逊语
3. 数学学科:代数、微分、几何、建筑
4. 物理数学:静力学、动力学、气动力学、声学、光学、天文学、地理学
5. 自然哲学:化学、矿物学
6. 植物学、动物学
7. 解剖学、医学
8. 政治学科:政治经济学、自然法和国际法、历史
9. 观念学:普通文法、伦理学、修辞学、文学、美术
10. 国内法

根据宗教自由和平等原则,委员会建议在弗吉尼亚大学中不设置神学教授,对体育科目的设置也没有提出硬性的要求,但音乐和美术学科可以作为青年人提高自身修养的技艺,它们不必成为正规的学科,可以由辅助教师来讲授。

成立弗吉尼亚大学的第五项议题是:为了更好地组织和管理学校,提出一般性的条款,由立法机关制定相应的法律。这个议题主要涉及的内容包括教诲、饮食、住宿、管理、荣誉鼓励。其中青年的教诲是各学科教授们的主要职责,学生的

---

① 梅利尔·D.彼得森编:《杰斐逊集》,刘祚昌、邓红风译,北京:生活·读书·新知三联书店,1993年版,第494页。

饮食可以自己选择,或者到学校中由监察员监管的餐厅。对于学生的管理,应当以培养他们的自豪感、道德气质为主,这种方式比用羞辱、体罚和让其受到其他侮辱的方式更能有效地造就青年人的正直品格。对于青年学生的管理可以借鉴世界上其他国家的经验,监察员们负有重要的职责,即运用智慧来制定一个完善的管理体制。这种体制建立在理性基础上,这将有助于在青年人心中培养秩序和自尊的精神,并且应当把这种精神灌输到美国国民性格之中。此外,监察员们还负有如下管理大学的职责:

  修建、保护和维修建筑物,照料校园和附属物,以及该大学的一般利益;
  他们应当有权任命一位会计,聘用一名学监,以及一切其他必要的工作人员;
  任命和解聘教授,解聘决定应有全体监察员的三分之二同意;
  按照法律确定他们的职责和教育方针;
  制定不违反本州法律的学生管理和纪律的规则;
  调整学费、学生使用的宿舍的租金;
  制定和控制所有官员、仆役及其他人员在该大学的建筑、土地、附属物及其他财产和利益方面的责任和工作程序;
  文学基金提取按照法律应该由它承担的用于这一大学的资金,并且一般地指导和处理所有不违反本州法律,而且他们认为对促进该大学的目的最有利的事务,他们应当以附则、规章、决议、命令、指示或其他形式,按照他们认为合适的方式,自由地行使这些不同的职能。①

学校监察员们每年至少举行两次定期会议,来讨论学校的阶段性事务,他们还要从中选出一人作为该大学的校长,由校长和监察员组成一个法人团体,他们有资格在所有涉及该大学的诉讼案件中,作为合法的审理和司法管辖的对象进行抗辩和申诉,他们在法律上也有资格受该大学之委托,接受来自私人或社会团体的捐助。且不论任何时候,弗吉尼亚大学的校长和监察员都应服从立法机关为管理该大学而制定的法律。

---

① 梅利尔·D.彼得森编:《杰斐逊集》,刘祚昌、邓红风译,北京:生活·读书·新知三联书店,1993年版,第494页。

三、74 岁高龄的设计师

当 1817 年杰斐逊开始着手创办弗吉尼亚大学时,他就把全部的精力投入到这项他魂牵梦绕的事业中。这位已经 74 岁高龄的老人,在心中构想了未来这所新型大学的蓝图。从校址选择、教授聘用、学习管理、资金筹措各个方面,杰斐逊事无巨细,每必亲躬,他甚至亲自设计学校的每一栋建筑,他毫无争议的是弗吉尼亚大学之父。

杰斐逊自身就是一位颇有造诣的建筑设计师,在威廉-玛丽学院求学时,他就对欧洲的建筑艺术产生了浓厚的兴趣。他熟读了詹姆斯·吉布斯《建筑学知识》以及安德烈·帕拉底欧的《建筑学》。对于这些建筑大师的设计艺术,杰斐逊推崇备至,但是他并没有囿于其中,而是从中寻找建筑设计艺术的灵感,加上自己的创造性,他放弃了那种烦琐的、结构复杂的建筑设计样式,他更喜欢线条简洁明快的风格。杰斐逊正是运用自己创造的建筑风格设计了蒙蒂塞洛的庄园,此后,在他设计弗吉尼亚大学的校园建筑时,他同样延续了自己的设计风格。

当决定选择阿尔贝马尔县的中央学院作为弗吉尼亚大学的校址后,杰斐逊就开始把主要的心思放在学校建筑的设计中去。杰斐逊的设想是,尽量避免建造过大的建筑物,因为这样有可能造成材料和资金的浪费,它的样式也不够美观,并且一旦发生传染病或火灾,将对学生的生命安全带来很大隐患。最好的方式就是把学校的教学区和生活区分开来,用走廊把这些小型建筑连接起来,然后根据需要建造教学所需的房子,这样不仅可以减少学校建设初期的费用,而且布局合理。按照杰斐逊的构想,一所大学不应当是一所房子,而应当成为一座村子。

在这样一所涉及多个方面的综合大学里,必定包含对不同职业有用甚至是必需的全部科学的机构,要有属于每个学科的建筑和设备,其规模肯定是超出了个人的能力所及。因此,一所新型的现代大学需要公共资源的投入以及慈善事业的捐助。对于教育的投资事业将成为惠及子孙后代的千秋大业,老骥伏枥,志在千里,杰斐逊在其人生的最后岁月中仍旧对教育事业抱有极大的热忱,他始终相信,教育"能够培养出能在国家的所有部门,即立法、行政和司法部门管理我们国家的事务并在全国政府的议事机构中担当适当的责任的有能力的顾问人员,没有什么比教育更能促进一个国家繁荣、国力和幸福的了"。人类社会一切的进步基础和文明演进都建立在知识普及和教育发展的基础上,而知识将成为一个文明社会中的公民最重要的法宝,永远不会丢失,更不会贬值。

确定建校地址和设计好建筑样式之后,杰斐逊又与弗吉尼亚大学筹备委员们开始与立法机关谈判建校所需的土地。通过接受捐助、合约转让等方式,用于建设弗吉尼亚大学的土地包括:詹姆士河以北大约400英亩的土地;与其相连的詹姆士·格里格斯比的171英亩土地;与格里格斯比土地相连的威廉·帕克斯顿的112英亩土地;与阿瑟·格拉斯哥、本杰明·卡姆登和戴维·艾德蒙森的土地相连的500英亩土地;位于普莱尔山口,由已故威廉·帕克斯顿的后裔转让的500多英亩土地。土地转让,为筹建弗吉尼亚大学获得了大约3 000英亩的土地。中央学院也同意让出它所拥有或正在办理的全部动产和不动产,这些作为后来建设弗吉尼亚大学的资本包括:准备用作建设校舍的47英亩土地以及正在建设的一幢楼阁和学生宿舍群,还有出售两块土地的资金收益大概三千多美金,收到的各项捐款四万多美金。

当然,杰斐逊在创建弗吉尼亚大学的过程中遭遇了相当多的挫折,特别是在学校中不设置神学教授,更是遭到了教会人士的激烈反对。但是杰斐逊并没有在创建的大学中主张去宗教化,而是破除基督教专断的统治地位,他认为所有的宗教派别和信条都应当在大学中自由地传播。杰斐逊写道:"不要认为宗教观点和义务方面的教诲,作为与社会的利益无关的事情而应当由政府当局加以限制。相反的,存在于人和他的创造者之间的关系,以及产生这些关系的义务,对每一个人都是最有兴趣和最重要的,学习和研究它也是义不容辞的。"照此分析,在一所大学中禁止各种宗教信仰的自由传播,是与现代新型综合性大学的办学主旨格格不入的,最起码的一条,如此首先违背了知识自由传播法案——这一杰斐逊毕生所追求的教育基本原则。在给文学基金会暨董事会的报告中,杰斐逊写道:

> 按照宪法原则,一切宗教教派的地位都是平等的,而各个不同的派别都警惕地捍卫这一平等地位不受侵犯和突袭,而且议会的感情也倾向于宗教自由,这一点过去已经表现出来,因此他们没有建议在该大学设神学教授,然而规定用希伯来语、希腊语及拉丁语进行讲授,因为这些语言都是原文的储

藏所,是每个教派的信仰的最早和最受尊重的权威,而且也规定讲授发挥所有教派都同意的那些道德义务的伦理课程,到此为止并没有触犯宪法。他们在这里开始让每一个教派自己去负责以本教派的特有信条进行进一步的教育。①

在1822年10月份,由大学监察员组成的理事会还通过了创办弗吉尼亚大学的一些决议,其主要的内容包括:凡是监察员理事会一致认定的与宪法原则相违背的东西都不能在大学里进行讲授;此外,监察员们为了管理大学而共同制定的法律和法规,每一位教师和学生都应当认真地遵守。具体到某些细节,每个系在上课之前都要对学生出勤情况进行统计,应当把每一位学生在学校的表现告知学生的监护人。杰斐逊尤其注重在大学中开展法律和道德教育,他培养一位具有现代法律意识和道德品质的大学生,将成为新创建的弗吉尼亚大学教育所追求的一个主要目标。对于那些破坏法律公正和道德秩序的人,人们不必抱有太多的同情心,那些不守法纪的人和邪恶的人必须受到相应的法律制裁,只有懂得维护自身权益的人才有可能在共和制政府的体制中获得认同。

在大学中,学会基本的技能和知识固然重要,但是另外一方面,在杰斐逊看来,还应当让青年学生们懂得社会中自由和人权的一般原则。而学习这些基本原则的最好文献包括《独立宣言》《联邦党人文集》和1799年弗吉尼亚议会决议,以及华盛顿总统的离职演讲。总之,一切有助于提高大学中青年人对自然权利和自由原则认识的文献都应当讲授。

关于自然和社会中的自由和人权的一般原则,洛克在他的"关于公民政府的真正的固有的范围和目的的论文"中提出的理论,以及悉尼在"关于政府的讲稿"中提出的理论,可以被认为是本州及合众国的公民同胞普遍赞同的理论,关于我们的州政府以及合众国政府的独具特色的原则,最好的指南可以在下面的文件中找到:1.作为这些州的联盟的基本条例的《独立宣言》。2.标题为《联邦党人文集》的书,一个所有的人都习惯于求助的权威,很少有

---

① 梅利尔·D.彼得森编:《杰斐逊集》,刘祚昌、邓红风译,北京:生活·读书·新知三联书店,1993年版,第511页。

人拒绝或否认,它是那些制定以及那些接受合众国宪法的人们在关于什么是它的真正含义这个问题上一致观点的证据。3.1799年弗吉尼亚会议就外侨法和叛乱法问题所做的决议,这些决议看来与合众国人民的主导观念一致。4.表达了具有特殊价值的政治教训的华盛顿总统告别演说,在法律系处理国家行政机构这一分科中,这些应当作为该系的教科书和文献使用。①

为了更好地管理学校的秩序,无论是教授还是学生都应当努力做好本职工作,严格遵守监察员们制定的学校规章。杰斐逊认为,并不是每一个人的是非观念都是那么鲜明,由于后天环境的影响和普遍知识的缺乏,在一些人的思想中存在破坏秩序的观念,这些行为总是引起一些法律上的纠纷,从而影响到那些品行端正的人。最好的办法就是那些品行端正的人能够和学校的教授们一起,找出并谴责那些不义的行为,改正青年人身上存在的缺点,当他们接受了足够多的知识后,他们就会明白存在于一个人身上的优良品行是多么重要。从学校建筑的布局到学校管理以及青年人的品德修养,杰斐逊处处做了精心的设计。作为日后弗吉尼亚大学的总设计师,杰斐逊一直秉承这样的观念:美国的命运比一般见解所认为的更大地系于大学。

四、不拘一格聘人才

早在20世纪30年代,梅贻琦先生主政清华大学时,就曾经提出过一段关于大学的警世恒言:"孟子说:'所谓固国者,非谓有乔木之谓也,有世臣之谓也。'我现在可以仿照说:'所谓大学者,非谓有大楼之谓也,有大师之谓也。'"梅贻琦先生的这段话即便放在今天也有振聋发聩之功。

大学的师资力量水平反映着一所大学的办学水平,因此,历来有名望和水平的大学对于师资的要求都非常高,而且常常不惜重金聘请一流的教师来校任教。即便在教育水平还相当落后的中世纪时期,大学管理者就对任教师资提出了严

---

① 梅利尔·D.彼得森编:《杰斐逊集》,刘祚昌、邓红风译,北京:生活·读书·新知三联书店,1993年版,第514页。

格的要求。比如,1231年教皇格雷戈里九世对巴黎大学校长的训令:

> 未来的大学校长必须宣誓,除了能够给许可证带来荣誉的道德高尚的人士以外,不得接受任何人做神学或宗教法的教授。要拒绝一切不称职的人,不管是谁或哪个民族的人,在授予许可证以前,校长可以从申请发许可证的日子起三个月内,询问神学教授或其他重要教学人员,以充分了解申请者的生活和仪表、知识、能力、是否热爱学习、发展前途以及渴望教学者所需要的其他品质。在这些调查完结之后,他必须凭自己的道德心决定授予或拒发许可证。①

17世纪的殖民地学校教育发展水平参差不齐,那时的学校对教师的首要要求就是具备虔诚的道德和优良的人品,而至于教师的学术水准则并没有提出明确的要求。例如,马萨诸塞州议会1654年规定:学校监察员和市政管理者应当对学校教师进行严肃认真的考察,凡是那些信仰不真诚、生活品行不端正以及不遵守教规的人都应驱逐出教师队伍。这种状况与早期殖民地学校的宗教色彩有着很大关系,清教徒们努力在殖民地培植一种纯正的宗教信仰,因此,在学校教育中教师的信仰和人品必然成为最主要的评价标准。

而建国之后经过思想大觉醒运动,美国社会上下达成了这样的一致信念:必须在学校教育中去欧洲化,培养学生的科学精神和民主意识。在这种信念感召下,学校的教师不再以宗教信仰和道德品格作为评价教师的唯一标准,科学技能和知识成为学校聘任教师的主要准则。在杰斐逊的教育理念中,他认为大学的功用在于培养青年人思考和正确行动的习惯,让他们成为与人为善、幸福快乐的榜样,他们也懂得自身的权利和利益,并且懂得如何通过不同途径的诉求维护他们的权利和利益。当他们走出学校走向社会时,能够掌握一门安身立命的实用技能。

早在构想成立弗吉尼亚大学之时,杰斐逊就强调了教师在培养人才方面的重

---

① 托马斯·杰斐逊:《杰斐逊选集》,朱增汶译,北京:商务印书馆,1999年版,第682页。

要性。但在当时美国国内的学校教育中,教师的来源主要是文法学校和高等学校的毕业生,并没有在国际上很知名的教授,并且国内学校大多聘请国内的教授,这在一定程度上限制了美国大学的发展。针对这种封闭保守的办学思想,杰斐逊批评道:"我们的骄傲和偏见是一听见聘用外国人就怒火中烧,但是我们要的是科学,为此,我们必须放弃我们的骄傲和偏见……如果一个国家愿意让它的科学停留在原地不动,那尽可以雇用它自己的名流,但如果它希望进步,那就必须从一些已经走在它前面的国家物色师资。"①杰斐逊这种开放主义和包容多元的办学观点在当时应当说是具有很大的前瞻性的,这也符合他一贯坚持的让知识自由传播的教育理念,其目的都是为了促进美国青年人掌握更为实用的科学知识。

杰斐逊不拘一格聘请海外人才的观点可以说与当时美国教育的发展具有一致性。在建国之后的很长一段时间内,美国的高等教育仍旧未能摆脱宗教和神学的控制,高等学校通常由一位牧师控制,并辅以一两位同样是牧师出身的教授以及一些普通教师。"校长与教授们通常受过古典学科和神学方面的训练,自视是通才而非专才,是教育家而非学者,只有少数几位自然科学领域的教授是例外。"②这种状况一直到了19世纪初才发生明显改观,在那些规模较大的高等院校中,新学科、新知识受到人们的热烈的赞扬,讲授自然科学的教授们也受到学生的热烈欢迎,各个高等院校为了提高自身的竞争力和吸引力,下大力气花费重金从海外聘请高水平的教授,这在19世纪的高等学校发展中形成了一股潮流:

在19世纪的学院和大学里有许多享誉国际的教授,他们的学术生活展现了美国高等学术研究中的更高水准:哈佛的乔治·蒂克纳、本杰明·皮尔斯、贾里德·斯巴克斯、路易斯·阿加西斯和阿萨·格雷;哥伦比亚的弗朗西斯·利伯;耶鲁的本杰明·西里曼和乔塞亚·威拉德·吉布斯;鲍登的亨利·华兹沃思·朗费罗;普林斯顿的约瑟夫·亨利以及布朗大学的弗朗西斯·维兰德。③

---

① 劳伦斯·A.克雷明:《美国教育史:建国初期的历程》,洪成文等译,北京:北京师范大学出版社,2002年版,第432页。
② 劳伦斯·A.克雷明:《美国教育史:建国初期的历程》,洪成文等译,北京:北京师范大学出版社,2002年版,第432页。
③ 劳伦斯·A.克雷明:《美国教育史:建国初期的历程》,洪成文等译,北京:北京师范大学出版社,2002年版,第434页。

第十二章 弗吉尼亚大学的缔造者

杰斐逊的目标是把弗吉尼亚大学办成一所具有国际影响力的现代大学,因此从一开始杰斐逊就在构想如何聘请到国际上一流的教授,增加大学未来的知名度和吸引力。在教授招聘工作上,杰斐逊希望那些在各个学科都具有最高水平的教授能够加盟弗吉尼亚大学。为了达到这项目标,杰斐逊把视野放在了欧洲,他通过之前在欧洲的考察,发现欧洲的大学教育体制已经相当完善,并且涌现出了很多在国际上知名的教授。他认为,如果能够邀请他们加盟弗吉尼亚大学,必定使得未来的弗吉尼亚大学熠熠生辉。而英国作为大学教育的发源地,和美国有着相似的语言和风俗习惯,因此,杰斐逊把主要目光投向英国高等学校中的杰出人才。为此,他专门派了一名叫作弗朗西斯·W.吉尔默的学者前往英国的剑桥大学和牛津大学等世界知名学府中挖掘优秀教授。为了保证吉尔默此番行程顺利,杰斐逊还写信给他的英国朋友杜格尔德·斯图亚特,请他协助吉尔默在英国聘请人才的工作:

> 我们进行招聘教授的工作,并且渴望在不同学科方面接受水平最高的学科人才……为了进行这个选择,我们派去了一个特别的工作人员弗朗西斯·W·吉尔默,他将荣幸地向你递交这一封信。他在大部分科学部门受到了良好的教育,道德和习惯都很端正,心胸广阔,为人谨慎,完全值得信任,我们期待他在牛津和剑桥大学找到胜任两所学校分别擅长的学科的人才。他将去以其医学系及其他科学而知名的爱登堡大学,然而当他到达那里时,他将完全是一位生客,将不得不在暗中摸索前进,因此,恳请你为他引路,这也是写此信的目的。你熟悉那里的人物,可以引导他实现我们的愿望而避免误入歧途……因此,我的先生,恳求你帮助吉尔默先生做调查,向他提供事实情况以便发现胜任的人,避免选不胜任者。除了在科学上是第一流的之外,在我们这里,一个教授必须严肃认真、品行端正,有良好的习惯,有传授知识的才能,而且亲切、和蔼,后者对于这所大学的和睦至关重要。关于细节,我请你询问吉尔默先生,他充分了解一切,在一切方面都得到我们的充分信任。他随身带去我们的大学计划,它将表明为教授提供舒适的膳宿设备,对有家庭和无家庭的人都很方便,从规模的豪华和大小来看,它并不是短暂的设备。①

---

① 梅利尔·D.彼得森编:《杰斐逊集》,刘祚昌、邓红风译,北京:生活·读书·新知三联书店,1993年版,第1752—1753页。

通过一番努力，吉尔默完成了杰斐逊的嘱托，总共聘请到7名在各个学科都很优秀的教授，他们是数学教授托马斯·基、古代语言学教授乔治·朗、现代语言学教授乔治·布莱特曼、解剖学和医学教授罗布利·邓格里森、自然哲学教授查尔斯·邦尼卡斯尔、伦理学教授乔治·塔克、物理学教授约翰·艾米特。杰斐逊承诺给予教授们优厚的薪金待遇，年薪大约有1 500美金，还提供免费的住房。优秀的师资力量被杰斐逊寄予厚望，他认为优秀人才加盟未来的弗吉尼亚大学关系到弗吉尼亚州未来的希望和幸福以及弗吉尼亚大学的声望。而弗吉尼亚大学社会地位的提升显然有利于教授们把自己的荣誉感与学校的发展连在一起，为社会培养更多有用之才。

其实，不只是对大学来说是这样，对各个层次的教育来说，人才都是十分重要的一个因素。例如四川的玉成书院，汇聚了一线名师、专家教授、名校博士、心理咨询师、优秀班主任、"海归"六方人才，创立了"非常6+1"育人模式，也可算是人才的综合利用。

五、荣誉制度

1825年3月7日，历经波折和艰难的弗吉尼亚大学正式开学了，从筹备建校到正式开学，先后花费了将近10年的光阴，此时的杰斐逊已是一位83岁高龄的老人。但是他并没有松懈对弗吉尼亚大学的管理，很多细小的事情，杰斐逊都追求完美，并且将学校的管理及时与监察委员会沟通，探讨大学管理的经验。这一年刚刚开始招生时，弗吉尼亚大学仅仅招收了30名学生，开学典礼的仪式极其简单，从一开始弗吉尼亚大学就保持了低调务实的风格，力图与教会色彩浓厚的学校保持距离。也就从这时起，杰斐逊试图把弗吉尼亚大学塑造为具有自由和独立精神以及自治传统的现代大学。

在弗吉尼亚大学所有的管理制度中，其"荣誉制度"是最有特色，并且对后来整个美国教育理念发生重要影响的一个方面。所谓的荣誉制度指的是在弗吉尼亚大学所有课程的考试中，均不设监考老师，完全凭借学生自己的诚信实行自我约束和自我克制。荣誉制度的实施不仅简化了学校的管理程序,而且更有效地在学生和老师之间建立起了相互信任的关系。

弗吉尼亚大学的荣誉制度反映了杰斐逊一贯的教育和民主理念。杰斐逊曾经把学校比作是一个小型共和国,在这个圈子里,应当培养学生独立自主和追求自由平等的精神,在学习和掌握实用技能的同时,一个对社会进步的有用之才还应当是德行良善之人,不撒谎、不欺骗别人,懂得通过自身的努力获取相应的价值。此外,杰斐逊的天然贵族理想也为荣誉制度的实施提供了思想渊源。杰斐逊崇尚天然的贵族,这种贵族不以出身和门第判断一个人的社会地位和身份,而评价的标准则来自这个人的才能。因此,在同一个社群中,所有成员都具有相互平等的社会地位。

基于上述原因,杰斐逊认为应当尊重在校青年大学生的自尊和品格。进入19世纪后的美国社会,经历了思想启蒙运动之后,青年人的自我意识和民主意识更强,他们渴望一种独立自主的生活方式,但是严格的校规限制了青年大学生思想的创造性,并且,越严格的法规越容易激起人们的反感。由于弗吉尼亚大学所在的位置,学生大多来自当地种植园主的孩子,他们属于传统贵族的后代,在他们身上还存在着自由散漫、目无法纪的贵族劣习。但如果施以高压政策,必将引起他们的反感,但是这并不意味着纵容他们的恣意妄为,而是本着平等独立的原则,让他们充分认识到自身存在的价值,既要加强严格管理,也要尊重学生的自身价值,培养他们独立自治的品格。杰斐逊写道:

> 管理人数众多的青年集体的最好方式的确是我们还没有掌握的要务。我们有理由怀疑,当学生达到一定年龄后,是否还应该凭借其"害怕心理"作为纠正他们行为的动力。其他更值得利用而且是更有效的纠正行为的刺激手段更容易影响人类的品格。对于品格的自豪感,值得赞扬的抱负和道德气质是医治那一活跃年龄的不良行为的固有良药,当这些刺激手段反复运用,又经常迎合受助人的需要,其效力就得以强化。对于青年人未来的品格来说,比害怕心理这个低劣的动力,会发挥更有利的影响。用羞辱、体罚和使其受

屈辱的办法去对待他们，不是造就品格的最好办法。父子之间充满深情的关系事实上为教师与学生间的关系提供了最好的榜样，其他国家在这方面的经验和做法值得我们研究和考虑。因此就要靠巡视员的智慧和审慎来设计并完善一个适当的管理体制，这一体制如果是建立在理性和礼貌基础上面，将更有可能会在我们青年人的心中培养一种秩序和自尊相结合的精神，这种精神非常适合于我们的政治制度，并且应该将它灌输到美国人的品格之中。①

杰斐逊希望通过实行精英主义的教育方式培养的人才具有自我约束和自我管理的能力。荣誉制度的真正成型是在19世纪40年代，在经历了一场学生与教授激烈矛盾之后，一名叫作塔克尔的法学教授建议学生们在考试时签署一份诚信声明。自此，荣誉制度成为弗吉尼亚大学独具特色的传统被一直被保存下来，并相继被美国其他大学所效仿。而荣誉制度的创始人，则是创办弗吉尼亚大学的杰斐逊。进入20世纪初，弗吉尼亚大学的荣誉制度不断完善，涵盖的范围不仅是考试方面，它还要求学生不撒谎、不欺骗、不偷窃。如果有违反上述行为的举止，"荣誉委员会"则可根据情况给予最严厉的处分。20世纪80年代，"荣誉委员会"又对荣誉制度进行了调整，不再以严厉处罚作为处理违反荣誉制度的唯一标准，而是从以人为本的角度，注意学生的权益和诉求，因此荣誉制度的顺利实施，依靠的是制度的不断完善以及学生自尊自强意识的不断提高。

荣誉制度建立在大学生与教师相互信任的基础上，且大学生需具有良好的控制力和道德诉求。如何在大学生中间营造良好的信用体系是关键因素，要让每一个人都意识到，诚信是为人之本，对那些不讲诚信的人应当予以相应的惩处，鼓励诚信，惩罚失信，用制度来约束大学生的诚信行为，用道德意识让大学生感悟诚信行为的重要性。因此，荣誉制度不仅仅体现在考试不作弊、说话不撒谎等行为，综合来看，它反映出的是整个社会诚信体系和诚信教育框架下大学生主体意识、美德品行的提高，这或许是大学教育中的一个主要目标。

六、弗吉尼亚大学的光辉

将近两百年过去了，如今的弗吉尼亚大学可以说是熠熠生辉。自从有了全美

---

① 艾德尼：《杰斐逊：设计美国》，呼和浩特：内蒙古人民出版社，1998年版，第768—769页。

第十二章 弗吉尼亚大学的缔造者

大学排名以来，弗吉尼亚大学始终位列全美公立大学的前三甲，它还是最早的八所"公立常春藤"成员之一，被美国多个权威机构评为美国性价比最高的大学。弗吉尼亚大学的商学、法学、医学等学科均在美国大学中名列前茅，培养出不少优秀的人才。

美国独立战争后，高等教育的理念开始发生转变。以往主要由教会控制的大学以培养学生虔诚的宗教信仰和得体的道德礼仪为主要目标，而建国之后，国家形势的急速变化使得应用型人才短缺。面对科技和工业革命的纷至沓来，美国从上到下展开了教育大讨论，讨论的结果是一致认为美国应当创建自己的教育体系，尽力摆脱来自欧洲的影响。这种新型的美国式教育既包含了公民美德的培养，也包含了向公民传授实用技能和知识的方面，从更长远的方面来说，还应当为现代民主社会培养具有自由和独立精神的美国公民。这种全民热衷于教育事业的情怀被不断渲染，凝结成一种充满乐观和豁达气质的美国理想：

> 从一开始，美国的理想之中就有一种千年盛世的氛围，超越了美洲大陆的局限而泽及全世界。清教徒们设想构筑于高山之巅，为万众瞩目景仰，革命的一代人自视为全人类的代表。在19世纪初热火朝天地发展振兴的氛围之中，美国教育感染上一种全新的充满乐观的盛世气氛，在一代人中鼓吹要改天换地。A.J.柯德曼在1836年布道时说："还有什么会比不辞劳苦地将自由机构移植到其他地区能更好地证明我们对它的认同与高度评价呢？"作为这个新时代的一部分，将这种美国理想送给他处之民众是美国教育义不容辞的职责。既然上帝已支付这项事业，对其结果也就从不有过任何怀疑。即使忧郁的萨缪尔·米勒曾劝国人警惕大多数教育观点中隐含的骄躁的罪恶，却也同意经过一个漫长的时期，太平盛世将莅临人世。①

在一种全民热衷于教育事业的氛围中，教育的国家主义理念开始显露出来，它表征为政府对兴办教育事业的兴趣，弗吉尼亚大学正是在美国教育国家主义的氛围中应运而生。弗吉尼亚大学的创建打破了美国私立大学一统天下的局面，使得美国的高等教育事业开始朝着多元化的方向发展，作为美国最早由州政府管辖的高等院校。美国教育史学家约翰·布鲁贝克评价说："杰斐逊在弗吉尼亚夏洛维茨建立的大学，是美国第一所真正的州立大学。从一开始，它的目标就是比已

---

① 劳伦斯·A.克雷明：《美国教育史：建国初期的历程》，洪成文等译，北京：北京师范大学出版社，2002年版，第536—537页。

有的学院提供更高级的教学,允许学生专业化和选科自由,当它1825年开学时,其学习课程比当时其他学院广泛,它早期的方向明显是世俗的而非教派的。总之,它成为19世纪前十年中美国高等教育所具有的革命性的启蒙运动精神的最彻底的体现。"[1]早在弗吉尼亚州担任州长之时,杰斐逊就曾经设想在此地成立一所州立大学,但是因为各种原因未能成行,他改组威廉-玛丽学院的尝试也没有成功,万不得已,为了实践他一直以来致力于推行的公立学校运动,在其隐退蒙蒂塞洛之后,创建一所州立大学的蓝图在他的脑海中越来越清晰。

1825年弗吉尼亚大学正式招生,杰斐逊的创办州立大学的愿望得以实现,弗吉尼亚大学在管理上不受教会控制,他坚持认为大学应当与教会相分离,在大学教育中不仅要求学生践行良好的美德,还要求熟练掌握离开学校后能够安身立命的基本技能知识。因此,在学科的设置上,杰斐逊也不同意设立神学教授职位,但是他并不是在大学中禁止宗教,而是推行一种多元化和自由化的宗教观,允许青年人自由地选择他们信奉的宗教。总体上来看,弗吉尼亚大学摆脱了教会的控制,开始沿着世俗化的方向发展。关于弗吉尼亚大学在美国高等教育世俗化方面所做的贡献,教育学家巴茨评论道:

> 通过弗吉尼亚大学的缔造者——托马斯·杰斐逊的努力,世俗的观念被带入到美国高等教育之中……杰斐逊的大学改革计划对于美国的高等教育发展发挥了重要作用,他明确表达了大规模发展高等教育、政府扶持高等教育、教育摆脱宗教控制的观点。[2]

对于弗吉尼亚大学摆脱教会的控制和束缚,以及由此给美国高等教育发展所带来的新气象,杰斐逊也为此自豪:

> 这所大学已经能够将在校的青年培养成任何其他州都无法与之相比的科学人才,从学校鼓励思想自由的程度,从其他学院受到飞扬跋扈的僧侣统治集团桎梏的限制,以及从那种死守旧习陋规的现象来看,这个优越性就更加显而易见了。[3]

---

[1] 贺国庆:《近代欧洲对美国教育的影响》,北京:人民教育出版社,2002年版,第69页。
[2] 贺国庆等:《外国高等教育史》,北京:人民教育出版社,2003年版,第275页。
[3] 阮宗泽:《美国开国三杰:民主之魂杰斐逊》,北京:世界知识出版社,1996年版,第293页。

第十二章 弗吉尼亚大学的缔造者

弗吉尼亚大学向学生宣扬自由、平等和独立的精神,尽管在学校课程设置中没有神学教授的职位,但是杰斐逊推行宗教自由和平等的政策,任何一种宗教派别都可以在学校中宣扬它的宗教信仰,而学生有选择或者拒绝的理由。弗吉尼亚大学还创造性地实行了选课制度,即通过科学合理的安排,学生可以选择任意一门感兴趣的课程;而教授们在上课的过程中,可以自由地选择教材,而不必拘泥于某种形式。此外,弗吉尼亚大学开设的课程尽可能多元化,涉及科学研究和人文艺术的领域,其目的就是考虑到学生学习兴趣的多元化,让其尽可能接触不同方面的知识技能,培养青年人处理事情的综合能力和思考能力。

弗吉尼亚大学的培养目标主要以为社会服务为宗旨。这也是杰斐逊所主张的高等教育世俗化的一个主要方面。不同于早期大学培养宗教信仰、良善道德以及高深知识为主要目的,那时的大学在课程设置上以古典文化和宗教典籍为主,科学实用型的课程很少。然而,在美国历史社会发生剧烈转变的交替时期,杰斐逊预见到了科学知识在增加生产力方面所发挥的巨大功效。而现实的美国社会正处在对科学知识迫切需求的紧要关头。国家发展和公民幸福离不开科学知识和技术的增长,在这样一种理念下,杰斐逊认为在弗吉尼亚大学中应当设置尽可能多的科学课程,所教授的知识应是当今社会最先进的知识,当学生走出校门之后,能够凭借在校期间学习的知识在社会上谋求一份基本的工作。

无论人们如何赞美杰斐逊所创办的弗吉尼亚大学在美国高等教育发展历程中发挥的作用以及杰斐逊本人在创办弗吉尼亚大学过程中所付出的努力,都不足以展现杰斐逊以及弗吉尼亚大学的光辉。弗吉尼亚大学的成功创建,体现了美国建国之后领导人们所极力主张的公共教育理念。弗吉尼亚大学为美国其他各州创办州立大学树立了典范。密歇根大学、北卡罗来纳大学、南卡罗来纳大学等州立大学的创办都不同程度地受到了杰斐逊创办弗吉尼亚大学的启示。

在弗吉尼亚大学的影响下,美国高等教育在19世纪后半期发生了巨大的变化。特别是1862年《毛雷尔法案》的颁布成为美国高等教育史上的一个转折点。南北战争后,美国社会人口增速过快,而落后的经济体系限制了美国各方面的发展,尤其是高等教育人才的缺口直接阻碍了美国经济的发展。为此,林肯总统签署了促使高等教育向世俗化和实用型转变的《毛雷尔法案》。该法案明确规定各州在创办公立学校的过程中要在土地、资金和人才等方面给予支持。可以认为，弗吉尼亚大学为美国 19 世纪末期兴起的创办州立大学运动提供了一个很好的样板，其历史地位和影响自然非同一般，而弗吉尼亚大学的光辉离不开杰斐逊为之付出的所有。因此，当杰斐逊回首自己的往事时，认为作为弗吉尼亚大学校长是他一生中最荣耀的事情。

第十三章

陨落蒙蒂塞洛

托马斯·杰斐逊纪念碑

杰斐逊很自豪地将自己与建立了美国这个新生的国家的那一代人联系起来，为他作为《独立宣言》的作者所起的作用而欢欣鼓舞。

——彼得·S.奥鲁夫

1826年7月4日，有着非同寻常的意义，这一年，是杰斐逊的《独立宣言》发表50周年，杰斐逊在《独立宣言》中所倡导的"人人生而平等，造物者赋予他们若干不可剥夺的权利，其中包括生命权、自由权和追求幸福的权利"已经在北美大陆广泛撒播，共和体制已经深入人心；这一天，是美国独立日，追求自由、独立和平等是美国民主精神的主要表征，在《独立宣言》的开篇中，杰斐逊即表明：在人类事物发展的过程中，当一个民族必须解除同另一个民族的联系，并按照自然法则和上帝的旨意，以独立平等的身份立于世界列国之林时，出于对人类舆论的尊重，必须把驱使他们独立的原因予以宣布。

历史有时就是惊人的巧合，就在1826年7月4日，当美国的教育和民主大业呈现一片欣欣向荣之时，杰斐逊在他亲手缔造的蒙蒂塞洛庄园里溘然长逝。临终前，杰斐逊对他作为《独立宣言》执笔人以及弗吉尼亚大学的校长身份念念不忘，他为自己撰写了墓志铭。回首光辉岁月，杰斐逊作为美国国家模式的设计者之一，他在为美国成为独立自由民族的斗争中呕心沥血。当美国获得独立后，杰斐逊高瞻远瞩，他把教育大业作为美国未来社会崛起的核心动力。正是有了杰斐逊作为美国教育事业奠基人和铺路者的努力，在他逝世后不久，美国的各项教育事业开展得如火如荼。可以说，杰斐逊是不折不扣的教育总统。

一、一生与书为伴

1808年11月，杰斐逊两届总统任期已满。在向国会递交的最后一次咨文中，杰斐逊回顾了他八年来在总统职位上所做的工作，感谢美国民众一直以来的支

持,对于美国的未来,杰斐逊抱有无限的憧憬和祝福,他深情地写道:

> 利用在开会时向两院讲话的这个最后机会,我不能不对我当政以来他们和他们的前任议员对我一再表现出的信任以及他们对我的许多次纵容表示我的衷心谢意。对我的公民同胞们也表示同样的谢意,因为他们的支持在一切困境中曾经是对我的很大鼓舞。在处理他们的事务中,我未能避免犯错误。犯错误是我们不完善的本性所造成。但是,我可以真诚地说,我的错误是理解而不是故意造成的,而促进他们的权利和利益始终是每一个措施的动机。基于这些考虑,我恳求他们迁就我,在以焦虑的心情展望他们未来的命运时,我相信,在他们不为困难所动摇的坚定沉着的性格中,在他们爱好自由、服从法律及支持政府当局的行动中,我看到了我们共和国历久不变的可靠的保障,而且当此退休离开公职之际,我以慰藉的心情坚决相信上苍会使我们这个可爱的国家未来长期享受繁荣和幸福。①

在政治生涯中,杰斐逊经历了无数的风风雨雨,政敌诽谤、家庭变故以及各种内政外交的事务。尽管从现在的眼光来看,杰斐逊在政坛上的一系列措施并不尽善尽美,但是在杰斐逊的心中,他始终以国家和民众利益为诉求。当政治生涯即将结束时,杰斐逊表现得很淡定、从容。他早就萌生退意,在写给詹姆斯·门罗的信中,杰斐逊把即将走下政治舞台称之为"从乏味的工作中解脱出来",回到一个安静的环境,回到家人与朋友身边,这将是一件多么快乐的事情。

没有哪个地方比蒙蒂塞洛的庄园更吸引杰斐逊的了,那是他亲手建造的,里面的每一幢建筑,每一棵树,每一条小路他都很熟悉,那里还埋葬着他深爱的妻子。杰斐逊从蒙蒂塞洛走向白宫,然而当他走下权力顶峰之时,他希望回到蒙蒂塞洛,在这里陪伴他的亲人们,以此度过余生。参加完新任总统麦迪逊的就职典礼后,杰斐逊收到了家乡阿尔贝马尔县人民的来信。家乡人民在信中说,听闻杰斐逊要回归故里,家乡人民准备为他举行一个盛大的欢迎仪式。杰斐逊一直都是一个很低调的人,他不希望打扰大家的生活,但是对于家乡人民的热情,他还是表达了深深的谢意,这更加深了他回到故乡的迫切之心。

---

① 梅利尔·D.彼得森编:《杰斐逊集》,刘祚昌、邓红风译,北京:生活·读书·新知三联书店,1993年版,第585页。

回到蒙蒂塞洛的杰斐逊，过着平静的生活，每天他除了陪孩子们学习和玩耍，就是整理庄园里的那些花草树木，还有他一生所珍藏的几千册图书。经常有青年人前来拜访并借阅杰斐逊的藏书，他总是能够满足他们的要求。这些藏书是杰斐逊一生的珍藏，包括很多从欧洲淘来的珍本，杰斐逊关爱它们就像对待自己的孩子。他在蒙蒂塞洛修葺了一个图书室，还对这几千册图书进行编目，这些藏书伴随了杰斐逊几十年，是他最为珍爱的朋友。

从开始懂事起，杰斐逊就在父亲的教诲下开始接受教育。父亲自己的教育被忽视了，他不希望这样的遗憾发生在杰斐逊身上。在杰斐逊的童年时光里，他能清楚地记起父亲为了自己读书不辞辛劳地忙里忙外。父亲还给杰斐逊买来不少书籍，从这些图书中，杰斐逊开始慢慢了解大千世界的各种奥秘。直到走入威廉-玛丽学院，杰斐逊对书籍的痴迷越来越重，他给自己制订了严格的读书计划。杰斐逊的读书范围极广，涉及政治、历史、地理、文学、科学、伦理等各个方面。在阅读的过程中，杰斐逊逐渐形成了他的民主和自由思想，为他日后的政治生涯打下了坚实的基础。

杰斐逊常常把他自己读书的感受与朋友们分享。当他的朋友罗伯特·斯普基维斯先生请杰斐逊帮忙推荐一个读书目录时，他爽快地答应了，并且在信中回复斯普基维斯阅读的经验。杰斐逊写道，阅读小说可以引起人们的愉悦的心情，特别是一部写得好的小说，不仅能够引起人们阅读的快乐，还能够帮助人们增长知识；在阅读历史著作的时候，不能完全把历史与现实对等起来，而应当更多地从过去的历史中寻找对当下有用的经验和知识。在信的末尾，杰斐逊给斯普基维斯开了一份长长的阅读书单，包括美术、政治学、宗教、法律、历史、自然哲学等方面的著作，这些书的价值大约有 50 英镑。

在教育子女的过程中，杰斐逊在每封信中都叮嘱他们要进行广泛的阅读训练，为日后进入社会打好知识的基础。在给外甥彼得·卡尔的信中，杰斐逊告诉他，青年人要做到两点很重要，其一是拥有一颗诚实的心，它意味着青年人应当具有良善的道德品质；其二是拥有一颗聪明的头脑，为此就得花费大量的时间和精力进行阅读训练。杰斐逊对孩子的教育无微不至，他亲自拟定了一份书单，并且辗转委托朋友把这些书运回国内。在以后担任驻法公使几年的时间内，杰斐逊经常在公务繁忙之余去巴黎的旧书市场闲逛,并且买到了不少版本不错的书籍。杰斐逊给彼得·卡尔的阅读计划是这样的:首先应当从阅读古代史的著作开始,而且要尽量阅读原文书籍。在杰斐逊看来,阅读原文书籍不但有助于语言学习,而且能够避免由于译者翻译水平的原因曲解了作者的本意。

古代史的著作中杰斐逊首先推荐的是戈德史密斯的希腊史,阅读希腊史能够对那个时代的伟大文明有清晰的认知,此外,希罗多德、修昔底德、色诺芬、查斯丁尼等人的历史著作都是很好的古代史方面的著作。除了希腊史之外,有关罗马史的著作也要广泛涉猎。道德学方面的著作,杰斐逊认为爱比克泰德、色诺芬的回忆录、苏格拉底和柏拉图对话录、西塞罗的道德哲学都可以作为阅读的对象。杰斐逊还从伦敦订购了一批书籍寄给彼得·卡尔,这批图书包括希罗多德、修昔底德、色诺芬、西塞罗等人的著作,巴列蒂的西班牙—英语字典,马丁的英国哲学,贝佐特的数学,德·拉·兰德的天文学,马斯臣布洛克的物理学。此时,彼得·卡尔正在学习法文,因此杰斐逊所邮寄的这些图书大都用法文写成,并且告诉彼得·卡尔,进入大学之后要按照顺序仔细阅读这些图书,它们将成为整个大学阶段最丰富的精神食粮。

在蒙蒂塞洛,杰斐逊仍旧保持着他一贯的读书习惯,他的藏书室已经有几千册图书了。蒙蒂塞洛是一个读书的好地方,这里幽静的环境让一颗在世间忧劳的心绪能够得到莫大的抚慰,杰斐逊在这里进行了许多有关生活和社会问题的思考。在蒙蒂塞洛的庄园里,杰斐逊的才能再一次被激发出来,他对美国未来社会的构想更加成熟。杰斐逊在蒙蒂塞洛还绘制了弗吉尼亚大学的蓝图。对美国的公共教育事业,杰斐逊一直牵挂在心,建立一所由州政府管理的大学是杰斐逊多年以来的梦想,如今退隐蒙蒂塞洛,给了杰斐逊更多的关于公共教育事业的思考。一位花甲老人仍能忠于自己年轻时的信念和理想,没有几个人能够做得到,希纳尔教授对此评论说:

> 老年人往往受到非难甚至反对,人们说他们太保守。他们似乎与年轻人的步伐协调不起来,难得有人能够振作精神使自己同周围不断发生的变革密切联系起来。但是,也有少数人生于18世纪后半叶,活到了19世纪,却能摆脱开这个显然难以避免的自然规律。他们在经历了政治暴乱、动荡和革命

之后,仍然坚信他们年轻时的信仰。他们拒不接受世界每况愈下的看法,他们不知疲倦地寻求进步的每一征兆,他们认为自己能够辨认出到处预示着的新时代黎明的迹象。身体日渐衰弱没有使他们感到不可避免地会从时代舞台上消失。支持他们的也并不是个人会永垂不朽的牢固信念。不论他们的宗教信条多么模糊不定,他们坚信人的天性对促进进步和发展有无限的能力。正如18世纪的哲学家们所阐明的那样,他们深信真理具有不可抗拒的力量,深信自然法则和自然规律终将被认识,深信进步是必然之事。①

二、青年导师

回到蒙蒂塞洛的杰斐逊受到了无数青年人的喜爱。他们听说杰斐逊回到蒙蒂塞洛就不再离开之后,相互转告这一令人兴奋的消息。杰斐逊的大名早已如雷贯耳,如今心中的偶像要回到蒙蒂塞洛生活,这怎不令人惊奇。当地的青年人常常结伴前往蒙蒂塞洛去拜访杰斐逊,聆听他讲述过去的故事和历史。

杰斐逊一直以来都喜欢与青年人交往,他十分愿意把自己的人生经历与青年人分享。在杰斐逊的眼中,一个国家的青年人代表着这个国家的未来,只有他们朝气蓬勃地追求知识和自由,这个国家的未来才会前途光明。在与许多青年人的交流中,杰斐逊与他们分享最多的就是读书和学习知识的问题。这两件事情看似不能在现实世界中产生任何直接的利益,但是杰斐逊明白,知识是无形的财产,它可以潜在地发挥无限的力量,如果一个社会的青年人不懂得用科学知识充实自己的头脑,愚昧无知,这些青年人很容易成为被权力操控的工具,他们根本不懂得自身的价值以及自己所享有的权利。掌握知识并不是杰斐逊教导青年人的唯一事情,他还常常告诫青年人在学习科学知识的同时,要加强自身的道德意识修养,成为一个德才兼备之人,如此才能切实用自己所学知识为国家和民众谋取正当的利益。

谈到青年人的道德修养,杰斐逊认为这是比任何事情都重要的素质,一个青

---

① 艾德尼:《杰斐逊:设计美国》,呼和浩特:内蒙古人民出版社,1998年版,第768—769页。

第十三章 陨落蒙蒂塞洛

年人只有以廉洁之心谋取正当利益之时,他才能在道义上占据最高位置。反之,美德的欠缺是无法用任何方面来弥补的。在任何情况下,哪怕是困境中,也不要放弃道德准则做不道德的事情。关于如何提高青年人的道德修养,杰斐逊建议:

要激励你的道德倾向,并且无论何时——有机会就运用它们;要相信通过运用它们就会增强,好像躯体上的手足那样,而且那样运用将使它们成为习惯。如果你发现你自己因为困难和恼人的环境所包围而茫然不知去解脱你自己的话,你就应该做正当的事,并且要相信它将把你完全从最坏的境遇中解脱出来。尽管当你迈出一步时不可能知道下一步怎样,但是还要追随真理、正义以及光明正大,而且要相信它们能轻而易举地将你带出迷宫,你心目中的一个戈尔狄亚的难解之解也将在你面前自行解开。

杰斐逊继续写道,如果青年人试图靠侥幸心理做不道德的事情,没有比这种想法更错误和愚蠢的了,这样的行为将导致:

反而会增加困难的十倍,那些遵循这些方法的人们,最后使他们自己卷入复杂的漩涡之中,以致只能使自己的丑行更加暴露。下定决心毫不动摇地不说谎话,是至关重要的。没有比说谎更为卑鄙、更为可怜、更为可耻的了。一个容许自己说一次谎的人,发现说第二次、第三次谎更加容易,一直到最后变成习惯。一个说谎而自己没有注意的人,即使说真话世人也不相信他了,语言的虚假导致内心的虚假,总有一天败坏他的全部良好的素质。[①]

约翰·伽兰·杰斐逊非常希望日后能成为一名出色的律师,为此他向杰斐逊请教。杰斐逊告诉他可以到阿尔贝马尔县靠近自己住所的地方居住下来,这样方便自己在空闲之余对他进行指导。并且建议约翰找个律师事务所学习法律,这样做的好处是能够在理论学习和实践学习中很快地提升法律素养。除了学习法律知识外,杰斐逊还建议约翰,要成为一名出色的律师,需要更广博的知识,首先是历史知识对一名律师很重要。杰斐逊把需要读的历史方面的著作分为三类,阅读的顺序是这样的:每天中午十二点之前阅读第一类,十二点到两点之间阅读第二类,

---

[①] 梅利尔·D.彼得森编:《杰斐逊集》,刘祚昌、邓红风译,北京:生活·读书·新知三联书店,1993年版,第902页。

晚上阅读第三类。

第一类：科克论利特尔顿；科克的法理概要；萨尔凯尔德的著作；雷蒙德勋爵的著作；斯特兰奇的著作；伯罗斯的著作；霍金的《君主的抗辩》等。

第二类：达尔林普尔关于封建制度的著作；黑尔的《习惯法史》；吉尔伯特的著作；塞耶的诉讼法；兰巴德的《论出身》；坎宁安的《诉状法》等。

第三类：马丽特的《北部古迹》；肯尼特的《英国史》；勒德洛的《回忆录》；伯内特的历史著作；奥雷里的历史著作；伯克的《乔治三世》；罗伯逊的《苏格兰史》《美国史》；伏尔泰的历史著作等。

对于自己的孩子们，杰斐逊更是言传身教，教给他们治学和做人的道理。他在与外孙托马斯·杰斐逊·伦道夫的通信中，谈到了自己年轻时的经历，他告诉托马斯，在一个陌生的环境中要想快速获得别人的认同，就要不做坏事，做事谨慎，而且还要有好脾气。杰斐逊谈起了自己年轻时的经历与托马斯分享，他说那时自己只有 14 岁，照顾种植园和弟弟妹妹的责任全落在自己一个人头上。那时威廉斯堡的社会风气并不好，杰斐逊经常受到来自外面花花世界的引诱，那些贵族的纨绔子弟们整天沉湎于花天酒地的生活。就在这样的环境中，杰斐逊依靠坚强的自制力，竟然没有迷失自己，他更多的时候与那些德高望重的人交往，学习他们身上的优秀品质。每当遇到困难，杰斐逊总是不断反省自己在某些方面的做法是不是欠缺，他从不抱怨生活的不公，而是从自己的所作所为中寻找解决问题的突破口。他认为能够懂得自我反思，是一个青年人走向成熟的标志。杰斐逊写道：

> 带着年轻人的偏见，我就会时常犯错误。由于我所处的环境，我时常与赛马人、玩纸牌人、猎狐人、科学界的人和自由职业者以及高贵的人相交往，在杀死一只狐狸、一匹爱马获胜，在法庭或国家的枢密会议雄辩的辩论一个问题的激动人心的时刻，我多次问自己，在这些有声望的职业中我更喜欢哪一种，骑手、猎狐人、雄辩家，或者诚实地维护我的国家权利的人，我亲爱的

---

① 梅利尔·D.彼得森编：《杰斐逊集》，刘祚昌、邓红风译，北京：生活·读书·新知三联书店，1993年版，第1387页。

托马斯,要相信,这些小小的自我反省,这种自我问答的习惯并不是琐碎的小事,也不是无用的,而是可以引导做出谨慎的选择和坚定地追求正确的东西。

杰斐逊还建议,青年人在与他人交往过程中,要学会礼貌,尊重他人。杰斐逊说礼貌是一种人为的好脾气,也是一个人品德的直接体现。哪怕当交往的对象使用很粗俗的语言,如果此时用礼貌尊重的态度来对待,也能明显使对方恢复理性。因此,一条重要的原则就是,青年人应该懂得用理性的方式和别人交流,而不要凭着年轻气盛去和对方做无用争吵,甚至最后演变成暴力的方式。

面对青年人的困惑,杰斐逊总是循循善诱,像一位智慧的长者和导师,他把许多过往的人生经历与青年人分享,告诉他们如何理性地看待这个复杂的世界。对于青年人的成长,杰斐逊处处表现出殷切的关爱之心。当女儿还未和小托马斯·曼·伦道夫结为夫妻时,杰斐逊就很欣赏这个才华横溢的年轻人,不时写信与他畅谈人生。他告诉小托马斯,学习知识要分阶段进行。

第一个阶段是语言和数学的学习。语言和数学的学习为他以后从事任何工作都打下了坚实的基础,学习语言可以有效地锻炼记忆力,并且防止养成懒惰的习惯。学习数学可以培养理解力,并且对于学习其他科学也是很有帮助的。学习的第二个阶段内容包括天文学、自然哲学、博物学、解剖学、植物学和化学。学习的第二个阶段是为了扩大青年人的知识范围,从中培养自己的学习兴趣。除了掌握足够丰富的知识以外,杰斐逊能够在几十年里始终保持旺盛的工作精力,与他注重锻炼身体是分不开的。在与青年人的交谈中,如何保持健康的体魄也是杰斐逊反复强调的一个方面。杰斐逊说:

> 知识的确是一个值得向往的、可爱的财产,但是我毫不迟疑地说,健康更是如此。假如身体衰弱下去,头脑里满是科学也几乎不会有什么结果的。如果身体衰弱,头脑也不会强健——使身体强健的首要方法便是锻炼,而在一切锻炼中,散步最好。骑马不过是半个锻炼,而坐车也并不比坐摇篮好。没有一个人知道在他试行之前会知道一个散步的习惯是如何养成,一个从未散步3英里的人,某一次散步15~20英里可能都不知疲倦。我知道某些健

步者有过比这多得多的步行的记录,而且我从不知道也从未听过一个不健康的人会长寿。因此,这种锻炼应该加以鼓励……这是我的经验之谈,由于爱好学习,我在早年就这样安排我的时间,一直保持它,而且目前仍旧保持它,始终很成功。每天锻炼应该不少于两个小时,而不管天气如何,无病的人不会由于天气潮湿而受害,那不过等于洗一个冷水浴,不会使任何人伤风感冒。野兽是最健壮的,因为它们暴露在一切天气下面,而对人来说那些最健康的人都是最爱风吹雨淋的人。野兽和最健康的人的健身秘诀便是朴素的饮食、锻炼和户外活动,而不管天气如何,我敢说这个健身秘诀将给其他每一种动物或人带来健康和活力。①

三、穷困潦倒的总统

在一般人看来,美国总统是一个风光无限的职位。按理说,这样一个令万人羡慕的职位上的人应当生活得体面、富足,但是一个令人奇怪的现象是,不止一位美国总统在离开政坛以后生活得穷困潦倒,甚至在穷困和疾病的折磨中走完余生。在这些穷困潦倒的美国总统中,杰斐逊是第一位有此经历的人,为国家和民众事业忙碌了大半生,走下政坛后竟老无所依,我们不免为这样一位充满传奇色彩的人物的晚年命运唏嘘。

杰斐逊当总统时大概每年的收入为 25 000 美元,这在当时算是一笔不菲的收入。但是一方面他捐出不少钱做慈善,还有一笔钱用来接济朋友。在总统任上的第一年,他花掉了 30 000 多美元,由此产生的债务将近 10 000 美元,于是他不得不四处借钱用来填补债务空缺。年复一年,当杰斐逊八年总统任职期满之时,他已经负债累累。

杰斐逊退休后,家庭经济每况愈下。原因之一是家庭庞大,杰斐逊必须养活上百口的家人及亲戚,包括一大群外孙、重孙。更重要的是,杰斐逊仍然不顾晚年财力衰弱,虽然自己过着比较简朴的生活,但对朋友仍旧异常慷慨,

---

① 梅利尔·D.彼得森编:《杰斐逊集》,刘祚昌、邓红风译,北京:生活·读书·新知三联书店,1993 年版,第 960 页。

第十三章 陨落蒙蒂塞洛

如曾经为一个处境窘迫的邻人签付了借据而为自己的债台"添砖加瓦",等等。而且杰斐逊的客人和来访者源源不断,花费早已入不敷出,农场收入只够缴税及支付利息。因此,欠债及穷困像梦魇一样压得杰斐逊喘不过气来。①

回到蒙蒂塞洛,由于没有了固定收入,杰斐逊的经济状况更是每况愈下,一家人还有来访的客人,这些都要花费不少,而农场的收入微不足道,根本不够支付日常的消费。迫于生计,杰斐逊凭着自己的技能在蒙蒂塞洛开了一家制钉厂。从他与朋友的交流中,就可以看出彼时的杰斐逊经济状况相当拮据:

> 在我们的私人职业中,一个非常大的优点是每一种正当的职业都被认为是光荣的。我自己是个制钉厂主,在离家十年重返家园时,我发现我的农场混乱到了这样的程度,显然在我使它们恢复活力之前,它们对我不是一种支持而是一种负担。因此,在此期间我必须找到其他的生活来源。有一段时间我想过制造碳酸钾,因为它只需要预支很少的钱,然而最终我决定开始制钉,因为制钉需要更少或不需要资本。现在我雇用了12名年龄10到16岁之间的小男孩,我自己监管他们工作的全部细节,从中得到的利润使我能在我的农场开始盈利之前维持日常开支。②

杰斐逊的制钉厂还有庄园的收入不足以支付巨额的债务,他把庄园的土地卖掉了一部分偿还债务之后仍然有大约 50 000 美元的债务。于是,还债就成为这位昔日总统的头等大事。他还要负责一家老小的生活开销,有限的经济来源让杰斐逊入不敷出。1812年美英战争爆发,英军在1814年焚毁了美国国会图书馆,里面收藏的图书被付之一炬。一年后国会图书馆开始了重建工程,购置图书成为重建图书馆的重中之重。杰斐逊为了偿还外债,同时也希望自己几十年来收藏的珍贵图书能够惠及更多读者,他决定把自己珍藏的六千多册图书以低廉的价格卖给国会图书馆。这批图书大概值五万美元,但是杰斐逊却以 23 500 美元的价格卖给了国会图书馆,由此偿还了将近一半的债务。

---

① 阮宗泽:《美国开国三杰:民主之魂杰斐逊》,北京:世界知识出版社,1996年版,第174页。
② 梅利尔·D.彼得森编:《杰斐逊集》,刘祚昌、邓红风译,北京:生活·读书·新知三联书店,1993年版,第1172页。

尽管经济状况不佳，但是杰斐逊用于公共教育事业方面的投资却从不犹豫。从1817年起，杰斐逊全身心地投入到筹建弗吉尼亚大学的工作中去。要想建设一所现代大学，没有雄厚的资金作为保障是不可想象的。筹建弗吉尼亚大学的经费是首要问题，1818年的弗吉尼亚州议会同意建设弗吉尼亚大学时只拨款15 000美元，这对于杰斐逊的期望来说简直是杯水车薪，而他自己的财力又不能为此付出更多。没办法，杰斐逊只能反复向议会申请拨款，向他们说明创办弗吉尼亚大学的重要性。在杰斐逊坚持不懈的努力下，议会终于为杰斐逊的执着所打动，总共为弗吉尼亚大学先后拨款达30万美元。杰斐逊还利用公共人物的身份，呼吁富人们捐款，为创建弗吉尼亚大学贡献力量。

尽管杰斐逊在生活上严于律己，但是一旦涉及公共事务的教育事业，就表现得相当大度，他把所筹得的款项全部用到了建设大学中去。杰斐逊希望从欧洲花重金聘请一流的教授，学校的建筑也设计得非常豪华。也因此有人批评杰斐逊在创建弗吉尼亚大学时有"烧钱"的嫌疑。但是对于外界的质疑，杰斐逊不为所动，他说，如果我们不舍得在建设大学的过程中投入资金和精力，不聘请一流的教授来校任教，吸引不来高素质的学生，那么我们就永远不会有一流的大学。而弗吉尼亚应该为拥有这样一所一流的大学感到骄傲自豪，它所创造的价值非一般人所想象，是无法用数据来衡量的，大学对弗吉尼亚的贡献将泽被千秋万代，每一个人都是受益者，因此，在建设弗吉尼亚大学的过程中舍得投入资金和精力是一项长远工程，其目的不是为了眼下短期的经济效益，而是为了让教育薪火将民主与共和理想永远地传递。

在弗吉尼亚大学筹建的过程中，杰斐逊的经济状况进一步恶化，他想再变卖一些土地偿还债务，但是随着19世纪初的西部大开发，无数淘金的人来到西部寻找财富，"1810年到1820年间，弗吉尼亚州就有三分之一的人沿着这片土地向西迁移，这样一来，这里的土地也就变得分文不值，市场上到处都是卖土地的人，农作物的价格因此大幅度下降"①。在写给约翰·亚当斯的信中，杰斐逊无可奈何地说，现在这片土地的租金还不到往年的一半。为了节省开支，他不得不缩减生活开销，省吃俭用，把余下来的钱都用于偿还债务。

---

① 艾德尼：《杰斐逊：设计美国》，呼和浩特：内蒙古人民出版社，1998年版，第772页。

第十三章 陨落蒙蒂塞洛

屋漏偏逢连阴雨,就在杰斐逊的经济状况岌岌可危之时,发生的另外一件事情不啻于雪上加霜。事情是这样的,他的老朋友——弗吉尼亚前州长威尔逊·卡里·尼古拉斯有一天来拜访杰斐逊。尼古拉斯的女儿要出嫁,但因为经济拮据买不起嫁妆,他想从别人那里借两万美金以解燃眉之急,但是借据上得有人签字担保才行。尼古拉斯知道杰斐逊在社会上的名望,如果他肯签字的话一定不愁没人借钱给他。杰斐逊此时正好不知道向谁借钱呢,又遇上老朋友因钱财问题有求于他。他担心如果尼古拉斯无法偿还这笔款项,这些债务都会一股脑儿地砸到自己头上,因此他犹豫良久,最后还是出于对老朋友的信任和同情,在借据上签了自己的名字。后来的事情果然如杰斐逊所担忧的那样,尼古拉斯最后因经济问题破产,杰斐逊又额外增加了两万美元的债务。

到1826年,他所欠的债务和利息已经高达十万美元,他甚至连购买日常杂货的钱都拿不出来。实在没有办法,他只好进行最后的尝试,他想以抽奖给彩的方式出售他的一部分财产来还债。议会过去也曾经批准过几起为公共事业和慈善事业提出的这类请求,杰斐逊确信,以他的名声,在地价低廉而且买主极少的情况下还可能从中收回一笔钱。在向议会提出申请的时候,他不无悲伤地慨叹道,如果他们能准许我提出的抽奖办法的话,我还可以留下蒙蒂塞洛的房子和旁边的一块田地安度晚年,安葬我这把老骨头,如果不同意的话,那就得卖掉房子和这里的一切,将全家搬往贝福德,可是那儿连装我脑袋的一个小木屋也没有。①

议会最后同意了杰斐逊出售彩票的办法。但是命运再一次捉弄了杰斐逊,正好赶上经济危机,他的彩票销量惨淡。绝望之余,他的外孙托马斯·杰斐逊·伦道夫到北方一些城市通过直接认购的方式来筹钱,这让美国的很多民众都知道了杰斐逊当下所遭遇的经济困境。他们无论如何也想不到,开国先父之一、《独立宣言》的起草人杰斐逊在晚年竟然生活得如此窘迫。因为杰斐逊的名声,全国各地的民众自发组织起来为杰斐逊捐款以帮助他渡过难关。美国民众的捐助让杰斐逊的困境暂时得以缓解。杰斐逊得知美国民众自发给他捐款的事情后,感激涕零,他不为自己大半生的付出和努力感到一丝后悔——尽管他现在穷困潦倒得像个流浪汉。哪怕在这种困境下,杰斐逊仍然保持了豁达的心境,他没有怨天尤

---

① 艾德尼:《杰斐逊:设计美国》,呼和浩特:内蒙古人民出版社,1998年版,第773页。

人,更没有抱怨生活的不公。他能感受到这个时代的伟大、这个国家的人民的伟大,即便他曾经为了这些伟大倾尽一生的所有。对于已经看透生命的杰斐逊来说,他不曾有一丝遗憾。

四、为自己撰写墓志铭

回到蒙蒂塞洛的杰斐逊,享受了短暂的田园时光之后,便又投身到一系列的事务中去了。他有很多事情需要处理,既包括他的私人债务,也包括筹建弗吉尼亚大学。此外,还有一件事情也让杰斐逊牵肠挂肚,那就是试图改善与约翰·亚当斯的关系。他与亚当斯曾经是很好的朋友,后来因为政见不同而关系疏远。如今两人都已是古稀之年,杰斐逊打算抛弃前嫌,找个机会好好沟通一下。本杰明·拉什成为他们二人联络的中间人。拉什与杰斐逊和亚当斯的私交都不错,亚当斯和杰斐逊对此都表现得很大度,他们之间开始相互通信,并且在人生的晚年还畅谈理想和希望。杰斐逊写道:

> 我和你同样认为整体说来这是一个美好的世界,它是按照仁爱的原则设计出来的,而且给我们的快乐要比痛苦多。的确也有(谁会说不呢)心情阴郁而患疑心病症的人,也有生病的人,他们厌恶现在,失望于未来,始终认为将发生最坏的事情,因为它是可以发生的。对这些人我要说:并未发生的灾难使我们蒙受多少痛苦啊。我的性格是乐观的,我在划我的小船时,把希望放在船头,而把恐惧留在船后。①

1824年,当杰斐逊忙于弗吉尼亚大学建设工程时,他听说他的法国好友拉斐德到了美国。美国独立战争中,拉斐德在美国军队中做事,为美国的独立战争操劳,期间与杰斐逊结下了深厚的友谊。杰斐逊把这次拉斐德造访美国称之为"英雄的归来",并且赞赏拉斐德对美国人民的贡献,此次拉斐德前来弗吉尼亚,将成为即将建成的弗吉尼亚大学的第一位尊贵的客人。同年11月,接到杰斐逊邀请的拉斐德来到蒙蒂塞洛,两位阔别多年的老朋友见面之后自然免不了一番长吁

---

① 梅利尔·D.彼得森编:《杰斐逊集》,刘祚昌、邓红风译,北京:生活·读书·新知三联书店,1993年版,第1620页。

短叹,他们在一起回忆了很多共同战斗的美好时光。当拉斐德离别的时候,两人都依依不舍,谁都知道,这可能将是他们人生中最后一次见面。

刚回到蒙蒂塞洛之时,杰斐逊的身体还算硬朗,这得益于他年轻时注重身体锻炼,他每天精神矍铄地投入到自己的生活中去。杰斐逊在给查尔斯·汤姆森的信中叙述了自己的生活近况:

> 我依然健康,虽然已无力步行很长的路,但骑马仍很自如,每天在马背上消磨两三个小时……晚上看书或者白天看小字的书须借助眼镜,我的听力已不像从前那样灵敏,牙齿都还没有活动,不过由于我们现在正值冷季,所以就常常打战和蜷缩。今晨我的寒暑表已降到12度,我感到最大的压力是写起信来十分劳累,虽然我很长时间以来一直在尽量压缩信的篇幅,我能把这种写信的苦役减少到只限于我的朋友们和我的事务范围之内吗?……我的生命在老年人疾病允许的范围内尽可能地快乐,我会以一个"既不害怕也不希望死期降临"的镇静态度看着它圆满完成。①

但是随着年龄的增长,加之生活的压力,杰斐逊的身体状况大不如前,他预感到生命余时无多,因此更加珍惜最后的岁月。他想在剩下的时间里尽可能地完成自己想做的事情,这样,当生命的最后时刻来临之际,不会为他曾经的碌碌无为和虚度年华而伤悲。他对生命的理解很淡然,认为如果一个人生前最大限度地发挥了自己的价值,此生还有什么遗憾呢。杰斐逊写道:"我不为来世发愁,即使死亡的命运就在眼前,因为我们是人,不可能长生不老,我们所有的人都有一死,而身体衰弱是出现在眼前的令人沮丧的事,因为在人类一切可以想象的事情中,最令人憎恶的莫过于一具没有思想的躯壳。"

从杰斐逊开始投身于建造弗吉尼亚大学开始起,他的身体状况就每况愈下,烦琐的事务耗尽了他的精力,各种各样的疾病也开始产生,有时疼痛得让他整晚难以入眠,但是陷于经济困境中的杰斐逊没有额外的金钱请医生照顾他的身体。他每天强忍着病痛的折磨,为筹建弗吉尼亚大学的事情忙里忙外。

---

① 艾德尼:《杰斐逊:设计美国》,呼和浩特:内蒙古人民出版社,1998年版,第779页。

美国现代教育之父托马斯·杰斐逊

1826年,杰斐逊进入他生命的最后一年,他依然在为弗吉尼亚大学的事情忙碌着,这一年的学生数量明显比刚开学时增加不少。弗吉尼亚大学刚开学时,只有大约30名学生,经过一年的努力,弗吉尼亚大学逐渐被更多的人所认识,学生数量已经达到150名左右。此时的杰斐逊仍在担心随着学生数量越来越多,学校的宿舍是否容得下。这一年,弗吉尼亚州议会通过决议继续给新建的弗吉尼亚大学拨款,杰斐逊得知这一消息后,立刻乘车前往学校向监察员们建议把这笔钱用于学校图书馆和实验室的建设。杰斐逊还关心着学校聘请法律教授的事情,并且准备变卖一部分田地用于偿还自己的债务,各种各样的压力让杰斐逊不堪重负,但他担忧的是离开人世后毕生为之奋斗的民主事业遭到侵害。在写给麦迪逊的信中,杰斐逊说:

> 我们之间的友谊,现在已有半个世纪了,而且我们的政治原则和追求融洽的一致,在整个漫长的岁月里是我们的经久不变的幸福的源泉。而且如果我远行而无法照看这个大学,或者离开人世(因为我不久必然会这样)的话,把那所大学留给你去照管是愉快的,并且是它不会缺失的保证。由于相信你正在向后人证明我们为了把我们曾出力为他们争取到的自治,包括其全部纯洁性,保留给他们而遵循的方阵的正确性,我也感到很大的安慰。如果地球上曾经看到过一个完全地坚定地着眼于人民的普遍利益和幸福的政府制度,即一个无可指责的受到真理保护的政府制度的话,那就是我们为之把生命奉献出来的那个制度。对我本人来说,整个一生你都是一个支持的力量。请在我死时照看我,并且请相信,我将把我最后的感情留给你。①

这一年的3月,杰斐逊的身体稍稍有些好转,但是他自己清楚,他的身体支撑不了多久了。趁着思维清醒,他开始为自己撰写墓志铭。西方很多名人都有为自己撰写墓志铭的传统,比如杰斐逊一生仰慕的富兰克林,他为自己撰写的墓志铭是:

> 本杰明·富兰克林,出版商(像一本旧书的封面,目录、文字和镀金已经被磨损),长眠于此,蛆虫的食物!但是作品本身不会遗失,因为正如他所坚

---

① 梅利尔·D.彼得森编:《杰斐逊集》,刘祚昌、邓红风译,北京:生活·读书·新知三联书店,1993年版,第1786页。

信的那样,书会经过作者的更正与修改,以一个全新的、更精美的版本再次出版。

另一位开国先驱托马斯·潘恩为自己手书的墓志铭则是:《常识》的作者托马斯·潘恩之墓。

我们看到,这些美国的开国先父们在为自己撰写的墓志铭上并不显示他生前曾经取得了怎样骄人的政绩,获得了多少高贵的权势。他们只在乎自己一生的所作所为是否有益于全体民众的福祉,自己的价值是否得到民众的认同。富兰克林,一位伟大的科学家、外交家、文学家和政治家,所有这些光环在他为自己撰写的墓志铭上统统看不到,他唯一重视的是自己曾经作为一个普通出版商的身份。或许在富兰克林看来,出版商的意义大于所有的头衔,原因无非只有一个:在印刷和出版都不太发达的北美大陆,他的行为得以让知识自由地传播,作为一个出版商能够无限度地扩大和增加知识的传播范围和力度,其意义比那些荣耀的头衔要重要得多。而托马斯·潘恩,他的《常识》在北美独立战争时期比任何一本读物都受到美国民众的欢迎,独立战争期间销售的数量至少有50万本,即便今天,《常识》作为宣扬自由和民主精神的风向标,其常青树的地位仍旧获得无数人的青睐。也正因为此,托马斯·潘恩把《常识》作为代表他人格的最重要符号。

杰斐逊作为富兰克林与潘恩思想的追随者,一生致力于对自由和民主的渴望。在生命的最后时日,杰斐逊还在为废除奴隶制度操心劳神,他希望美国社会有朝一日能够废除这个禁锢人类自由的枷锁。他伤感地说道,尽管此生不可能亲眼看到奴隶制度的废除,但是希望后来者能够继续为之奋斗不息,并真诚地祈祷这项伟大事业的胜利。在留恋和不舍中,杰斐逊为自己撰写了墓志铭,他希望自己死后能够和妻子一起埋葬在蒙蒂塞洛,简朴的墓碑和墓地:在墓地上,树立一个朴素的三立方英尺的石头碑座,不带任何雕塑,上面是一个六英尺高的方尖石碑,在方尖石碑上镌刻下列几个字,不要外加一个字:

这里埋葬着
托马斯·杰斐逊
美国独立宣言暨

弗吉尼亚宗教自由法的作者
和弗吉尼亚大学之父。①

杰斐逊写道：

因为依靠这些字，作为我一生的定论，我希望最能受到怀念，用最粗糙的石材建造此碑，为的是不致因材料贵重而遭人破坏。希拉基为我制的半身像，连带像座及座下的截去尖端的圆柱，可以赠送给那个大学，如果他们愿意把它安放在圆形大厅的拱厅里面的话。

临近独立日的时间，全国各地都准备召开纪念《独立宣言》发表50周年的纪念活动，不少人邀请杰斐逊出席活动，但此时的杰斐逊身体已经极度虚弱，他只能在床上写信感谢无数民众对他的祝福和热爱。7月2日，他把女儿叫到床前，挣扎着写了一封遗书：

人生一世恍如梦幻
来去匆匆兮飘飘然
刹那间，此梦不再与我为友
你何必哭啼啼还把泪弹
欣然长往昔　上帝的彼岸
那里有我希望的乐园
或许他能掩埋我的心酸
再见　我亲爱的女儿　再见
你不必再为我撕心裂肺
两位天使正身披寿衣将我等盼
尽管我黄泉路近　气息奄奄
你的敬爱我定将它带到天使身边

7月4日，杰斐逊处于半昏迷状态，他问身边人："今天是7月4日吗？"在得

---

① 梅利尔·D.彼得森编：《杰斐逊集》，刘祚昌、邓红风译，北京：生活·读书·新知三联书店，1993年版，第762—763页。

到肯定答复后,中午时分,杰斐逊撒手人寰。没过几个小时,约翰·亚当斯也在家中逝世。两位美国开国先父在独立日同一天去世,人们说,这真是历史的巧合。

五、教育总统托马斯·杰斐逊

杰斐逊一生对教育的重视程度,在美国历史上历届领导人中无出其右。他所倡导的国家公共教育以及实用主义教育理念,在美国社会转型中为传统教育向现代教育模式转变奠定了基础,无论如何评价杰斐逊所做出的贡献都不为过。由于时代的局限,杰斐逊的有些教育主张可能在今天看来并不合适,或者他的教育理念在当时并没有得到很好的贯彻,但是这些都不能掩盖他作为一个教育家的杰出贡献。美国前联邦教育部部长 J.贝内特在《关于美国教育改革的报告》中称赞杰斐逊在教育方面所倡导的"这种强调道德品质的培养与学习知识、技能相结合的教育思想仍然是或应该是当今美国教育的基础"[①]。

自从杰斐逊的政治生涯开启的那一天,他便着手实践自己所构想的一系列教育改革。杰斐逊所遇到的最大障碍,无非是来自教会的独断。建国之后的美国学校大部分仍旧处在教会的控制下,实行的是与英国相似的教育方法。杰斐逊不否认这种教育体制在培养人才、造就学问方面的有用性,但是另外一方面,他认为过于崇尚古典和宗教色彩的教育体制束缚了青年人的自由。特别是在世界范围内科学知识迅猛增长的年代,必须对现有的教育理念和教学体制进行改革,以适应迅速变革的时代,为社会进步培养更多掌握实用技能的人才。杰斐逊所倡导的教育改革理念并不仅仅局限于学校内部,他的视野非常开阔。除了学校之外,他认为社会作为青年人的第二课堂,在这里他们将会学习到更多有用的知识。

杰斐逊切实想做的就是把教会所享有的权威和资源转移到学校手中,他认为学校是进行社会教育的最佳机构,至少在它的公共性和系统性方面来说是如此。虽然如此,但更应补充说明的是,杰斐逊认为,公民教育最终是发生在学校之外的,是自由活跃的新闻出版界所烘托渲染的那种公共事务的参与活

[①] 威廉·J.贝内特:《发达国家教育改革的动向和趋势》,北京:人民教育出版社,1990年版,第488—489页。

动将在这种教育中起到关键作用。和富兰克林一样,对于杰斐逊来说,在生活的舞台上所受到的自我教育是一种根本性的教育。①

杰斐逊把学校和社会看作是实行公民教育的两大课堂,学校作为基础性的教育体制,担负着向公民传授基本知识的使命。这些基本知识既包括最基础的识文断字的能力,也包括掌握至少一门实用技能的能力,当然,还包括认识自我与社会的能力。杰斐逊认为,一所学校就是一个"小共和国"。在他的基础学校教育设想中,主张每个人都有权利接受平等的教育机会,让每一个人都明白和判断什么东西能够保障或危及他的自由和人身权益。把城市划分为若干个区,每个分区成立一所学校,除了建设一所学校外,还应有一名治安法官、一名警官和一名民兵上尉,这些职位的设置是为了照顾和管理分区内的一切事物,保障教育措施的施行,这些"小共和国"日后将成为大共和国的基础。

弗吉尼亚州成为杰斐逊实行教育改革的实验田,他把一腔热情都投入到弗吉尼亚州学校教育的事务中去了。他想在此建立一个包括从初等教育到高等教育在内的三级教育系统。当然,杰斐逊的教育改革不是闭门造车,他在欧洲期间广泛考查了欧洲的学校教育体制,并且时常与国内的教育家们讨论教育改革的问题。当杰斐逊思考教育改革的方案成熟之后,他提出了自己的想法:

> 我长期以来就怀有这个希望:我们这个州应该着手处理教育问题,并且设立一个学校,或者与威廉-玛丽学院合并,或者不合并,在这个学校里应该建立今天被认为有用的每一个学科部门,而且要讲授最高层次的东西。怀着这个目的,关于在这个学校里的学科设置问题,我不失时机地去了解其他国家最好的学院的组织,以及最开明的人物的意见。为了起草我许诺给我们理事们的那个计划,我最近仔细地修改了这个计划,而且我印象最深的是它们在学科安排上的多样性——没有雷同的。我不怀疑他们各自的安排都是睿智的学者们深思熟虑的结果,他们仔细考虑了地方的环境,使学科设置适应于本地的状况。我通过分别调查每一个学校的学科安排而更加相信这样安

---

① 劳伦斯·A.克雷明:《美国教育史:殖民地时期的经历》,周玉军等译,北京:北京师范大学出版社,2003年版,第425页。

排的正确性,并且相信他们的学科安排计划,如果不加以改变,没有一个可以适合我州的环境和追求目标的。①

杰斐逊之所以能在时势变幻的洪流中时刻保持活跃和灵敏的思维,与他一直保持的刻苦读书和学习习惯分不开。教育事业是一项"授人以渔"的事业,传道、授业、解惑,如果一个教育改革者自身的知识不及时更新,不能跟上时代的进步,那么他的教育理念也必定止步不前。杰斐逊对此明白无误,因此,他一生中时刻保持学习新鲜知识的浓厚兴趣,及时了解各个学科方面的前沿知识,他常常与各个学科的知名学者探讨很多专业性的问题。比如,杰斐逊认为三角学对每一个人都是有用的,因为在人们的日常生活中无时无刻不在用到它;算术、代数方程也在现实生活中有很高的实用价值;任何一门科学都是无价的奢侈品,拥有的越多,就意味着拥有越多的财富。除了实用的科学知识,"天文学、植物学、化学、自然哲学、博物学等,这些学科不一定很精通,但是要掌握它们的基本原理,以便在生活中遇到它们需要的时候我们可以在任何一个学科中进一步地自娱和自学"。

杰斐逊也明白美国当时科学教育中存在的缺陷,为此要做的就是不断学习欧洲的先进科学知识,同时加大本土人才的培养力度,创立科学创新机制。杰斐逊告诫青年人,没有什么东西比科学和自由更珍贵,真正的知识,一旦获得就不会失去,只要我们保持自由的思考,社会的状况就会得到极大的改善。只有每一个人的思想足够丰满,知识足够丰盛,才会变得无比强大。一个社会只有拥有了这些强大的人民,国家的力量才会强盛,人民作为国家利益的监督者和捍卫者,必须想方设法保障让人民自由地获得知识。

我相信人民的健全的见识将始终被看作是一支最好军队,他们也许暂时误入歧途,但是不久就会矫正过来。人民是统治者的唯一监督者,甚至他们的错误也有助于促使统治者恪守他们制度的真正原则。过于严厉地惩罚这些错误,就等于压制公众自由的唯一的捍卫者。②

---

① 梅利尔·D.彼得森编:《杰斐逊集》,刘祚昌、邓红风译,北京:生活·读书·新知三联书店,1993年版,第1578页。

② 梅利尔·D.彼得森编:《杰斐逊集》,刘祚昌、邓红风译,北京:生活·读书·新知三联书店,1993年版,第980页。

美国现代教育之父托马斯·杰斐逊

杰斐逊一生热衷于教育事业,其最终的目标只有一个:人类的自由。他把生前写的最后一封信命名为《自由的顶峰》,他赞许美国民众为了追求自由和独立的不懈奋斗,在近半个世纪的努力中,一些阻碍自由的锁链已经被打破,人民开始享受自治所带来的幸福。在生命的最后时刻,杰斐逊庄严地表达了对自由的赞美:

> 我们用以代替旧秩序的那种政府形式恢复了人们可以无限地运用理性和自由发表见解的自由权利。一切眼睛都睁开了,或者正在睁开去寻找人的权利。科学的光明之普遍传播,已经使每个人都看到洞若观火的真理:人类并不是生下来就把鞍子负在背上的,而且少数得宠的人也不是由于上帝的恩惠就应该穿上靴子,装上踢马刺,合法地骑在他们身上。对他人来说,这些是希望的根本,对于我们自己来说,在每年这一天到来时永远应该回忆这些权利,并且坚持不懈地忠于这些权利。①

---

① 梅利尔·D.彼得森编:《杰斐逊集》,刘祚昌、邓红风译,北京:生活·读书·新知三联书店,1993年版,第1789页。

杰斐逊生平大事记

1743年4月13日,杰斐逊出生于弗吉尼亚州阿尔贝马尔县的夏德维尔。

1757年,父亲彼得·杰斐逊去世,杰斐逊开始负责照顾庄园和家庭责任。

1760年3月,杰斐逊进入威廉斯堡的威廉-玛丽学院求学。

1762年,通过朋友介绍,杰斐逊认识乔治·维斯并且在其指导下学习法律。

1769年,杰斐逊当选弗吉尼亚州下议院议员,开始走上政治生涯。

1772年,杰斐逊与玛莎结婚。

1774年,撰写《英属美利坚权利概观》。

1776年6月,起草《弗吉尼亚宪法》,并受托起草《独立宣言》。

1777年,撰写《宗教自由法案》。

1778年,起草《关于进一步普及知识的法案》。

1781年,当选弗吉尼亚州州长。

1782年,撰写《弗吉尼亚纪事》。

1785年,担任驻法公使。

1790年,担任华盛顿政府国务卿。

1793年,当选美国哲学学会副会长。

1797年,当选美国哲学学会会长。

1801年,当选美国第三任总统。

1804年,获得总统连任。

1809年,回到蒙蒂塞洛。

1810年,组织成立弗吉尼亚文化基金,用于初等教育建设。

1814年,将自己收藏的六千多册图书贱卖给国会图书馆。

1816年,与门罗、麦迪逊等人一起被选为中央学院监察员。

1817年,开始筹建弗吉尼亚大学。

1821年,撰写自传。

1825年,弗吉尼亚大学正式建成,开始招收第一批学生。

1826年,撰写墓志铭和遗嘱。

1826年7月4日,逝世于蒙蒂塞洛。

参考文献

[1]艾德尼.杰斐逊设计美国[M].呼和浩特:内蒙古人民出版社,1998.

[2]约翰·艾兹摩尔.美国宪法的基督教背景:开国先父的信仰和选择[M].李婉玲,译.北京:中央编译出版社,2010.

[3]迈克尔·埃默里,埃德温·埃默里.美国新闻史:大众传播媒介解释史(第八版)[M].展江,殷文,译.北京:新华出版社,2001.

[4]彼得·S.奥鲁夫.杰斐逊的帝国:美国国家的语言[M].余川华,译.上海:华东师范大学出版社,2010.

[5]梅利尔·D.彼得森.杰斐逊集[M].刘祚昌,邓红风,译.北京:生活·读书·新知三联书店,1993.

[6]S.F.比米斯.美国外交史[M].叶笃义,译.北京:商务印书馆,1985.

[7]威廉·J.贝内特.发达国家教育改革的动向和趋势[M].北京:人民教育出版社,1990.

[8]艾伦·布林克利.美国史:1492—1997(第一卷)[M].邵旭东,译.海口:海南出版社,2009.

[9]丹尼尔·布尔斯廷.美国人:开拓历程[M].中国对外翻译出版公司,译.北京:生活·读书·新知三联书店,1993.

[10]柴惠庭.英国清教[M].上海:上海社会科学院出版社,1994.

[11]陈平.美国道德教育发展研究[M].南京:南京大学出版社,2011.

[12]约翰·杜威.民主主义与教育[M].王承绪,译.北京:人民教育出版社,1990.

[13]威尔·杜兰.世界文明史:东方的遗产[M].幼师文化公司,译,北京:东方出版社,1998.

[14]乔安妮·格兰特.美国黑人斗争史:1619年至今的历史、文献与分析[M].伍江,译.北京:中国社会科学出版社,1987.

[15]房龙.美洲精神[M].张文,译.北京:北京出版社,2000.

[16]S.E.佛罗斯特.西方教育的历史和哲学基础[M].吴元训,译.北京:华夏出版社,1987.

[17]华盛顿,杰斐逊,林肯,等.美德沉思录[M].何吉贤,译.北京:中央编译出版社,2010.

[18]贺国庆.近代欧洲对美国教育的影响[M].北京:人民教育出版社,2002.

[19]贺国庆.外国高等教育史[M].北京:人民教育出版社,2003.

[20]理查德·霍夫施塔特.美国政治传统及其缔造者[M].崔永禄,王忠和,译.北京:商务印书馆,1994.

[21]约翰·Y.科尔.美国国会图书馆展望[M].乔凌,译.北京:书目文献出版社,1987.

[22]E.H.雷森纳.法德英美教育与建国[M].崔载阳,译.上海:民智书局,1930.

[23]李剑鸣.美国通史:美国的奠基时代1585—1775[M].北京:人民出版社,2002.

[24]李剑鸣.文化的边疆:美国印第安人与白人文化关系史论[M].天津:天津人民出版社,1994.

[25]刘祚昌.杰斐逊全传[M].济南:齐鲁书社,2005.

[26]刘明翰,陈明莉.欧洲文艺复兴史(教育卷)[M].北京:人民出版社,2008.

[27]刘澎.当代美国宗教[M].北京:社会科学文献出版社,2001.

[28]刘祚昌.美国史讲义[M].天津:天津古籍出版社,2003.

[29]约翰·弥尔顿.论出版自由[M].吴之椿,译.北京:商务印书馆,1989.

[30]金生鈜.从苏格拉底到尼采:西方道德教育哲学思想研究[M].长沙:湖南大学出版社,2003.

[31]雅各布·尼德曼.美国理想:一部文明的历史[M].王聪,译.北京:华夏出版社,2004.

[32]卡罗尔·卡尔金斯.美国科学技术史话[M].程毓征,译.北京:人民出版社,1984.

[33]卡罗尔·卡尔金斯.美国文化教育史话[M].程毓征,译.北京:人民出版社,1981.

[34]小诺布尔·坎宁安.杰斐逊传[M].朱士清,高雨洁,译.北京:世界知识出版社,1991.

[35]E·P·克伯雷.外国教育史料[M].任宝祥,任钟印,译.武汉:华中师范大学出版社,1991.

[36]劳伦斯·A.克雷明.美国教育史:殖民地时期的历程[M].周玉军,译.北京:北京师范大学出版社,2003.

[37]劳伦斯·A.克雷明.美国教育史:建国初期的历程[M].洪成文,译.北京:北京师范大学出版社,2002.

[38]沃浓·路易·帕灵顿.美国思想史:1620—1920[M].陈永国,译.长春:吉林人民出版社,2002.

[39]潘书慧,张士其.美利坚民族之魂:杰斐逊[M].吉林人民出版社,2011.

[40]阮宗泽.美国开国三杰——民主之魂杰斐逊[M].北京:世界知识出版社,1996.

[41]大卫·斯隆.美国传媒史[M].刘琛,译.上海:上海人民出版社,2010.

[42]滕大春.外国教育通史(第三卷)[M].济南:山东教育出版社,1990.

[43]亚历西斯·德·托克维尔.论美国的民主[M].董良果,译.北京:商务印书馆,1991.

[44]马克斯·韦伯.新教伦理与资本主义精神[M].于晓,陈维纲,译.北京:生活·读书·新知三联书店,1987.

[45]乔伊斯·亚普雷拜.美国民主的先驱:托马斯·杰斐逊传[M].彭小娟,译.合肥:安徽教育出版社,2005.

[46]张友伦.美国通史:美国的独立和初步繁荣 1775—1860[M].北京:人民出版社,2002.